KB081392

포스트
코로나 시대
**마이크로
트렌드**

POST COVID-19 WORLD

마이크로
포스트
코로나시대
트렌드

안성민 지음

ntro

포스트코로나 시대,

이제는
'마이크로트렌드'의
시대야

"나무보다는 숲을 보라?"

'나무보다는 숲을 보라.' 이는 멀리 보기를 권하는 문구다. 크게는 국가, 그리고 회사나 학교 작게는 동네 반상회까지…. 불과 몇 년 전까지만 하더라도 공동체를 중심으로 돌아가는 사회에서 전체를 아우르는, 거시적이고 집단적인 시각은 당연하고도 적절했을 것이다. 그리고 산업혁명이 일어나면서 사회를 발전시키는 가시적이고도 거대한 '메가트렌드megatrends'는 우리 사회를 변혁시키는 핵심적인 요소임이 분명했다. 그러나 코로나19 이후의 사회는 달라지고 있다. 폭발적이고도 즉각적으로 집단에서 개인으로 분화됨에 따라 메가트렌드가 아닌 세분화 된 개인들 중심의 사회로 변화해버렸고 결국에는 마이크로트렌드가 드디어 조명받기 시작했다.

트렌드 홍수의 시대에 살던 우리

> **트렌드** 시장이 변화하는 일반적인 방향. 개개인의 단편적 모습이나 변화와는 상관없이 전반적으로 사회가 움직이는 방향을 말한다. 특히 이러한 변화는 인구통계학적 변화, 대중의 가치관이나 태도, 라이프스타일, 새로운 기술의 출현 등으로 인해 시간이 지나면서 점진적으로 광범위한 변화를 가져온다. 더 나아가 국가의 정책이나 기업의 경영 등에도 큰 영향과 변화를 일으킨다.

사람들로 붐볐던 광장은 이제 한산하기만 하다. 한여름의 뜨거운 햇살을 온 몸으로 받아내면서도 즐거웠던 여름의 해변도, 울긋불긋 붉게 물드는 단풍을 보기 위해 전국 방방곡곡 사람들이 모여들던 산에도 사람들은 없었다. 그 누구도 예상하지 못했던, 아니 어쩌면 예상할 수도 없었던 알 수 없는 바이러스는 이제 인간 자체를 잠재적 위험을 내포하고 있는 존재로 여기며 '거리두기'라는 익숙지 않은 단어로 잘게 쪼개고 있다. 코로나19의 충격은 현재진행형이다. 세계 대공황 이후 가장 최악의 사회적, 그리고 경제적 참사라고 불리면서 사회는 정체되어 있고, 사람들의 삶의 모습은 상상하지 못할 정도의 빠른 속도로 변해가고 있다. 전 세계는 그것도 동시에 자의반 타의반으로 의도치 않게 일종의 '쇄국정책'을 펼치고 있고 그동안 아무렇지도 않게 누렸던 것들을 갑작스럽게 누리지 못하게 된 사람들은 불과 몇 달 전 과거에 대한 욕망에 못 이겨 '코로나 블루'라는 우울감에 빠지기도 한다. 물론 이를 위해 전 세계가 노력하고 코로나19에서 벗어나려는 출구전략에 머리를 맞대고 있지만 과연

출구전략이 있을지, 언제쯤 가능할 런지는 여전히 미지수다.

하지만 이러한 환경에서도 사람들은 각자의 삶을 살아가고 있다. '인간은 적응의 동물'이라고 했던가? 불확실성과 비정상 속에서도 그들은 '사회적 거리두기' 라는 공동의 모습으로 그리고 이를 통해 얻게 된 개인의 삶에서는 또한 각자의 다른 모습으로 그들만의 삶을 만들어 가고 있다.

매년 연말 서점에는 내년도를 타깃으로 한 트렌드 책들이 우후죽순 쏟아져 나온다. 비즈니스 분야별 트렌드, IT 트렌드, 사회에 대한 거시적 전망에 이르기까지 종류도 다양하다. 이는 지금 우리가 살고 있는 시대의 특별한 삶의 방식, 소비 패턴 등 시장과 아주 밀접하게 관련이 있는 듯 보였다. 하지만 지금은 어떠한가? 불과 몇 달 전에 출간된 2020년을 전망하는 트렌드 책에서 코로나19를 전망한 책이 단 한권이라도 있던가? 코로나19로 인해 변화된 세상은 더 이상 거시적으로macro 바라보고 이를 통해 내년을 예측하는 것이 거의 무의미해졌다. 코로나19로 인해 더욱 세밀하게 파편화 된 그들만의 삶을 사는 개인들의 움직이는 모든 기술과 데이터를 조합하고 설계해 재해석하더라도 한계가 늘 존재하며 또한 빠르게 변화하기 때문이다.

트렌드란 상당 기간 존재하면서 많은 사람들이 동조하는 것을 의미한다. 하지만 이러한 트렌드는 여러 개로 구분해서 볼 수 있다.

예를 들면 동조의 범위라든지 지속 시간과 같은 기준에 의해서 말이다. 이러한 차원에서 보았을 때 우리가 종종 접하는 트렌드 관련 서적, 전문가의 이야기, 그리고 코로나19에 대한 사회적, 경제적 전망은 '메가트렌드'라 할 수 있다. 메가트렌드는 가시적으로 눈에 보이고 피부로도 느낄 수 있는 어마어마한 파도와 같다. 코로나19로 인해 변해버린 세상을 거스르거나 피하기란 누구에게나 어려운 일인 것과 마찬가지이다. 하지만 이러한 메가트렌드를 무언가에 활용함에 있어서는 어떠한가? 큰 맥락과 방향은 알겠으나 우리의 삶에 어떻게 적용되고 반영될지는 참으로 애매하다. 즉 메가트렌드는 이를 대비하기 위해 적절한 대책을 세우는 데 주로 활용될 뿐 '지금 당장' 세부 전술로 활용하기에는 어려움이 있다. 결국 메가트렌드를 잘 안다는 것은 경쟁력이 되지 못한다. 한치 앞을 예상하기 어렵고 코로나19가 어떤 삶을 가져올지 아직도 불투명한 상황에서 우리가 집중하고 바라보아야 하는 것은 바로 좀 더 실질적이고 디테일한 것들이다. 그렇기에 우리는 메가트렌드가 아닌 아주 세밀하고도 실생활과 밀접한 마이크로 트렌드에 주목을 할 필요가 있다.

메가트렌드가 더 이상 불필요해진 시대

코로나 19로 인해 우리의 삶과 소비는 많은 변화를 보이고 있다. 가장 대표적으로는 비대면이 일상화 되고 온라인 소비가 오프라인

보다 압도적인 우위를 점하게 된 점이다. 이는 개인의 삶에 정말 많은 변화를 가져오도록 만든다. 기본적으로 타인과의 물리적 거리, 그리고 대면할 수 있는 시간의 절대적 부족은 '나 중심의 삶'을 가져오도록 한다. 그리고 이러한 상황은 더 이상 기성품 중심의 소비 혹은 삶이 아닌 나에게 맞춤화 된 커스터마이즈라이프customized life를 가져온다. 기성품이란 맞춤에 의한 것이 아닌, 일정한 규격에 따라 만들어 놓은 제품을 의미한다. 기성품은 코로나19 이전의 시장과 소비를 가장 잘 설명할 수 있는 단어이다. 코로나19로 인해 엄청나게 개인화 되어진 지금의 소비자는 그저 주어진 제품을 사용하는 데에 만족하던 것과 달리 다양한 선택지를 원하고 이로부터 만족감을 얻고자 노력한다. 그렇기에 소비자를 만족시키려면 기업은 과거보다 훨씬 더 다양한 선택지를 제시할 수 있어야 생존할 수 있게 되었다. 하지만 한정된 자원을 효율적으로 사용하기 위해 기업 입장에서는 세상에 대한 좀 더 분명한 예측과 다각도의 실질적인 노력이 반드시 선행되어야 한다. 그리고 정확한 시장에 대한 예측은 코로나 19로 인해 더욱더 세분화 된 소비자 개인에 대한 이해가 이루어질 때야 비로소 가능하다.

마이크로트렌드는 이러한 관점에서 개인을 이해하고 이를 통해 앞을 예측하는 방법이다. 물론 마이크로트렌드라는 말 자체가 생소하게 느껴질 수 있지만 이 '작은 트렌드'들은 이미 우리 생활 곳곳에 실재하고 있던, 다만 코로나19 이전에는 쉽게 볼 수 없었던 하지만 아주 친근한 것들이다. 단지 코로나19는 이러한 마이크로트렌드를 더욱 분명하게 보여주는 기폭제가 되었고 우리는 더 이상 거시적인 예측이 불필요한 시대에 놓인 것뿐이다.

대세가 존재하지 않는 사회

코로나19로 인해 우리는 누구도 앞날을 예측할 수 없는 세상에 살고 있다. 이럴 때일수록 좀 더 작은 것에서 출발하는 것이 중요하다. 모든 트렌드는 사실 아주 작은 유행에서 시작한다. 이를 빠르게 캐치하여 전략에 활용할 지, 그저 지나가는 것으로 판단하고 바라만 볼 지는 기업의 순위를 뒤바꾸기도 한다. 그렇기 때문에 트렌드건 유행이건 지금 우리 사회에서 사람들이 궁금해 하고 따라하는 것이 있다면 일단 나도 관심을 가져 보아야 한다. 그러한 현상은 결국 우리가 살아가고 있는 사회의 현재성을 정확하게 짚어주는 것이기 때문이다. 이보다 더 우리 사회의 현재를 잘 말해줄 수 있는 지표는 거의 없다. 그렇다면 우리가 쉽게 말하는 트렌드와 유행은 도대체 무엇인가?

일반적으로 유행과 트렌드의 큰 차이는 원인과 영향력, 그리고 시간적 지속성에 따라 구분할 수 있다. 트렌드는 시장이 원하는 '일반적인 방향'을 말한다. 즉 개인이나 소규모 집단이 원하는 것이 아닌, 사회의 전반적 대세가 가리키는 방향이다. 이는 사회 전반에 광범위한 방향 전환을 가져오고 생활양식, 태도, 마인드 등 개인의 삶에도 직접적인 변화를 가져온다. 하지만 유행은 '일시적인 변화'를 일으키는 요소이다. 매체 혹은 특정 브랜드가 주도한다거나 특정 계절 혹은 이벤트에 국한되는 등 유행은 오랜 시간 유지되지는 않는다. 결과적으로 유행은 그 다음의 행동에 특별한 영향을 미치지 못하는 경우도 있고, 그 다음의 유행은 이전 유행과 크게 관련이 없는 형태로 나타나기도 한다. 하지만 유행의 중요한 포인트는 이러한 유행은 소멸되기도 하지만 우리 사회를 변화시키는 하나의 기폭제가 되기도 한다는 점이다. 모든 트렌드에는 반드시 시작점이 존재하기 마련이다. 가치관의 변화라든지 새로운 기술의 발전이라든지 분명한 어떤 시점에서부터 시작된다. 그 시작점이 기술이나 가치관처럼 대단한 것이 아니더라도 우리 주변 어딘가에서는 예측할 수 없는 유행들이 아주 미세하게 움직이고 있다. 그리고 우리는 코로나19라는 기존에 찾아볼 수 없는 새로운 기폭제를 온 몸으로 받아들이고 있는 트렌드와 유행의 대 격변기 앞에 놓여 있는 것이다. 그리고 한치 앞을 예측할 수 없는 지금의 사회에서 우리는 그저 일상적인 것이라고 생각했거나 혹은 그저 버려지고 지나갈 유행이라고 판단했을지라도 이를 좀 더 자세하게 바라보는 자세가 필요하다. 물론 사람은 본능적으로 새로운 것에 대해 거부감을 느낀다. 새로운 것을 받아들인다는 것 자체는 결국 에너지를 소비해야 하기 때문이다. 특히나 지금과 같은 코로나19와 같은 위기 상황에서는 새로운 것을 접할 때 갖고 싶은 마음 보다는 어쩌면 의심하는 마음이 더 클 수도 있을 것이다. 코로나19시대의 트렌드는 이러한 면에

12

서는 약점을 가지고 있다. 트렌드가 너무 빠르게 변화하는 듯하고, 각종 매체에서 말하는 앞으로의 우리 삶에 대한 전망이 아직 피부에 직접적으로 와 닿기엔 조금 먼 이야기로 느껴지기 때문이다.

과거의 사람들은 트렌드를 궁금해 하고 신기하게 여겼을지 모르지만 지금은 트렌드라는 단어 자체가 불필요하거나 피로한 이야기일 수도 있다. 그렇기 때문에 우리는 이제 거시적 시각 보다는 나의 삶에 직접적으로 영향을 주고, 내 생존과 결부되어 있는 '마이크로 트렌드'에 더 친숙해지려 한다. 소소하게 변화하는 듯하면서 기존과는 다른 것에, 또는 과거에 있던 것에서 약간만 변화해 익숙함을 주는 것에 관심을 기울이는 것이다. 이제 트렌드의 시대는 지났다. 사람들은 나만을 위한, 또는 내가 관심을 가지고 있는 것에 대한 정보와 상품을 원한다. 그리고 그러한 것에는 얼마든지 지갑을 열 준비가 되어 있다. 이제는 '마이크로트렌드'의 시대이다.

Glance at, 포스트코로나 세대의 삶

· Glance at 1. 실험 없이 시작한 '비대면 라이프'의 성공적 안착

2019년 통계청 자료에 따르면 2019년 당시 우리나라에서 재택근무 또는 원격근무를 경험해 본 (하고 있는 것이 아니라 그저 경험해 본 것) 노동자는 9만5,000명이었다. 우리나라 전체 노동자를 어림잡아 2,000만 명이라고 했을 때 약 0.5% 수준밖에 되지 않는다. 미국이나 유럽등에서의 위와 같은 비율이 약 50%에 달한다는 것과 비교하면 이는 사실 어찌 보면 상상하기 어려울 정도의 낮은 수치라고도 충분히 볼 수 있다. 물론 재택이나 원격근무가 모두에게 필요한 것은 아닐지라도 전 세계적 변화에 우리는 뒤쳐져도 너무 뒤쳐진 상태였던 것이다. 하지만 코로나19는 이러한 상황을 드라마틱하게 바꿔 버렸다. 얼마 전 한 구인구직 사이트 조사에 따르면 코로나19로 인해 재택근무를 도입한 국내 기업이 약 40.5%나 되는 급격한 변화에서도 문제나 혼란은 크지 않았다. 도리어 그간 세계 최고 수준으로 깔려져 있던 IT인프라와 기기들은 대한민국이 재택, 원격근무를 함에 있어 최고의 상황임을 증명해 주었고, 여러 장점을 겪어본 기업들은 이를 지속적으로 활용하길 원한다고 말하는 상황까지 와 버렸다. 그리고 이러한 변화는 단지 업무방식의 변화뿐만 아니라 지속적으로 문제제기 되었던 한국식 조직문화가 가진 꼰대문화, 회식문화와 같은 일부 단점까지도 한꺼번에 변화시키면서 '한국의 기업문화 + 업무방식'은 놀랍게 진화하는 중이다.

· Glance at 2. '드라이브 스루'의 예측 불가능한 진화

관혼상제冠婚喪祭는 사람과 사람이 만나야만 가능한, 물리적으로나 문화적으로 언택트가 불가능한 분야이다. 하지만 코로나19는 이 역시도 언택트가 가능한 분야로 만들어 버리고 있다. 특히나 효율을 중시하고 일부 유교적 문화에 허례허식이 존재한다고 여기던 젊은 세대들의 인식이 지금 상황에서 시너지를 발휘하면서 '드라이브

14

스루'형태의 만남이 하루가 다르게 진화하고 있는 양상이다. 온라인 결혼식이나 온라인 장례식이 대표적인 예로, 실시간 온라인 스트리밍을 통해 축하와 조의를 표하고 온라인을 통해 돈을 주고받는 변화가 최근에야 나타나고 있는 것이다. 하지만 코로나로 인해 만들어진 '드라이브 스루' 문화는 파격적인 변화를 한 번 더 진화시켰다. 차를 타고 신랑과 신부에게 인사하고 축의금을 건네고, 신랑신부는 준비한 선물을 건네는 결혼식이 나타났다. 뿐만 아니라 해외에는 드라이브 스루 예배와 고해성사까지 나타나는 등 관혼상제를 넘어 종교까지도 비대면 사회에 적응하기 위해 급격한 변화에 적응하려 하고 있다.

· Glance at 3. 쇼핑하는 시간을 줄어 만들어 낸 '나만의 시간'

코로나19가 바꿔놓은 가장 큰 변화는 언택트 쇼핑이라고 부를 수 있는 '온라인, 모바일 쇼핑'의 폭발적인 성장이다. 그리고 이러한 성장은 개인들 일상의 모습을 변화시키고 있다. 물론 이로 인한 부작용과 사회적인 문제도 있을 수 있겠지만 구매하는 개인들에게 있어 긍정적인 변화는 바로 쇼핑의 시간을 줄여 얻게 된 '나만의 시간'이다. 직장인들에게 있어 매일매일 하게 되는 쇼핑은 바로 '점심식사'이다. 식사 장소를 선택해야 하고 이동해야 하고 기다리다가 들어간 식당에서 바쁘게 점심을 먹고 일터로 복귀하면 1시간이 후딱 지나간다. 법적 휴게시간임에도 휴식을 취할 새가 없는 것이다. 하지만 코로나19로 인해 도시락 또는 배달을 통해 점심을 해결하는 직장인들이 많아지면서 남은 시간을 활용해 개인 취미활동을 하거나 나만의 시간, 일상적 온라인 장보기를 하는 문화가 확산되고 있다. 점심시간에 남는 자투리 시간을 활용해 퇴근 이후 했어야 하는 일들을 해결하게 되면서 자연스럽게 퇴근 이후의 여유시간도 생기기까지 한다. '언택트 쇼핑'을 할 수밖에 없는 사회적 분위기로 인해 물리적인 이동과 시간을 소비해야 했던 일상적 쇼핑이 사라지면서 나만의 시간이 늘어나게 된 개인들은 그동안 잊고 지냈던 자아를 찾기 위한 변화로 나아가고 있다.

· Glance at 4. 코로나 이전으로는 돌아갈 수 없는 사회

코로나로 인해 우리가 겪는 부작용은 사실 엄청나다. 많은 국민들이 경제적, 정신적 어려움을 겪고 있기 때문이다. 하지만 그럼에도 '코로나 이전으로는 돌아갈 수 없다'라고 많은 사람들이 이야기하는 것처럼, 우리는 변화에 적응하고 그 안에서도 긍정적인 요소를 발견해 나가야 한다. 최근 통계청에서 발표한 자료를 보면 1인 가구 수가 584만 가구를 넘어서면서 전체 가구의 약 30%를 차지하고 있는 것을 알 수 있다. 그리고 이러한 1인 가구 수는 만혼과 늘어나는 기대수명으로 더욱 빠르게 증가할 것으로 예측된다. 바야흐로 나 홀로 사회를 맞이하는 와중에 코로나19로 인한 사회의 변화까지도 동시에 맞닥뜨리고 있는 것이다. 이러한 변화가 결국 자의반 타의반 오랜 시간 동안 한국사회가 유지해 온 공동체주의를 쇠퇴시킬 것이라는 전망은 사실 부정하기 어려운 사실이기도 하다.

사회적 대변혁은 예상치 못한 곳에서 갑작스럽게 이뤄진다. 어려운 여건에서도 긍정적인 변화를 찾아내야 하는 요즘. 그리고 1인가구의 삶을 살면서 개인의 삶이 그 무엇보다 중요하다고 말하며, 공동체의 구속으로부터 자유로움을 원했던 세대와 개인들이 빠르게 증가하는 대한민국. 어쩌면 예상치 못했던 지금의 상황은 국민들의 개인적인 능동성을 높이고 개인들의 삶의 의미를 다시금 찾게 만들 수 있는 적절한 기회일지도 모른다.

목차

포스트코로나 시대, 이제는 '마이크로트렌드'의 시대야

Intro

포스트코로나 시대의 트렌드 주도권은 보통 사람들로부터

PART 01

보통 사람들,
보통의 감성을 갈구하다

PART 02

같은 듯 다른,
다른 듯 같은 보통 사람들

PART 03

보통 사람들의
'나에게만 특별한' 소비

PART 04

존중해 주시죠,
보통 사람들의 취미생활

PART 05

미래,
보통의 감성과 기술이 만나다

PART 06

포스트코로나, 위기가 있다면
반드시 기회도 있다

Outro

PART 01

포스트코로나 시대의

트렌드 주도권은 보통 사람들로부터

우리의 일상은 그저 '보통'이기 때문이다

보통

다른 것과 비교하여 뛰어나지도, 그렇다고 못하지도 않은,

주변에서 자주 볼 수 있는 정도 수준의 흔한 것들

보통's Life

20대 초반 대학생 보통 씨는 엄청 트렌디한 사람인 듯 보이진 않지만 그렇다고 요즘 유행과 너무 동떨어진 사람도 아니다. 굳이 애써 찾아보지 않더라도 무엇이 요즘 유행이며 힙hip*한지 그 정도는 자연스럽게 알고 있는 평범한 대학생이다. 오늘은 어떤 옷을 입을지 고민하던 그녀는 무릎부터 내려가면서 아래로 퍼지는 넓은 와이드팬츠를 골랐다. 얼마 전까지 유행했던 발목까지 조였던 스키니진보다 훨씬 편했고, 오히려 멋스러워 보였다. 먼저 강의실에 도착한 친구들은 대학생의 일상에 대한 유튜브 영상을 보고 있었다. 이런저런 수다를 떨면서 수업을 마치고 저녁식사 장소를 정하기로 했다. 친구들이 인스타그램을 보고 익선동에서 유명한 식당을 찾았다며 함께 가자고 했지만, 보통 씨는 이내 고개를 저었다. 많은 사람들로 웨이팅을 해야 할 것을 떠올리니 별로 가고 싶은 마음이 들지 않은 것이다. 그렇게 그냥 학교 후문 근처 골목을 걷다가 우연히 발견한 괜찮은 분위기의 식당에 들어간 보통 씨와 친구들. 만족스러운 식사 후, 우리만의 장소를 발견했다며 한껏 신이 나 그저 평범한 음식 사진을 SNS에 올렸다. 다음에도 또 오자는 약속과 함께.

---

* 영어 단어인 '힙(hip)'에 한국어인 '~하다'를 붙인 말로, 원래 '힙'은 허리와 다리가 만나는 지점을 가리키는 말이었으나, 형용사로 쓰이며 새로운 것을 지향하고 개성이 강한 것을 의미한다. 비슷한 말로는 '핫하다', '트렌디하다' 등이 있다. (출처: 네이버 오픈사전)

보통들의 이야기, 그리고 '벌새'

요즘 트렌드는 자극적이고 가변적이며 예민하다. 트렌드를 좇기 위해서는 시간과 노력을 많이 투자해야 한다. 적어도 보통 사람들에게 트렌드를 좇는다는 것은 여간 힘든 일이 아니다. 취업, 연애, 직장살이, 대출 등 가뜩이나 챙겨야 할 것들이 많은 대한민국 보통 사람들의 일상은 트렌드를 일일이 좇기에는 너무 각박하다. 그리고 코로나19로 인해 한순간 사라져버린 일상에 대한 그리움도 커져간다. 이러한 현실을 반영하듯 트렌드에 대한 대중의 시선이 달라지기 시작했다.

화려한 장신구와 옷으로 바짝 차려입은 듯한 차림보다 이제 막 집에서 대충 차려입고 나온 듯한 편안한 모습이 오히려 더 멋스럽다고 생각한다. 드라마 역시도 부자를 만나서 해피엔딩을 맞는 현실성 떨어지는 신데렐라풍의 이야기보다 다소 밋밋하고 싱거운 내용일 지라도 현실적인 삶을 반영한 콘텐츠에 더 공감한다. 우리는 평범하고 소박한 일상을 잃어버린 시대를 살고 있기 때문이다. 유명한 식당보다 골목 구석구석의 평범하고 소박한 장소들을 더 특별하게 여기는 것도 마찬가지이다.

트렌드를 좇는 것을
더 이상 동경하지 않는 사람들이 늘어나고 있다.
그들은 보통의 정서를 편안하게 느끼고

나와는 다른 삶, 또는 비현실적인 신데렐라와 같은 이야기의 드라마에 열광하던 시기는 이미 지났다. 이제는 나의 이야기 내 주변의 이야기를 담담하게 담아내 어렵지 않게 공감할 수 있는 소재에 사람들은 매료된다.

소박함, 정서적 교류, 공감 등에 기반을 둔 콘텐츠를 찾는다.
'나와 다르지 않은 삶'에 위로받으며 소박함에 열광한다.

전 세계 영화제에서 59관왕을 차지한 영화 〈벌새〉는 벌새를 다회차 관람한 팬덤 '벌새단'을 탄생시키며, 전 세계 그리고 전 세대의 공감을 끌어냈다. 이 영화는 1994년을 살아가는 평범한 중학생 은희의 이야기다. 서울 강남 대치동에서 떡집을 하는 부모님의 3남매 중 막내인 은희는 공부에는 큰 관심이 없고, 그림 그리기를 좋아하는 아이다. 서울대에 가야 한다고 모두가 외치는 교실에서, 은희는 자신을 둘러싸고 있는 세상을 경험하기 바쁘다.

카메라는 과도한 교육열에 시달리는 강남 중학생들의 모습, 떡집을 하는 부모님을 돕는 아이들의 노동, 집에 마음을 두지 못하고 밖에서 떠도는 언니, 가부장적이고 무뚝뚝한 아버지와 오빠의 폭력을 겪어냈던 은희의 일상을 아주 현실적인 호흡으로 담담히 포착해낸다. 이 영화는 중학생 은희가 1994년을 살아내는 아주 보통의 이야기이다. 자극적이고 거대한 사건들보다는 계절들의 감각과 풍경에 주목하게 하며, 은희의 가슴에 오래도록 남아있을 주변 사람들의 말 하나하나를 귀 기울여 듣게 하는 영화이다.

은희는 남자친구를 사귀어보기도 하고, 자신이 좋다는 후배 유리와 X언니 X동생이 되기도 하며, 절친인 지숙과 문방구에서 물건을 훔치다 들키기도 하는 등 다양하고 평범하고 조금은 일탈과도 같은 경험을 해나간다. 그러나 은희는 외롭기만 하다. 그리고 그런 은희 앞에 나타난 한문 선생님 영지. 영지는 평범한 은희의 이야기에 깊은 관심을 기울이며, 이 세상을 살아내는 방법을 가르치고 온기와 사랑을 나눠준다. 결국 이 영화에는 대단한 판타지나 대리만족은 없다. 보통의 여자 아이에게 보통의 여자 어른이 뻗어준 다정한 손이 있을 뿐이다.

보통들에게는 거대하고 비현실적인 사건들보다, 한 사람의 따스한 손이 전하는 조용한 위로가 필요한 것이다. 그 다정한 손이 날갯짓을 쉬지 않는 벌새의 생명력을 만들어낸다. 성수대교가 무너지는 재난이 일어났던 1994년에, 보통의 아이가 느꼈던 거대한 상실의 감각. 은희의 나이를 살아본 적 있는 사람들은, 소중한 것을 처음으로 만난 순간과 소중한 것을 처음으로 잃는 순간의 감각을 기억한다.

28

무엇이든 급변하는 시대, 어제 있었던 것들이 오늘은 단숨에 사라지는 경험을 하게 되는 시대이다. 이런 시대에 우리는 보통의 날들을 상실하고, 그 평범한 날들의 온기를 그리워한다. 그래서 이 보통의 이야기는, 전 세계 사람들이 공감하는 보편의 이야기가 된 것이다.

다시, 보통이란

영화 '벌새'는 그저 1994년 그리고 현재를 사는 학생들만의 이야기는 아닐 것이다. 각 세대가 그들만의 애환을 가지고 살아간다. 이제 젊은 세대들은 물론 모든 세대가 보통과 편안함을 추구한다. 그저 삶을 현실적으로 향유하는 것일 뿐이었던 '보통'이 이제는 새로운 '트렌드'가 되어가고 있는 듯하다. 이제 '보통'은 트렌드의 반대말이 아니다.

'보통'은 원래 우리 삶에 깊숙이 연관된 것이기에 새로운 트렌드로써 '보통' 역시 제각각의 장소에서 다양한 모습으로 나타난다. 이러한 '보통'의 트렌드는 생성에서부터 기존과는 매우 다른 양상을 보인다. 기존의 트렌드가 소수의 트렌드 세터trendsetter나 기업에 의해 만들어진다면 '보통'의 트렌드는 다수의 대중에 의해 생성된다.

다양한 분야에서 개별적으로 추구되던 것들이 한데 모여 '보통'이라는 키워드로 귀결된 것이기에 기존의 트렌드에 비해 생명력도

29

길고, 발현되는 지점도 더욱 다양할 것으로 전망된다. 트렌드를 소모하는 방식도 매우 다를 것이다. 기존의 트렌드가 타인의 방식을 모방하거나 소비를 통해 따라가는 것이었다면 '보통'의 트렌드는 외부 시선을 의식하지 않고 각자의 삶 속에서 찾는 만족을 근간으로 한다.

보통의 정서는 이미 우리의 삶을 넘어 다양한 산업과 분야에 녹아들어 있다. 그리고 이로 인한 변화 역시 실제로 나타나고 있다. 그렇기에 이를 활용한 마케팅과 산업은 더 활발할 것으로 예상되어진다. 가장 직접적이고 대중적으로 나타날 수 있는 것은 바로 콘텐츠이다. 인위적이고 꾸며진 것이 아닌 진솔하면서도 실제적인 콘텐츠에 사람들은 더 많이 주목할 것이다. 특히 1인 미디어를 활용해 아주 미세하지만 나의 삶과 똑 닮은 다양한 컨텐츠는 다양한 채널을 통해 쏟아져 나타날 것으로 보여진다. 제품이나 장소 역시도 편안함을 기반으로 해야 소비자의 지갑을 열 수 있을 것이다. 집 밖에 나와 있지만 우리집이나 시골집 같은 편안함을 줄 수 있는 공간은 지속적으로 인기를 끌 것이고, 제품들 역시도 하이엔드급의 기술력을 가진 제품 보다는 보통의 감성을 자극하는 아날로그적 제품이 인기를 끌 것으로 보여진다.

하지만 중요한 것은 이러한 '보통'이 결코 평범함이나 소박함만을 말하는 것은 아니라는 점이다. 그저 무의미하고 평범하기 위한 '보통'이 아닌, 새로움을 즐기고 찾아가고 원할지라도 그 안에 편안함이 있어야 한다. 결국 보통의 삶과 보통들의 최근의 경향은 가격이나 형태와 같은 1차원 적인 요소가 아닌 그들의 삶에 대한 공감과 정서에서 시작되는 것을 이해해야 한다.

둘

평범한 것이 가장 힙하다, '노멀크러시'

노멀크러시(normal crush)

자의반 타의반으로 경쟁사회에서 조금 벗어나

평범한 삶을 추구하는 것이 행복한 삶이라고 생각하고,

평범한 것을 추구하며 열광하는 현상

반동's Life

"뭘 훌륭한 사람이 돼. 그냥 아무나 돼도 괜찮아."

몇 해 전 한 TV 프로그램에서 가수 이효리가 남긴 말이다. 방송 중, 길을 걷다 우연히 만난 한 학생에게 MC인 강호동은 "어른이 되면 어떤 사람이 되고 싶어요?"라고 물었다. 학생의 대답을 듣기도 전에 옆에 있던 또 다른 MC 이경규가 "훌륭한 사람이 되어야지"라고 대답하자, 이효리는 이를 타박하듯 저 말 한 마디를 던졌다. 많은 시청자들은 이에 엄청나게 반응했다. 지극히 현실적인 말이지만 어쩌면 그래서 더욱 정답일지도 모를 한 마디였다. 사람들은 이를 계기로 그동안 당연하게만 여겼던 것에 대해 다시 생각할 기회를 얻었다. 치열한 경쟁 끝에 남을 밀쳐내고 짓밟으며 사다리 꼭대기에 오르면 우리는 과연 행복할까? 그러한 오랜 전투를 겪으니 지금 내 삶 속 작은 행복에 만족하며 사는 게 더 가성비 높은 삶은 아닐까? 어차피 사다리 꼭대기에 오를 확률도 적지만 말이다.

삶은 원래 '평범한 것'이 정상이다

불과 몇 년 전만 해도 사람들이 너도나도 '욜로YOLO*'를 외쳤다. 단 한 번뿐인 인생을 후회 없이 살자며 지금 이 순간의 행복을 찾으려 고군분투하는 사람들로 넘쳐났었다. 그리고 '탕진잼'이라는 신조어가 생겨나면서 과도한 소비를 부추기기도 했다. 물론 현실을 깨닫고 금세 '소확행'이라는 신조어가 등장했지만 말이다.

YOLO는 팍팍한 삶을 사는 보통들에게 매우 신선한 충격이었지만, 현실감이 없었기에 오랜 시간 지속 될 수는 없었다.

뭐가 되었건 소비, 또는 사치의 단어는 보통의 정서와 잘 맞지 않다. 되돌아보면 욜로 라이프 역시 현실이라는 장벽에 막혀버린, 그

---

* 'You Only Live Once'의 줄임말로 '인생은 한 번뿐이다'라는 뜻을 가지고 있기에 마치 '카르페 디엠'과 같은 의미로 쓰이고 있다. 하지만 외국에서는 긍정적 표현보다 '뒷일은 생각하지 말고 그냥 실행하라'는 의미로 대개 부정적 상황에서 자주 활용되는 단어이기도 하다.

렇기 때문에 결국 자신이 하고 싶은 일을 포기할 수밖에 없는 보통들에겐 누릴 수 없는 사치로 다가왔을 것이다. 그래서인지 욜로 라이프의 열풍은 아주 순식간에 사라져 갔다. 그 대신 사람들의 헛헛한 마음 속 빈자리는 이제 다시 평범하고 익숙한 것들이 채워나가고 있다. 그리고 그 이유는 아마도 코로나19와 함께 평범하고 익숙한 것이 갖는 중요성을 다시금 느낀 까닭이리라.

노멀크러시는 'normal보통의'과 'crush반하다'의 합성어로 화려하고 자극적인 것에 질린 사람들이 현실을 깨닫고, 평범한 삶으로 눈을 돌리게 된 것을 말한다. 지금까지는 '평범함'이라는 단어가 그다지 긍정적인 의미만은 아니었다. 딱히 좋은 건 아니지만 그렇다고 나쁘지도 않은 의미였던 평범함을 이제는 사람들이 새로운 뜻으로 받아들이고 있다.

평범하게 사는 것마저도 힘든 세상, 특별함을 소유하거나 경험하기 어려운 현대사회에 부담감과 피로감을 느끼는 사람들은 평범함이라는 단어를 새롭게 해석하기 시작했다. 평범함이 주는 매력이 새로운 가치로 재평가되고 있는 것이다.

꾸밈없는 일상을 담다

평범함이라는 단어에 대한 인식의 변화는 사람들 관심의 바깥 영역에 있던 것들을 새롭게 부흥시키고 있다. 직접적이고 자극적인 것을 추구하던 영상 콘텐츠에서도 이제는 평범함이 키워드로 부상하고 있다. 우리의 생존 자체가 위협받는 자극적 뉴스들로 가득한 요즘, 방송이 화려한 무대 세트장을 비출 때보다 평범한 삶의 주변을 조명할 때 사람들은 더 큰 관심을 보인다. 반드시 무대가 필요한 경우에도 화려하지 않은 단색을 활용하거나 배경을 아예 없애기도 한다. 이유는 간단하다. 대한민국은 이미 모두가 충분히 피로하기 때문이다.

나와는 다른 삶을 사는 듯한 화려한 연예인의 꾸며진 모습보다는 바로 옆집에 사는 이웃과도 같은 보통 사람들이 주인공이 되는 방송 프로그램이 인기이다.

비현실적인 연출도 없다. 작위적인 연출은 최소화하고, 그저 있는 그대로를 노출시키는 프로그램은 나날이 인기를 얻고 있다. 연예인들의 소소한 일상을 담은 프로그램들이 많은 인기를 얻고 있는 것 역시 이러한 흐름과 일맥상통한다. 오랜 시간 인기를 얻고 있는 예능 프로그램 〈나 혼자 산다〉는 출연자들의 일상을 여과 없이 있는 그대로의 모습으로 보여준다.

하루 종일 침대에서 뒹굴거리며 TV와 휴대폰을 보며 행복해하는 그들의 소탈한 일상은 보통들의 공감을 사기에 충분했다. 또한 연예인이 아니더라도 그저 나와 비슷한 보통들이 출연하는 프로그램들도 많은 인기를 얻고 있다. 새로운 시즌으로 재방영을 시작한 tvN의 〈유 퀴즈 온 더 블럭〉은 평범한 사람들의 인생 무대인 길거리를 세트로 빌리고 세상 누구에게나 공평한 태양을 조명 삼아 일반인들과 퀴즈를 진행한다. 사실 퀴즈가 방송의 메인이라기 보다 보통들의 다양한 삶을 편안하게 보여주는 것이 메인인 듯하다.

TV 방송에 비해 제약이 덜한 개인 방송에서는 이러한 경향이 특히 두드러진다. 유명인들이 술자리에서 술을 마시고 편한 분위기에서 반주도 없이 노래를 부르는 '이슬라이브'는 유튜브 누적 조회수 1억 뷰를 돌파하며 많은 화제를 낳았었다. 마치 어젯밤 친구들과 모임에서의 내 모습처럼 취기가 오른 연예인의 모습에 사람들은 즐거워했다. 연예인들이 TV 속 화려한 포장을 벗고 평범함과 털털함으로 다가오자 사람들은 이에 공감하기 시작한 것이다.

음악 역시도 일방향적인 '듣기'를 넘어, 소셜모바일을 활용해 쌍방향으로 소통하는 형태로 진화하고 있다.

화려한 꾸밈을 벗은 스타들의 진짜 모습이 나와 별반 다르지 않은 '집순이, 집돌이'라는 사실은 꽤 위로가 된다. 마치 '나도 너와 다르지 않아'라고 말해주는 듯한 프로그램과 그 속의 스타들과 나의 접점을 맞춰가며 대중들은 '보통스러운' 내 일상과 주변에 만족한다. 결국 보통의 소재는 대중에게 공감과 위로를 전해주면서 매력과 인기를 얻고 있는 것이다.

소박하고 편한 공간, '로컬리즘'

사람들의 발걸음이 망원동, 상수동, 익선동으로 대표되는 평범한 골목으로 향한다. 한때 사람들은 명동, 강남처럼 이른바 '핫 플레이스'를 찾아 다녔다. 반면 지금은 숨겨진 골목 가게들이 트렌디한 스폿으로 부상하면서 사람들의 마음을 사로잡고 있다. 특히나 코로나19는 '로컬리즘'이라는 단어로서 평범하고도 그즈넉한 자신이 살

출처: flic.kr/p/Hmc758

과거 삼청동을 시작으로 최근에는 익선동이 새로운 핫플레이스로 부상하였으나 원주민이 내몰려지는 젠트리피케이션으로 인해 그 인기는 다른 장소로 계속해서 바뀌고 있다.

고 있는 동네의 골목으로 사람들의 발길을 돌리게 만들고 있다. 사람들은 조금 더 깊이 숨겨진 골목 가게들을 찾아내고 있고, 이제는 어느 골목길에서도 마스크를 낀, 좁은 골목길을 구경하고자 찾아온 이들을 쉽게 마주칠 수 있다.

과거 골목길은 어둡고 위험한 길이라는 인식이 강했다. 하지만 이제 골목길은 원래 익숙했던 것이었지만 그 익숙함을 잊고 지냈던 보통들에게 새로운 가치와 느낌을 전해주는 곳으로 바뀌고 있다. 마치 숨겨져 있는 듯한 장소를 찾아가며 느끼는 재미와 그 거리에서만 느낄 수 있는 익숙하고 추억 속에만 존재했던 분위기와 가게들은 대중을 골목길로 모여들게 만든다.

좁은 골목길을 찾아보기 힘든, 요즘 골목길에서만 느낄 수 있는 느낌과 분위기는 대기업 프랜차이즈에서는 느낄 수 없는 새로운 감성을 보통들에게 선물한다. 사람들은 골목길에서 마치 편안한 안식처, 또는 고향의 향수와 같은 느낌을 받으며 사람 냄새 나는, 정서적인 교감에 대한 부족함을 충족시키곤 한다.

평범함을 원하지만 또한 그 속에서 특별함도 놓치지 않으려는 보통들의 욕구는 이전까진 크게 주목을 받지 못했던 골목길을 사람들이 모이는 곳으로 만들었다. 평범한 예전 우리 동네와 같은 모습을 그대로 간직한 그곳들은 다소 촌스러운 듯도 하지만 그만의 개성이 있다. 더불어 곳곳에 작지만 특색 있는 가게들이 자리 잡으면서 골목 상권은 그 자체로 브랜드가 되고 있다. 사람 냄새 나는 공간이면서도 다양한 경험과 체험이 가능한 골목길의 가치는 더욱 높아질

것이고 이를 보존하면서 발전시키기 위한 노력은 앞으로도 계속 될 것이다.[1]

평범함에서 소중함을 느끼는 것

행복이란 인간이 당연하게 누려야 하는 필수적인 가치이다. 하지만 전투 같은 일상에 치여 하루하루를 버티기도 힘든 오늘날의 사람들에게 행복은 사치와도 다를 바 없는 단어이기도 하다. 결국 이에 저항하듯 새로운 바람이 불고 있다. 그저 성공만을 바랐던 삶에서 벗어나 행복을 우선시하는 사람들이 많아지고 있다. 굳이 돈을 많이 벌거나 사회적 지위가 높아지지 않더라도, 그저 평

출처: http://program.tving.com/tvn/tvnsummer

대부분의 보통은 평범하고 편안한 분위기를 공감할 뿐 더 이상 화려하고 자극적인 것에 열광하지 않는다.

범한 보통으로 살아갈 지라도 나름대로의 만족을 찾는 사람들이 늘어나고 있다.

남이 정해둔 시선과 가치에 따라 살아지는 수동태적인 삶이 아닌, 소소하고 평범할지라도 나를 위한 능동적인 삶. 평범한 일상에서 소중함을 찾고 위로받으면서 나만의 매력을 느끼는 것. 남들과 달리 특별하지 않더라도 내가 편안함을 느끼고 공감이 간다면 기꺼이 나의 에너지와 돈을 소비할 수 있는 것. 이 모두가 평범한 일상 속 여유와 행복에 가치를 두는 노멀크러시이다.

특히 코로나19로 가변성에 노출되고 먼 미래를 설계하고 예측하기 어려워진 상황에서 사람들은 '과연 내가 특별한 삶을 살 수 있을까?'라는 의문을 던진다. 더 높이 올라가기 위해, 더 훌륭한 사람이 되기 위해 치열하게 살아야 한다고 외치던 현대인들이 이제는 '아무나'로 살아도 괜찮다고 말한다. 현실적 타협과 함께 하나, 둘씩 자신의 평범한 삶을 찾아가고 있는 것이다. 평범한 것이 가장 트렌디한 것임을 강조하는 노멀크러시. 일상의 소중함에서 행복을 느끼는 사람들이 늘어난다는 것은 노멀크러시가 그저 스쳐가는 유행만은 아님을 시사하는 것은 아닐까?

셋

혼자라서 행복한 '1코노미 시대'

1코노미

한 사람을 뜻하는 '1(일)'과 경제를 뜻하는

'이코노미'를 합성한 신조어.

혼자의 삶을 즐기는 1인 가구로 인해 생겨난 경제적 변화를 말한다.

보통's Life

2년 전 이혼한 보통 씨는 40대 초반이지만 원룸에 혼자 산다. 그는 단 한번도 '이 나이에 원룸에 산다니'라는 자책을 한 적이 없다. 혼자의 삶에 무척이나 만족하기 때문이다. 이혼했다고 굳이 다른 사람들에게 먼저 말하지는 않지만, 그렇다고 결코 숨기지도 않는다. 주변 사람들도 이를 두고 험담하거나 곁눈질하지 않는다. 그저 어쩌다보니 혼자 살게 되었는데, 세상은 혼자 사는 보통 씨를 위해 재미있고 편한 것들을 계속 제공해준다. 월급이 많은 편은 아니지만 혼자 사는 데 전혀 문제가 없다. 딱히 미래에 대한 투자도 없다. 그저 지금을 즐길 뿐이다.

1코노미는 뉴노멀^{New normal}이다

1코노미1conomy, 나홀로족가 대세이다. 현재 한국의 1인 가구는 2019년 기준 약 615만 명으로, 전체 가구 수의 30.2%를 차지하고 있다. 이 규모는 10년 전보다 두 배 넘게 증가한 수치이다. 우리는 더 이상 혼자 지낸다는 것을 어색해하지 않는다. 이제 막 성인이 된 미혼의 20대부터 황혼의 60대 이상까지 거의 모든 세대가 이제는 혼자를 선호한다.

최신 트렌드를 가장 빠르게 접할 수 있는 TV 프로그램에서도 〈나 혼자 산다〉 등과 같은 혼자라는 소재가 인기이다. 밥 해먹기 힘든 나홀로족들을 위한 먹거리들은 어디에서나 구할 수 있으며, 코인노래방은 어디서나 쉽게 볼 수 있는 편의점 같은 공간이 되었다. 얼마 전까지만 해도 쑥스럽고 숨기고 싶은 일이었던 '나 혼자 밥을 먹고 나 혼자 영화를 보고 나 혼자 노래하는 일'은 이제는 당당하고 자연스러운 일상이 된 것이다. 도리어 코로나19 시국에서 '나 혼자' 보내

출처: pixabay.com/photo-2940553

이제는 혼OO 과 같은 신조어가 나타나지 않는다. 혼자가 어색하지 않고 도리어 더 편리한 것이 자연스러운 흐름이기 때문이다.

는 일상은 이제 칭찬받고 사회적으로 권장하는 일이 되었다. 정말로 나홀로족들의 시대가 열린 것이다.

　1인 가구 증가세는 무서울 정도다. 통계청이 발표한 '장래가구 특별추계 2017~2047년' 자료만 보아도 전체 가구 중 1인가구의 비중은 2047년 37.3%832만 가구로 늘어날 것으로 보고 있다. 뿐만 아니라 1인가구와 소비와 생활 패턴이 비슷할 수 있는 부부가구의 비중도 증가하고 있다. 2047년에는 부부가구의 비중이 21.5%479만4,000가구가 될 것으로 보고 있다. 즉 1인가구와 부부가구의 비중을 합치면 20여 년 뒤에는 58.8%로 산술적으로 전체의 3분의 2에 가까워지게 되는 것이다.[2] 1인 가구는 이미 대한민국의 표준 가구가 된 것이다. 인구의 구조변화는 경제의 큰 흐름을 좌우하며, 앞으로의 미래를 보여주는 것이다. 1인 가구의 증가는 한국 경제의 미래를 아주 근접하게 전망할 수 있는 가장 확실한 키워드이다.

솔로들의 S.O.L.O

　주목할 것은 1인 가구의 증가로 인한 변화이다. 이른바 '솔로 이코노미solo economy'라 불리는 소비문화가 등장했다. 솔로 이코노미는 기업들에게 있어 아주 매력적인 타깃이다. 왜냐하면 그들은 어떤 가구 구성보다 가장 왕성한 구매력을 갖고 있기 때문이다.

　대한상공회의소가 최근 20대 후반부터 40대 초반의 전국 500가구

(1인 가구와 3~4인 가구 각 250명)를 대상으로 조사한 결과이다.

1인 가구

80만 5000원
32.9%

3~4인 가구

73만 5000원
17.2%

괄호 안은 월소득 중 가처분 소득 비중
(대한상공회의소)

1인 VS 3~4인 가구 소비여력 비교

월 가처분소득이 전체 수입에서 차지하는 비율은 1인 가구가 32.9%로 나타났다. 3~4인 가구의 17.2%에 비해 두 배 가까이 높은 수치이다.[3] 금액으로 봐도 1인 가구의 월 가처분소득은 80만 5,000원으로 3~4인 가구의 73만 5,000원보다 많았다. 즉 1인 가구는 3~4인 가구에 비해 자녀 양육이나 가족 부양에서 자유로워 소비 여력이 더 큰 것이다.

타인의 시선을 좇기보다 내 삶에 집중하고, 다가올 미래보다 현재를 중시하는 '포미족', '욜로족' 등도 1코노미에 따른 현상이다. 이런 개인화 현상은 앞으로 더욱 심화될 전망이다. 대한상공회의소는 이러한 1코노미들의 소비 키워드를 '솔로S·O·L·O'로 꼽았다.[4]

S: Self / O: Online / L: Low-Price / O: One-stop[5]

셀프(Self) 자신을 위한 자기 지향성 소비이다. 1인 가구는 혼자 있는 시간이 많으며, 가족에 대한 지출이 적고 취미 생활이나 자기계발에 있어서는 아낌없이 투자한다.

온라인(Online) 1인 가구 소비자들은 생수나 세제, 물티슈 등 주로 무겁거나 부피가 크고 구매 빈도가 잦은 생활필수품을 온라인으로 구매한다. 이에 온라인 쇼핑몰들은 이들에게 생필품을 정기적으로 배송해주는 '정기 배송' 서비스나 24시간 안에 무료로 배송해주는 서비스를 만들어내고 있다.

로 프라이스(Low-Price) 저가 지향성 소비이다. 이는 할인 기간을 기다려 구매하는 패턴으로 가격대가 저렴하면서도 효율성을 추구하는 즉, 가성비 중심의 소비를 말한다.

원스톱(One-Stop) 편리 지향 소비이다. 적은 양을 간편하게 소비하고 삶에 있어 관리 포인트를 최소화하려는 1인 가구의 소비 성향을 나타낸다. 이를 바탕으로 편의점이나 HMR 관련 시장은 불경기 속에서도 가파른 성장을 지속하고 있다.

나홀로족과 함께 성장하고 있는 다양한 산업

1인 가구의 증가로 가장 큰 이익을 얻고 있는 곳은 편의점이다. 1인 가구들은 대형 마트에서 대량 구매하지 않고, 편의점처럼 가까운 곳에서 자신이 필요한 것만 소량 구매한다. 1인 가구의 '혼밥'으로 편의점들은 도시락, 미니 디저트, 소량의 과일 상품 등을 앞 다투어 내놓았다.

이와 함께 외식, 푸드 관련 업계는 가정 간편식HMR 상품을 다양하게 출시했다. 요리를 하는 방법은 잘 모르고, 귀찮아 하지만 어

1인 가구 모여라! 혼자 일수록 더 잘 차려 먹어야죠
적극 추천! 1인 가구를 위한 삼시 세끼 피코크 레시피

기존의 요리책은 4인 가족이 불변의 기준이었다. 하지만 이제는 1인분 중심으로 대부분의 레시피가 바뀌고 있다.

쨌든 집에서 식사를 해결해야 하는 1인 가구들을 위한 가정 간편식 산업과 시장은 고공 성장 중이다. 라면 1봉지까지도 집 앞으로 배달해주는 '혼송혼자를 위한 배송'서비스 업계도 가파르게 성장하고 있다. 특히 코로나19와 함께 언택트비대면 트렌드와 혼송 서비스가 결

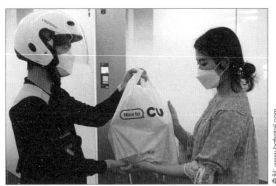

배달의 민족이라는 수식어도 필요 없이 대한민국은 코로나19로 인해 세계에서 가장 배달산업이 발달된 국가가 되었다.

합 되면서, 집근처 소량배송 서비스가 폭발적인 인기를 끌고 있다. 혼송 서비스는 최소 주문 금액만 넘기면 단 1개의 물품이라도, 1,000~3,000원 사이의 배달비용을 받고 집 앞까지 배달해주는 서비스이다. 혼송 서비스는 GS25, CU 등의 편의점 업계와 함께, 배달앱 1위인 배민까지 가세하여 서울·수도권에서 전국으로 확대되고 있다. 혼송 서비스 시장 규모는 10년 뒤인 2030년에는 5조 원까지 성장할 것으로 예상되고 있다.[6]

기업들은 혼자 여가를 즐기는 1코노미 수요에 발맞추기 위해 '혼영혼자서 영화 보기', '혼행혼자서 여행 가기' 등 다양한 상품을 선보인지 오래다. 여성이나 노인이 혼자 사는 집은 보안 시스템을 가장 중요하게 생각하기 때문에 보안 솔루션 시장 역시 가파르게 성장하고 있다. 또한 건강·의료 지출이 큰 고령층 1인 가구가 늘어나는 만큼 고령 친화적인 산업 역시도 성장 가능성이 높다.

모바일을 통한 부동산 정보 이용과 거래가 젊은 세대를 중심으로 확산되면서 모바일 부동산 시장도 크게 성장했다. 부동산 어플의 다운로드 수가 3,000만을 돌파했을 정도다. 그 성장 배경에는 1인 가구의 급격한 증가가 있다. 부동산 어플의 경우 1인 가구가 주로 찾는 원룸과 투룸은 물론 오피스텔 등 그들을 위한 매물에 대한 맞춤화 된 정보를 제공한다.

이는 스마트폰 활용에 익숙한 20대와 30대를 적극 공략했고, 트렌드와 딱 맞아떨어지면서 모바일 부동산 시장은 폭발적으로 성장했다. 실제 설문조사 결과에서도 부동산 어플을 사용해 정보를 찾

는다는 사람이 전체 응답자 중에서는 절반가량이었지만, 1인 가구의 경우 78%에 달했다.[7]

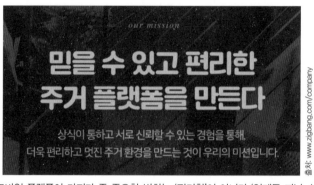

부동산 모바일 플랫폼이 가져다 준 중요한 변화는 '편리함'이 아니라 '언제든 떠날 수 있는 여건' 이다.

현재를 중시하고 한번뿐인 인생을 즐기자는 의미를 담은 욜로 라이프스타일이 유행하면서 혼자 여행을 떠나는 '혼행'도 여행 트렌드로 떠올랐다. 한 여행사의 발표에 따르면 패키지 상품을 이용한 혼행족은 25만 9,000여 명으로 불과 1~2년 전에 비해 6만 2,000여 명에 비해 4배 이상 증가한 것으로 나타났다.[8] 예전에는 혼자 해외여행을 떠나는 것에 대해 막연한 두려움을 가지는 이들이 많았다면, 이제는 혼행을 즐기는 이들이 많아졌다.

물론, 해외여행에 대한 제약은 앞으로도 오랜 시간 유지되겠지만, 그럼에도 계속해서 늘어나는 나홀로족들은 항공사의 특가 프로모션을 수시로 찾아보면서 즉흥적으로 여행지를 정할 것이다. 다른 사람의 일정을 고려할 필요 없이 자신의 일정에만 따르면 되기 때문이다. 또한 다양한 저가항공사와 여행 비교 사이트 등이 경쟁하면서 여행 비용이 다소 저렴해졌다는 점 역시 혼행족이 늘어난 이유 중 하나다. 물론 이러한 경향성은 코로나 19로 인해 더욱 가속도를 얻고 있다. 이동 수단 역시도 마스크를 쓸 필요가 없는 개인차량이나 자전거, 오토바이와 같은 개인 이동수단들이 주목을 받고 있고, 덜 붐비는 곳을 향하는 혼행족들의 자유로운 여행은 빠르게 보편화 될 것이다. 실제로 카카오맵에서 자전거길 검색 서비스 이용자가 연초대비 사회적 거리두기 이후 81%나 증가했고, 이 서비스를 실행하는 횟수 역시 180% 이상 증가한 것으로 발표되고 있기도 하다. 이러한 맥락에서 가까운 곳에서, 그리고 그나마 방역과 안전이 보장 될 수 있는 여행의 기분을 느끼기 위해 호텔을 찾아 도심 속 힐링을 즐기려는 '혼텔족', '호캉스족'도 증가했다. 가족이나 연인 방

단순히 '사람수' 또는 '비용' 의 개념으로 자리잡았던 과거의 패키지 여행이 이제는 고객들이 처한 상황에 따라 맞춤화 된 '컨셉'으로 변화하였다.

문객이 호텔의 주 고객이었던 과거와 다르게 최근에는 혼자만의 여유로운 시간을 즐기기 위해 호텔을 찾는 경우가 많다. 실제로 호텔업계에 따르면 혼텔족들이 30% 이상으로, 상당한 비중을 차지하고 있다고 한다.[9]

1코노미, 대한민국의 주류가 되었다

1코노미는 이미 여러 업계의 문을 두드렸다. 어쩌면 마이크로트렌드를 넘어 메가트렌드로 자리 잡고 있는 중이다. 스스로의 만족을 우선시하는 문화들이 점차 많아지는 시대이다. 나홀로족들은 취업난, 힘들어 보이는 내 집 마련, 계속되는 경제 불황 등의 현실 때문에 미래를 위해 전력질주하기보다 당장 눈앞의 행복을 좇는다.

혼밥, 혼술, 혼놀, 혼행 등 혼자 할 수 있는 것들이 많아지고, 혼자 노는 것에 편함을 느끼는 현대인들은 '혼자만의 즐거움'을 찾고, 아낌없이 소비하는 데 푹 빠져 있다. 코로나19와 함께 '혼자만의 즐거움'을 다양하게 잘 느끼고, 혼자 놀 줄 아는 이들의 생활방식이 존중받고 권장되고 있다. 그렇기에 자신만을 위해 소비하는 그들은 더 이상 '외로운 싱글족'이라며 눈치 보이는 시선을 받는 사람들이 아니라, 120조라는 거대한 시장을 움직이는 파워컨슈머로 재탄생한 것이다.

이처럼 1코노미 세대는 사회적인 가족 구성에 대한 지형 자체를

혼자라는 개념은 더 이상 망망대해에 혼자 불안하게 서 있는 것이 아니다. 그저 자유롭게 바다를 항해하는 것이다.

바꾸고 지속적으로 새로운 비즈니스를 만들어내고 있다. '오직 나만을 위해 아낌없이' 소비할 준비가 되어 있는 고객이 늘어난다는 것은 기업들에게 아주 매력적인 기회이다. 1인 가구는 아주 강력한 경제 세력이다. 왜냐하면 그들은 자신이 가치 있다고 생각하는 일에는 누구보다 과감하게 지갑을 열기 때문이다.

이들은 몇 평 되지 않는 작은 집일지라도 많은 돈과 공을 들여 꾸미고, 이후에는 수고한 자신에게 고급스럽고 사치스러운 선물을 하기도 한다. 그리고 궁극적으로 삶과 소비에 누구도 관여하지 않는 자유로운 삶에서 다양한 행복을 느낀다. 더불어 파워 경제세력이자 매력적인 소비자로 올라선 1인 가구는 빠른 증가세를 보이고, 향후에도 증가할 것으로 예측되며 그동안 가족이나 특정 소비 집단 중심의 경제 지도를 바꿔나가고 있는 것이다.

'혼자 있고' 싶지만, 그렇다고 '혼자이고' 싶진 않아

비대면

말 그대로 얼굴을 서로 맞대고 있지 않는 상태를 말한다.
기술의 발전으로 인해
과거에 사람과 사람이 직접 만나야 가능했던 일들이
이제는 거의 모두 비대면으로 바뀌고 있다.
비대면이 더 편리하고 효율적이기도 하다.

보통's Life

신입사원 보통 씨는 회사 문화에 잘 적응하고 있다. 보통 씨의 팀은 대부분의 커뮤니케이션을 카톡 단체방으로 한다. 웬만큼 중요한 보고 외에는 대부분 카톡으로 해결이 가능하다. 물론 '바로 앞에 있는데 그냥 말로 해'라고 말하는 과장님이 한 분 계시지만, 그 역시 가끔은 노잼인 '짤'을 단톡방에 올리며 즐거워한다. 대학생 때 선배들이 직장생활 중 가장 힘든 게 커뮤니케이션이라 했는데 다행히 보통 씨에게 그런 어려움은 없다.

통화는 자제해주세요

　지난 학기 필자의 수업을 듣던 학생에게 다음과 같은 이야기를 들었다. "팀 과제를 위해 모임을 가진 적이 있어요. PPT 발표를 앞두고, 4명이 파트를 나눠 쓴 보고서를 전체적인 흐름에 맞춰 수정해야 했어요. 하지만 모바일 메신저를 이용해 텍스트로만 논의하자니, 한계가 있더라고요. 글에 담긴 속뜻과 구성을 위해 도려낼 부분을 온전히 이야기하기가 어려웠거든요. 그래서 조장이었던 저는 팀원들에게 개별적으로 전화를 걸어 이야기를 나눴습니다. 그러던 중 한 팀원이 약간 떨리는 듯한 목소리로 말하더라고요. 죄송하지만 그냥 카톡으로 이야기하면 안 되겠느냐고. 자신은 전화가 좀 불편하다고. 순간 당황한 나머지 알겠다고 대답하고 전화를 끊었어요. 이후 몇 분 동안이나 멍한 기분이 들더라고요."

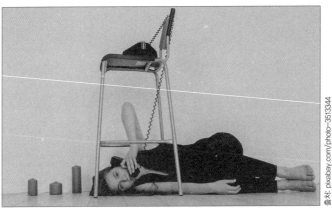

출처: pixabay.com/photo-3513344

현재의 보통들에게 대면(對面)의 개념은 '서로 얼굴을 마주 보고 대함'을 넘어 온라인을 포함한 직간접적인 모든 커뮤니케이션 활동을 뜻한다.

56

요즘은 실제로 전화하는 것 자체에 어려움을 느끼는 사람들이 꽤 많다. 꼭 통화가 필요하다면 대본을 짜고 연습을 하기도 한다. 전화하기를 낯설어하고, 관계 맺는 데에 어려움을 느끼는 세대. 한편으로 같은 관심사를 가진 이들과 간접적으로 교류하는 세대가 등장했다. 이러한 변화는 결국 사람이 대면하지 않더라도 모든 것을 해결해주는 다양한 온라인 플랫폼 사업을 만들어내고 있다.

인류는 선천적으로 사회적 동물, 호모 소시올로지쿠스Homo Sociologicus* 이다

사람과 거리를 두는 플랫폼의 대표 격은 바로 배달앱이다. 배달앱의 특징은 음식을 주문할 때 요식업체와 직접 통화하는 번거로움을 없앴다는 점이다. 비대면 계좌 개설이 가능한 케이뱅크나 카카오뱅크 역시 비슷한 예이다.

대면 접촉 없이 간편하게 원하는 바를 이룰 수 있는 이러한 서비스는 관계 맺기에 부담을 느끼는 세대의 개인주의적 성향을 충족시킨다. 이들 세대는 깊게 얽히는 관계에는 불편함을 느끼지만 피상

---

* 인간을 지칭하는 학명인 '호모'라는 단어에 시대적으로 나타나는 인간의 본질과 특성을 접목한 단어. 최근 나타난 이 신조어는 사회로부터 부여된 역할에 맞춰 행동하기 위해, 일상생활이라는 무대 위에서 연기하는 배우를 뜻하는 말이다. 이들이 수행하는 행위는 스스로 원하기 보다는 다른 사람이 기대하는 역할에 맞춰 행동하는 경향이 많다. 그렇기에 이들은 사회적 통제망에 따라 수동적으로 살아간다.

적이고 얕은 관계를 맺는 것에는 도리어 관심이 많다. 이러한 수요에 힘입어 페이스북과 인스타그램으로 대표되는 SNS는 급속하게 성장했다. 타인과 거리두기를 원하지만 한편으로는 누군가와 관계 맺기를 원하는 사람들. 거리두기와 관계맺기. 이 모순된 욕구 속 숨겨진 진짜 니즈는 무엇일까?[10]

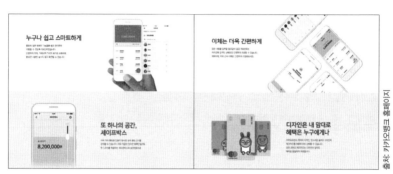

단 출처: 카카오뱅크 홈페이지

대면서비스가 반드시 필요할 것으로 여겨졌던 은행 업무도 비대면이 가능한 시대이다. 이러한 비대면은 상상을 뛰어넘은 다양한 부문에서 다양한 형태로 폭발적으로 나타날 것이다.

스마트폰으로 온라인 롤플레잉 게임을 하는 사람들을 요즘 흔히 볼 수 있다. 언제 어디서든 원하는 때에 다른 이용자들과 팀을 이루어 함께 게임을 즐기는 것이다. 비록 가상세계이기는 하지만 팀을 이룬 사람들과는 길드를 만들고 함께 미션을 수행해 나가는 등 관계 맺기가 가능하다. 이렇듯 롤플레잉 게임을 즐기는 사람들의 모습에서 어쩌면 '거리두기와 관계 맺기'라는 모순된 욕구의 해답을 찾을 수 있을 듯하다. 나를 제약하는 집단과 규범, 사회에서 벗어나고 싶지만, 실상 인간은 본질적으로 소속감과 유대감 없이는 살 수 없는 사회적 동물이기 때문은 아닐까?

사실 '외로움'이 니즈 그 자체이다

때때로 우리는 팍팍한 현실과 인간관계에 지쳐 스스로 고독을 자처한다. 공연히 간섭하고 내 생활을 침해하고, 나를 불편하게 만드는 사람들과는 거리를 두고 싶다. 하지만 이와 동시에 가끔은 함께할 누군가가 절실하게 필요해지기도 한다.

외로움은 사회적 동물인 인간의 본능적 감정이다. 누군가는 이러한 모순된 감정을 보고 '스스로 자처한 고독을 그만두고 사람들 속으로 뛰어들라'고 말할 수도 있겠지만, 이들이 진정 원하는 것은 지속적이고 공고한 사람들과의 관계는 결코 아니다. 이들이 필요한 것은 그저 내가 필요할 때, 혹은 원할 때 아주 잠깐의 시간만 어울릴 수 있는, 단지 일시적으로만 느끼는 소속감을 원하는 것이다.

'위너플'은 20~30대들 사이에서 꽤나 유명했던 온라인 커뮤니티 중 하나이다. 그리고 최근에는 이러한 포맷의 커뮤니티가 다양한 플랫폼에서 다양한 방식으로 운영되고 있다. 언뜻 보면 흔한 동호회, 취미 공유 카페라고 생각할 수 있다. 하지만 이 모임은 다른 온라인 커뮤니티들과의 차이점이 한 가지 있다. 그것은 바로 소위 '정모'라 불리는 정기적인 모임을 갖지 않는다는 점이다. 정기적인 모임이 아니라 필요할 때만 모임의 주제와 연령에 맞게 원하는 사람만 무작위로 모임을 갖도록 하는 것이다.

예를 들어 이번 주말 저녁 '놀이동산'에 갈 사람을 모집한다는 글이 올라오면 참가를 원하는 개개인이 이를 신청한다. 위너플은 당

81165	(내일의 모임)★(누구나) 9/16(일) 오후 1시 10분 대학로에서 공연 관람! '텐: 열흘간의 비밀(+낙산공원) (당일 바로실행) 🎭 [3]
81164	(내일의 모임)★(누구나) 9/16(일) 오후3시30분 지적 쾌감! 밀실을 탈출하라! '방탈출: 미친과학자, 방과 방사이(신규), 크라임씬2' (당일 바로실행) 🎭 [3]
81151	(내일의 모임)★(누구나) 9/14(금) 오후8시 초보자를 위한 '금융 보드게임 파티'(1탄) 🎭 [3]
81060	(내일의 모임)★(20~29세) 9/2(일) 오후3시30분 서울여행 '남산야경' (당일 바로실행) 🎭 [2]
81036	(내일의 모임)★(누구나) 8/29(수) 오후7시30분 ::수요독서클럽::(격주모임) 🎭 [2]
81029	★★(누구나)〈제5회 위너플 세미국토대장정 / 9.22~25(3박4일)〉 8/28(화) 오후8시 사전모임 / 참가자 모집공지 🎭 [2]
81001	(내일의 모임)★(20~29세) 8/26(일) 오후3시30분 '일요일 함께 놀자!' 하루 함께 놀기 (당일 바로실행) 🎭 [2]
80997	(내일의 모임)★(누구나) 8/25(토) 오후7시30분 ::심리게임 : 늑대마피아 파티'(1탄) 🎭 [2]
80996	(내일의 모임)★(28~37세) 8/25(토) 오후1시10분 오랜만의 긴장감과 짜릿함! '야간 롯데월드!' (당일 바로실행) 🎭 [2]

과거, 누군가와 어울리지 못한다는 것은 '사회성이 결여 된' 사람으로 여겨졌었다. 하지만 이제는 그 이유가 수동에서 능동으로 바뀌면서 이들을 바라보는 시각도 180도 바뀌고 있다.

일 만날 수 있는 공간만을 준비하고 당일 역시도 특별한 프로그램 없이 간단한 자기소개와 아이스 브레이킹ice breaking 정도의 시간만을 가진다. 그 후 모임의 원래 목적인 놀이동산에서 다 같이 즐겁게 놀고 헤어지는 것이다.

만약 다음 주 또 놀이동산에 함께 갈 사람을 모집한다는 글이 올라오더라도 참가하는 멤버는 이전과 달라진다. 정기적인 모임이 아니기에 매번 새로운 참가 희망자들로 새로운 모임이 꾸려지는 것이다. 물론, 2인 이상이 모임에 참여할 수도 있겠지만 위너플에서 주최하는 모임에 참여하는 사람 대다수는 혼자 참가를 신청한다. 물론 이 커뮤니티의 본래 목적이 혼족을 위한 것은 아니었지만, 이러한 만남의 시스템이 거리두기와 관계 맺기를 원하는 보통의 사람들에게는 아주 적절한 대안으로 받아들여진 것이다.

그리고 이러한 외로움은 특히나 코로나19 이후에 많은 사람들이 느끼고 있는 공통적인 감정이다. 바로 '코로나 블루코로나19 + 우울감' 때문이다. 불투명한 미래에 대한 걱정과 함께 재택근무, 집콕, 타인과의 물리적 단절 등이 이어지면서 나타나는 불안감이나 심리적 어려움을 호소하는 사람들이 늘어나고 있다. 물론 이를 당장 해결해 줄 수 있는 처방은 없다. 하지만 온라인과 다양한 채널들이 이 문제를 조금이나마 해결해 주고 있다. 회사에서는 이러한 직원들을 위해 '멘탈 케어'라는 명목으로 상담 프로그램이나 B급의 재미있는 사내 방송 프로그램 제작, 취미활동 지원 등의 정책을 펴내고 있기도 하다. 이 역시도 궁극적으로는 조직, 단체가 잘되기 위한 방편이지만 또한 코로나19 시대로 인해 불가피하게 유연하고 스마트한 개인중심의 조직으로 변화해야 하는 적절한 대처가 아닐까?

그저 함께한다는 '느낌'만 필요할 뿐

〈저녁 같이 드실래요?〉, 〈혼술남녀〉, 〈회사 가기 싫어〉 등의 드라마는 혼족들의 삶을 현실적으로 보여준다. 일상에 지친 이들이 그럼에도 불구하고 꿋꿋하게 살아가는 모습을 그린 이 두 드라마는 큰 인기를 얻었다. 드라마 속 주인공들은 실제 우리 모습과 닮았다. 누구보다 바쁘게 살며 때로는 대충 혼자 식사하고 술을 마신다. 이렇듯 우리네 삶을 보여주면서 공감을 얻는 콘텐츠가 있는가 하면 반대로 공감을 넘어 힐링과 위안을 주는 방송도 있다. 바로 〈삼시세끼〉이다. 바쁘게, 빠르게, 대충 먹는 요즘의 식생활과는 정반대의 모습을 그리지만 인기는 엄청났다.

프로그램의 내용은 아주 단순하다. 출연진들은 방송 내내 열심히 재료를 구하고 다 함께 밥을 지어 먹는다. 집 앞 편의점에서 전자레인지 조리용 간편식을 구입하는 젊은이들과는 상반되는 모습이다. 이렇게 단순한 포맷의 프로그램임에도 불구하고 〈삼시세끼-바다 목장편〉은 종영까지 평균 시청률 9~10%대를 기록하며 지상파 포함, 전 채널 동시간대 1위를 기록했다.

이러한 흥행이 중장년층 시청자의 호응 때문이라 짐작하는 이도 있을 것이다. 이들 세대는 어릴 적 시골 마당에서 가마솥에 밥 지어 먹고, 동네 친구들과 산으로 바다로 놀러 다니던 추억을 가졌기 때문이다. 하지만 추억이라고는 어린 시절부터 아파트 숲에 둘러싸여 몇몇의 친구들하고 학원 다니던 것밖에 없는 젊은이들도 이 프로그램을 열렬히 시청했다. 그 이유는 무엇일까? 아마도 누군가와 함께한다는 감정이 '진짜 사람'이 아니더라도 받을 수 있는 것이기 때문은 아닐까?

먹방은 이제 우리 생활에 아주 보편적으로 퍼져 있다. 유명 먹방 BJ는 공중파 프로그램에도 출연한다. 약간은 사회 부적응자의 모습처럼 보였던 가상의 '밥 친구'는 이제 더 이상 이상한 모습이 아니다. 〈삼시세끼〉도 이러한 면이 반영되었다고 볼 수 있다. 이 프로그램이 방영된 시간은 금요일 밤이다. 대부분의 보통 사람들은 특별한 일이 있지 않는 한 밖에서 불금을 즐기기보다 집에서 혼자 조

한국의 전통적 상차림은 원래 함께 한 상에서 반찬을 공유하는 형태가 아닌 개별 식탁과 개별 반찬을 먹는 1인식 이었다. 다시 과거로 회귀하는 것일까?

용히 힘들었던 한 주를 마무리하고 싶을 때가 더 많다. 그렇다 하더라도 혼자의 금요일을 매번 즐기는 것은 아니다. 때로는 쓸쓸한 감정에 힘들어 하기도 한다. 특히 코로나19로 인해 누군가와 '밥 한번 먹자'는 약속조차 하기 힘들어진 상황에서 쓸쓸함은 더 커진다. 외로움을 선택할 수 있었던 코로나19 이전과는 달리, 이제는 외로움에 수동적으로 노출될 수밖에 없는 현실을 사는 것이다. 이럴 때 사람들은 〈삼시세끼〉를 보며 방송 속 출연자들이 앉아 있는 둥그렇고 소박한, 정성이 들어가 있는 밥상에 함께하는 느낌을 받고자 하는 것이다.[11] 한국보다 1인 가구, 혼족의 삶이 훨씬 더 오래된 일상인 옆 나라 일본에서는 이미 오래 전부터 '같이 밥 먹어주는 DVD'를 판매하고 있다. 혼자 식사하는 사람들의 외로움을 달래주기 위해 만들어진 이 DVD는 심지어 상대를 선택할 수도 있다.

밖에 나가 친구들과 함께 밥을 먹는 것이 피로하지만 혼자인 식탁 또한 어딘지 쓸쓸해, 나만의 '가상 밥 친구'를 찾는 사람들. 이들은 간편하게 나를 위로해줄 존재라면 반드시 진짜 사람일 필요는 없다고 생각한다.

출처: www.tv-tokyo.co.jp/kodokunogurume

누군가와 함께 식사할 때는 느끼지 못하는 '진짜 맛'은 혼밥을 할 때 느낄 수 있는 경우가 많다.

고통과 대안은 함께 발전하는 법

혼자인 삶과 함께하는 삶 중 어느 한 쪽이 완벽하다고 이야기할 수는 없다. 다만 혼족일지라도 만족하는 삶을 사는 와중에 가끔은 밀려오는 외로움에 고통 받을 수 있다. 그렇기에 남몰래 고통 받는 혼족들이 외로움을 나눌 수 있는 커뮤니티의 발달은 계속될 것이다. 다양한 인터넷 사이트와 어플리케이션의 발달은 이들이 바라던 즉흥적이고 일회적인 만남을 성사시킨다. 특히나 요즘과 같이 누군가와의 새로운 만남이 불가능한 언택트의 시기에는 마스크를 쓰고 '당근마켓' 거래를 하는 그 짧은 만남 자체에서 즐거움을 느끼기도 할 정도이다.

혼족들은 이를 통해 불필요한 시간적, 금전적, 감정적 낭비를 줄이고도 누군가와 짧은 기간 함께할 수 있다. 이뿐만 아니라 사람들로 하여금 자발적 고독을 선택하게 한 일등공신, IT 기술의 발달은 분명 이들의 외로움 해소를 위한 최고의 처방 또한 내놓을 것이다. 다양한 영상, 생생한 VR, 정서적 교감이 가능한 로봇까지 IT 기술의 발달은 다양한 방식으로 혼족들의 외로움을 해소해줄 것이다.[12] 이를 통해 혼족들은 잠시나마 특정 집단의 일원이 됨을 느낄 수 있다.

혼자라는 것은 불편하거나 안쓰러운 것이 아니라 원하면 선택할 수 있는 옵션이 되어 버렸다.

개인주의는 자칫하면 혼자서 뭐든지 잘해내야 한다는 강박을 줄수도 있다. 그리고 그동안 우리 인식에 깊숙이 박혀 있던 인맥, 인간관계, 사회성 등이 좋아야 성공한 삶이라는 강요는 오히려 사람들을 지치게 만들었다. 이러한 사회 분위기 속에서 그동안 많은 혼족들은 당당하고 냉소적인 겉모습과 달리 내면의 외로움을 숨겨올수밖에 없었다. 하지만 이제는 고통이 있을지라도 그 속에서 다양한 대안을 만들어내고 있다.

평범한 사람들의 일상과 이야기에 귀 기울이고 관심을 가질 지라도, 각자 개인의 영역을 침해하고 타인을 불편하게 만드는 사람과는 거리를 두고 싶어 하는 현실. 이러한 현실의 관계 속, 지치고 상처받은 마음을 지키고자 하는 현대인들의 노력은 계속될 것이다.

다섯

분리되어 있지만 또한 함께하는
'세뮤니티 족'

세뮤니티족

분리(separation)와 공동체(community)의 합성어.

개인주의적 삶을 가장 중요시 여기지만,

누군가의 도움이 효율적일 때는 선택적으로

공동체적 삶의 방식을 사는 사람들

보통's Life

평범한 직장인 보통 씨는 이사를 알아보고 있다. 지금 사는 아파트도 나쁘지 않지만 얼마 전 착공에 들어간 새 아파트는 아침밥을 준다는 소식을 들었다. 빨래와 다림질 서비스도 제공한다고 한다. 물론 비용이야 들겠지만, 내 인건비를 따져보면 그리 비싸지도 않다. 주재원으로 잠시 해외에서 생활했던 예전에 소위 '서비스 아파트'라 불리던 공간이 한국에도 생겨나고 있는 것이다. 보통 씨는 시간도 돈이라고 생각한다. 돈을 벌기 위해 시간을 소비하지만 반대로 시간을 아낄 수 있다면 돈을 지불할 수도 있는 것이다. 보통 씨는 이 아파트의 모델하우스를 살펴보며 '주방이 이렇게 클 필요가 뭐가 있지?'라는 생각을 지울 수가 없었다.

개인주의자? 아니, '현실주의자'의 시대

　이른바 개인주의가 사회의 주류가 된 시대이다. 젊은 세대는 대개 대학 입학과 동시에 부모로부터 독립한다. 불과 10여 년 전만 해도 대학생의 주된 주거방식은 한 방에 여러 명이 사는 기숙사나 한 집에 여러 명이 사는 하숙의 형태였다. 하지만 최근에는 온전히 자기만의 공간을 사용할 수 있는 원룸이 대학생 주거공간의 대세를 이루고 있다.

　오늘날 젊은 세대는 누군가와 함께 지낸다는 것 자체에 거부감을 가진다. 자기만의 공간에서 살아가는 대학생들의 생활양식은 일상화된 개인주의를 보여준다. 이들의 개인화된 삶의 방식을 비단 주거공간에서만 확인할 수 있는 것은 아니다. 각종 스펙 경쟁, 취업난에 처해있는 대학생들은 학교에서도 스스로를 '자발적 아웃사이더*'라 지칭한다. 타인과 교류하는 것보다 자신의 생존을 위해 스스로 고독을 선택하는 것이다. 특히 코로나19가 장기화 된 이후, 젊은 세대의 개인화 된 삶의 방식은 더욱 구체화되고 심화될 것이다. 이러한 현실을 생각할 때 개인주의 혹은 분할은 앞으로도 도무지 변화하지 않을 고정된 삶의 방식인 것처럼 보인다.

　그러나 역설적이게도 사람들이 다시 가족을 기반으로 하는 공동

---

* '자발적 아싸'라고 쓰이기도 한다. 주로 대학교에서 쓰이는 말인데 스스로 남들과 어울리지 않는 사람을 뜻한다. 하지만 이는 대학생뿐만 아니라 직장인에게도 나타난다. 최근 한 설문조사에도 직장인 10명 중 4명 꼴로 자신이 자발적 아웃사이더라 말하고 있다.

체적 삶에 회귀하고 있다. 개인주의적 삶을 추구하던 사람들이 가정을 이룬 이후 새로운 현실을 마주하게 되기 때문이다. 바로 보육의 문제이다. 하루의 대부분을 직장에서 보내는 맞벌이 부부에게 어린이집이나 유치원이 제공하는 보육 시간은 턱없이 부족하다. 이러한 그들이 찾게 되는 곳은 바로 자신의 부모다.

이들은 부모에게 양육을 부탁하지만, 그렇다고 한 집에 살지는 않는다. 즉 거주지를 부모와 분리함으로써 개인주의적 삶은 유지하되 아이의 양육을 부모에게 전담시킴으로써 이를 가족의 공동 과제로 삼는 것이다. 보육은 개인주의적 삶을 선택한 성인 자녀들이 가족의 공동체적 삶 안에 다시 돌아오게 하는 매개체가 된다.

이러한 경향은 아주 보편화되고 있다. 우리는 사람들이 '분리적 삶'에서 '공동체적 삶'으로 자연스럽게 회귀하는 이 지점에 주목해야 한다. 이른바 개인주의에 근거한 분리separation적 삶과 가족 등 상호 신뢰에 근거한 공동체community적 삶의 방식을 동시에 선택하는 세뮤니티Semmunity족이 등장했기 때문이다.

3세대 한 단지

조부모 양육 전성시대가 열렸다. 젊은 부부들의 맞벌이가 일상화된 최근에는 미취학 자녀의 양육이나 가사 분담 문제로 인해 '3세대한 단지'라는 새로운 주거 문화 현상까지 나타났다. 부모와 성인 자녀부부, 그리고 손자 또는 손녀가 한 단지에 모여 살기 시작한 것이다. 이러한 거주 형태는 서로의 독립된 생활을 존중하면서 필요할 때 도움을 주고받을 수 있도록 형성된 것이다. '부모와 함께 살 수 있는 편리한 주거 시설이 공급될 경우, 함께 살 의향이 어느 정도인가'를 조사한 교육부의 자료에는 부모와 함께 살고 있지 않은 기혼자 중 65.1%, 그리고 부모와 함께 살고 있는 기혼자의 경우 76.3%가 응답에 긍정적인 반응을 보였다.[13]

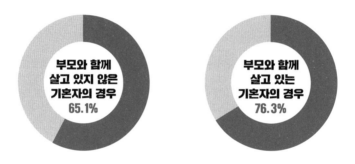

부모와 함께 살 수 있는 편리한 주거 시설이 공급될 경우, 함께 살 의향이 어느 정도인가

그리고 이 설문에서 특히 주의 깊게 봐야 할 점은, 가까운 거리에 부모와 함께 살고 싶다고 응답한 비율이 한 주거공간에서 부모와 함께 생활하고 싶다는 비율보다 높았다는 것이다. 바로 개인주의적 삶의 모습을 바탕으로 분리되고 싶은 개인의 욕망과 공동체적 가족의 삶에 흡수되고 싶다는 또 다른 욕망이 충돌하는 지점이다. 분리적 생활양식에서 공동체적 삶으로 회귀하려는 경향을 가진 현대인의 라이프스타일로, 이른바 세뮤니티족의 특성을 잘 보여주는 사례이다.

향후 주택 시장은 이 같은 세뮤니티족의 특성을 바탕으로 베이비 부머 세대₁₉₅₅~₁₉₆₃년 출생와 그들의 자녀 세대인 에코 세대₁₉₇₉~₁₉₉₇년 출생 간의 상호작용에 의해 많은 변화를 맞게 될 것이다. 이러한 새로운 주거 형태는 지리적으로 가까우면서도 공간적으로 독립된 곳에 거주하려는 경향을 반영한 형태가 될 것이다. 부모와 자녀 그리고 손자에 이르는 3세대가 같은 아파트 단지 내에 살거나, 같은 빌라촌에 사는 등 기존의 거주 방식에서 벗어난 다양한 주거 형태가 쏟아져 나올 것이다. 그 예로『여자 둘이 살고 있습니다』의 주인공들인 김하나와 황선우의 주거 형태를 생각해볼 수 있다. 2019년 발간되어 출간 일주일 만에 5쇄를 찍은, 김하나·황선우의『여자 둘이 살고 있습니다』는 친구였던 두 사람이 망원동의 한 아파트에 반하게 되면서 '조립식 가족'이 된 과정을 담고 있다. 작가 김하나와 패션 에디터 황선우는 아파트를 구입하면서 빌린 대출금을 함께 상환하

출처: 위즈덤하우스

며 '혼자도 결혼도 아닌' 주거 형태로 살아가고 있다. 보다 넓은 공간에서 살고 싶은, 1인 세대주들 간의 결합이라고 생각할 수 있다. 김하나는 한국일보와의 인터뷰에서 다음과 같이 말하고 있다. "한국 1인 가구 비율이 27%가 넘어요. 여자와 남자의 결합이 가족의 기본인 시대는 가고 있어요. 혼자서도 충분히 즐겁게 살 수 있지만, 다른 원자와 결합해 분자가 될 수도 있는 거죠. 지금 우리의 분자식이 W2C4여자 둘 고양이 넷이라면, 그 밖에 무수히 다양한 형태의 분자식이 태어날 수 있어요."14

"아침밥 먹고 출근하세요!"

3세대 한 단지 사례와 같이 개인주의적 생활양식에 공동체적 생활양식을 결합하려는 시도는 주거 형태뿐만 아니라 다른 형태로도 나타날 수 있다. 분리적 삶과 공동체적 삶의 이점을 모두 취하는 방식은 꼭 가족이 함께하는 형태가 아니어도 된다. 개인적 삶이 마주할 수 있는 어려움들을 공동체의 도움으로 극복해낼 수 있다면 그것으로 충분하다. 쉽게 말하자면 개인이 부모와 한 가정에서 살았을 때 받을 수 있었던 여러 도움들을 지금은 공동체의 틀 안에서 타인으로부터 받을 수 있는 것이다.

가장 쉽게 적용해볼 수 있는 것이 바로 아침밥이다. 부모로부터 독립하여 혼자 살든, 가정을 이룬지 얼마 되지 않은 맞벌이 부부든,

출처: 〈조식포함 아파트〉, EBS 홈페이지

현재 대한민국에서 새롭게 생겨나는 것들은 '일상의 바쁨'으로 인한 '결여'를 통해 나타나는 경우가 많다. 바빠서 아침식사를 챙기지 못하는 이들을 위한 '조식포함 아파트' 프로그램도 마찬가지 이다.

바쁜 여건상 아침밥을 잘 챙겨먹기란 쉽지 않다. 그래서 현재 아파트 단지 내에서 조식을 제공하는 시스템이 조금씩 시작되고 있다. 보통 아파트 입주민을 대상으로 단체 급식 형태로 아침밥을 제공한다.

아침밥 서비스는 현재 일부 신규 아파트 단지에서만 시행되고 있으며, 소득 수준 등에 따라 차별적으로 경험할 수 있기에 마이크로 트렌드라 하기에 무리가 있는 것이 사실이다. 하지만 아침밥 제공에 대한 수요가 점차 더 늘어난다면 이에 따라 다양한 형태의 서비스가 나타날 것이다. 예컨대, 주민들이 생활협동조합을 만들어 운용할 수도 있고, 아침밥 배달 서비스가 진화될 수도 있다.

싱가포르의 경우, 아파트 조식 서비스가 아예 하나의 주거 문화로 자리 잡았다. 우리나라의 생활환경이라면 이러한 서비스 제공은 향후 아파트 분양 시, 홍보의 좋은 포인트가 될 수 있을 것이다. 건설사 또는 단체 급식 서비스를 제공하는 식품회사는 이러한 측면에 충분히 관심을 가질 만하다. 비슷한 사업으로 1인 가구 또는 맞벌이 가구를 겨냥한 세탁 및 다림질 서비스도 세뮤니티족의 니즈를 충족할 수 있는 좋은 방법이 될 수 있다.

주거공간의 형태 변화는 삶의 모습을 정확하게 반영한다. 최근에는 주방의 크기를 줄이고 대신 팬트리를 늘리는 형태의 아파트가 대세이다.

최종 목적지는 '공유경제 아파트'?

공간의 분리와 공동체적 도움을 동시에 필요로 하는 세뮤니티족의 최종 목적지는 어쩌면 공유경제 개념에 가까운 새로운 형태로 나타날 것이다. 가정을 이룬 세뮤니티족보다 대학생이나 1인 가구

과거 '하숙'이라고 불렸던 형태의 주거 모습이 이제는 '쉐어하우스'라는 이름으로 바뀌어 불리고 있다. 거의 비슷하지만 한가지 명확하게 다른 점은 '적당한 거리 두기' 이다.

를 중심으로 이러한 모습이 계속 진화될 것이다. 세뮤니티 공동체가 생겨나는 가장 간단한 형태는 부모 또는 지인으로부터 도움을 받아 개인주의적 삶 속 부족을 채우는 것이었다.

이러한 형태를 지나자 아파트 단지 또는 기타 공동체를 통해 하나의 유사 시스템을 구축하는 형태가 등장했다. 비용을 지불하여 공통적인 부족 부분에 대해 도움을 받는 시스템이다. 이를 통해 유추하건데, 세뮤니티족의 최종적인 모습은 삶에서 불필요한 소유를 줄이고 부족부분은 공유하는 방식으로 진화할 것이라 예측할 수 있다.

실제로, 공유경제 플랫폼 회사인 에어비앤비airbnb는 단순한 플랫폼을 넘어 임대 전용 아파트를 직접 개발하고 있다. 에어비앤비가 직접, 자사 소유의 아파트를 짓는 데 투자한 것은 이번이 처음이다.[15] 이 사업의 경우, 에어비앤비와 부동산 투자업자의 공동 브랜

에어비앤비는 주거에 대한 새로운 대안을 제시했다. 집은 살기 위한 곳이지 사기 위한 곳이 아니라는 인식은 젊은 층을 중심으로 더 넓게 퍼지고 있다.

드로 아파트 건축을 시작하고, 향후 공유경제를 통해 수익이 창출되면 이를 에어비앤비, 부동산 투자업자, 그리고 아파트를 분양받은 집주인이 공동으로 나누는 방식이다.

이는 곧 공유경제가 단지 물품의 공유가 아닌, 다양한 사업자 간 이익을 공유하는 또 다른 의미로도 사용될 수 있음을 말한다. 자신의 공간에서 개인적 사생활은 보호받고, 동시에 타인들과 공동체를 형성하여 공유경제의 경제적 효용은 최대화하는 새로운 형태의 삶, 그리고 이에 맞춘 주거 환경의 확장에 이르기까지 세뮤니티족을 위한 사회는 더욱 빠르게 외형을 넓힐 것으로 전망된다.

PART 02

보통 사람들,

보통의 감성을 갈구하다

거꾸로 가는 시계,
'복고 열풍' 그리고 '밈(meme)'

복고

일반적으로 과거의 모양으로 돌아가는 것을 뜻한다.

마이크로트렌드에서의 복고는

옛 유행의 세부 요소 중 일부가 다시 되살아나

지금의 삶에서 나타나는 것을 말한다.

보통's Life

2019년 그리고 2020년까지, 가히 '펭수의 시간'이라고 할 정도로 갑자기 나타난 펭귄 캐릭터에 온 국민이 매료되었었다. 한 조사업체에서 실시한 2019년 연말 올해의 인물에 송가인, 봉준호, 손흥민, 이재용과 나란히 이름을 올릴 정도이었으니 말이다. 서점가의 펭수의 에세이는 물론, 카카오톡의 이모티콘 판매 순위도 단연 펭수가 1위였다. 하지만 대중, 그리고 이 방송의 담당PD, 심지어는 펭수 본인까지도 '왜 펭수가 인기를 끌게 되었는가?'에 대한 답을 하지 못한다. 우리는 이러한 현상을 어떻게 바라봐야 하는 것일까?

트렌드라고 말하면, 완전히 새로운 것, 전에 없던 독특한 무언가를 생각하는 경우가 많다. 하지만 이 단어는 그저 새로운 현상으로 변화한다는 것이지 반드시 새로운 현상으로 진화한다는 것은 아니다. 즉 트렌드는 과거로의 회귀도 가능하며 지금보다 더 후퇴하는 기술과 문화 역시도 설명이 가능하다.

'밈'이 대중문화를 지배하는 시대

'밈meme'은 쉽게 말하자면 '인터넷 상에서 유행하는 행동이나 양식, 구체적으로는 짧은 글귀가 쓰인 이미지, 동영상 등을 말한다. 쉽게 이야기 하자면 지금 이 글을 읽는 개인들이 어제 오늘 카카오톡을 통해 주고 받았던 재미있는 이미지들, 누가 만들어 낸 건지 출처는 알 수 없으나 대중들에게 인기를 끌었던 재미있는 말들 이런 것들을 통틀어 '밈'이라고 부른다. 그리고 바야흐로 이제는 '밈'이 대중문화를 만들고 이끌고 새로운 것을 창조해 내는 시대가 되었다.

'밈'의 어원은 그리스어로, 문화를 모방하고 복제하는 유전자라는 뜻을 가지고 있다. 이러한 유전자는 마치 감기바이러스가 순식간에 감염을 시키는 것처럼, 특정 개인이나 집단이 가진 행동양식이나 의식을 순식간에 다른 집단이나 개인에게 전이시킨다고 하는데, 최근에는 이러한 뜻의 '밈'이 앞에서 말한 것처럼 소위 말해 '짤'이라고 불리는 이미지들과 그 글귀는 재치 있는 유머, 또는 정치나 사회상을 비꼬는 풍자 등의 형태로 나타나고 있는 것이다. 그리고 그 전파속도와 그로 인해 나타나는 결과는 실로 대단하다.

작년 하반기 '타짜3'라는 영화가 개봉하면서 우연하게 13년 전 영화인 '타짜1'이 재조명 되었던 적이 있다. 그리고 그 와중에 배우 김응수 씨가 출연했던 '곽철용'이라는 캐릭터가 언제부터인가 '밈'으로 인터넷에 공유되었고 순식간에 엄청난 선풍적인 인기를 끌게 되면서 영화의 배역 이름이었던 곽철용철+용을 영작해서 '아이언 드래 곤'이라는 새로운 이름이 생기며 배우 김웅수 씨는 데뷔 20여 년 만 에 처음으로 전성기를 누렸었다. 이와 비슷한 결과로 배우 김영철 씨도 있다. 연기경력 45년차인 장년의 배우인 김영철 씨도 이제는 유치원생도 아는 명실상부한 국민배우가 되었는데 그 이유 역시 단 한 장의 사진, 즉 '밈' 덕분이었다. 18년 전 드라마인 '야인시대'에서 맡았던 김두한 역에서 미군과 협상하는 단 하나의 장면이 퍼지면서 배우 김영철이 아닌 '사딸라 아저씨'가 되어 제2의 전성기를 누리는 중이다. 13년 전 인기를 끌었던 '거침없이 하이킥'에서 연기했던 '호 박고구마' '문희의 애교' 와 같은 짧은 이미지가 퍼졌었던 배우 나문 희 씨도 비슷한 사례이다.

최근의 사례로 가수 비RAIN의 '깡GGANG' 열풍도 빼놓을 수 없다. 깡은 유튜브의 네티즌들 사이에서 개연성 없는 가사 내용, 과도한 자기 자랑, 촌스러운 의상 등을 이유로 밈 화 되었다. '1일 1깡'이라 는 말이 등장하고, '깡'의 뮤직비디오를 따라하는 많은 영상들이 유 튜브에서 인기를 끌었다. '화려한 조명이 나를 감싸네' 같은 가사들 은 끊임없이 패러디되었다. 가수 비는 MBC 〈놀면 뭐하니?〉에 출연 해 자신의 노래가 밈이 된 현상을 즐기는 대인배적인 면모를 보이 며, 다시 전성기를 맞이하였다. 이후 비RAIN의 부인인 배우 김태희 의 끌레도르 CF에서도 '화려한 치즈가 나를 감싼다' 등 '깡'을 패러디 하는 문구가 등장한 바 있다.

이러한 '밈' 문화가 많은 영향을 미치는 곳이 또 있다. 바로 시사, 정치, 사회문제에도 밈이 활용되고 있다. 소셜 미디어가 인간의 행동과 사회의 불합리함을 다루는 창구가 되면서 밈은 현대적 현상의 상징으로 진화하고 있다. 어쩌면 우리 사회의 새로운 문화를 가장 잘 반영하는 것이 바로 '밈' 그리고 구체적으로는 '짤'이라고 불리는 이미지들이라고 할 수 있는데 그러다 보니 이게 단순 유희나 재미의 유행을 넘어 사회적 문제에도 활용하는 것이다. 예를 들면 정치적 상황에 대해, 또는 금기시되기에 딱히 의견을 표출하기 어려운 분야에서 이러한 밈들을 활용해 희화화 하거나 또한 사회적 문제에 대해 지적하고 공유, 공감되도록 유도하는 경우도 많다.

과거에 없던 이러한 유행이 가능해진 이유는 당연히도 SNS의 발달 때문이다. 특정 계층만이 아닌 다양한 계층이 SNS를 활용하면서 유행이 순식간에 널리 퍼질 수 있는 환경이 조성되었기 때문이다. 거꾸로 발생한 유행은 방송시장의 주도권 역시 거꾸로 변화시킨다. 요즘은 시청자 한 명 한 명을 각각의 편집자라고 말한다. 개인의 영향력이 무섭게 성장하면서 방송 제작의 주도권이 과거 '제작자'에서 이제는 '대중'으로 뒤바뀐 것이다.

과거 PD 한 명이 기획과 섭외, 제작 등을 독단적으로 결정했다면 이제는 모든 단계에서 대중의 반응을 살피고 이를 반영해야 한다. 기업의 홍보와 마케팅도 마찬가지이다. 대중이 선호하고 공감하는 코드 없이는 홍보가 절대 성공할 수 없다. 자본이 주도하던 트렌드가 대중에게 거꾸로 넘어가면서 이제 대중은 사회를 변화시키는 가장 큰 축이 되었다. 자본 권력이 기업에서 대중에게 거꾸로 넘어간 것이다.

급변하는 환경으로 인해 어제가 그리운 시대

우리는 이따금씩 행복했던 과거를 떠올리고 그리워한다. 과거에 대한 향수는 당시에 사용했던 물건들에 특별한 애정을 불어 넣는다. 이러한 경험과 추억은 우리가 어려움을 이겨내는 데 힘이 된다. 개인들만이 과거를 그리워하는 것은 아니다. 사회도 마찬가지이다.

미국은 전 세계가 아메리칸 드림을 외쳤던 2차 세계대전 이후의 황금기를 그리워한다. 우리 역시도 1970~1980년대 고도성장 시기를 줄곧 언급하곤 한다. 과거를 회상하는 복고의 감성은 가끔 찾아오는 유행이 아니다. 기본적으로 모든 개인과 사회가 가진 보편적 감정이다.

유행은 반드시 돌고 돈다. 10년 전의 유행은 촌스럽지만 20년 전의 유행은 신선하다는 말이 있다. 그간의 복고는 20여 년 전과 같이 꽤 오랜 시간 이전의 것을 다시 봄으로써 지금과는 많이 다른 예전을 회상하는 데 쓰이곤 했다.

하지만 최근에 나타나는 복고는 양상이 다소 다르다. 과거 우리가 말하던 복고가 최소 20여 년 전을 말하는 것이었다면, 지금 세대가 말하는 복고는 불과 5~10년 전 정도의 과거를 회상한다. 예를 들면 20~30대가 자신의 어린 시절을 회상하는 정도의 현실적이고 경험치가 분명한 과거를 떠올리는 것이다.[16]

LP, 마블코믹스, 16비트 게임기, 브라운관 TV등 우리 주변에서 찾아볼 수 있는 복고는 내가 분명히 경험해 본, 그리고 기억에 선명하게 남아있는 것들이 대부분이다.

복고, 그리고 회상의 주기가 당겨진 이유는 이는 기술이 가져온 삶의 변화에서 찾을 수 있었다. 불과 몇 년 전까지만 하더라도 새로운 신기술들은 충분히 받아들이고 습득할 수 있는 수준이었다. 새로운 것이 삶의 활력소가 되기도 했다. 인터넷, 스마트폰, 디바이스, 플랫폼 등 너도나도 새로운 것을 받아들여 얼리 어답터가 되고자 노력했다. 하지만 지금은 다르다. 너무나도 빠른 변화가 광범위한 분야에서 일어나기 때문에 이를 도저히 따라갈 재간이 없다. 코로나19로 인해 세계 전체가 하루 아침에 달라져버렸다. 미세먼지가 있을 때나 썼던 마스크를 하루 종일 끼고 다녀야 한다. 거리두기 단계가 계속해서 바뀐다. 우리는 이 상황들에 매일 적응하고 있다. 변화는 더 이상 새로운 것만이 아니라 동시에 피곤한 것으로 여겨진다.

그렇기 때문에 모든 분야에서, 모든 변화를 받아들여야만 뒤처지지 않는다는 생각이 점차 사라지게 되었다. 실제로도 그저 자신의 필요에 따라 변화를 선택적으로만 취해도 문제되지 않는다. 그럼에도 피로도는 축적되기 마련이다. 나의 선택이지만 그럼에도 경험해보지 못한 새로운 것들은 개인들에게 과제처럼 느껴지기도 한다. 그렇기에 결국 이러한 생각은 자연스럽게 모든 것들이 별로 어렵지 않았던 과거로의 회상으로 연결된다.

어렵고 새로운 것이 아니라 단순했지만 행복했던 어린 시절의 경험을 기억하며 너무 빠르게 변화하는 현실 속에서도 안도감을 느끼고자 하는 것이다.

코로나19라는 거대한 변화 이전으로 돌아갈 수 없다는 감각이 모두에게 공유되었던 2020년 여름, 90년대 혼성그룹을 회상하게 하는 프로젝트 그룹 '싹쓰리'가 탄생하여 음원 차트 1위를 차지하는 등 선풍적인 인기를 얻은 것도 이와 무관하지 않을 것이다. '싹쓰리'는 MBC 〈놀면 뭐하니?〉에서 기획한 프로젝트 그룹으로, 90년대 여름 댄스 음악을 부활시키겠다는 목표로 출발했다. 이효리, 비, 유재석으로 구성된 프로젝트 그룹이며, 뉴트로 뮤지션인 박문치와 롤러코스터의 이상순이 프로듀서를 맡았다. 이미 과거에 정상의 자리에 올랐던 세 멤버의 과거를 회상하는 동시에, 시청자들은 그들을 '부캐'인 린다G, 비룡, 유두래곤으로 인식하며 그들이 신인그룹이라는 설정에 동참한다. 코로나 시대의 어른들은 싹쓰리가 부르는 듀스의 '여름 안에서'를 들으며, 과거에 느꼈던 안도감을 되찾고 향수를 느끼고 큰 위로를 받았던 것이다.

출처: MBC

아날로그와 디지털의 경계 세대, 모뎀족을 아십니까

70년대 중반부터 90년대 초반 사이에 태어난 사람들, 지금 20대 후반에서 40대 중반 정도의 나이인 세대는 오늘날 소비와 트렌드의 메인 주체이자, 산업의 최일선에 서 있는 젊은 세대이다. 그리고 이들을 지칭하는 용어가 모뎀족이다. 이들의 기억 속에는 인터넷 케이블이 보급되기 바로 전 시기, 인터넷이 아닌 PC통신을 사용하기 위해 전화선을 모뎀에 연결했던 순간이 있다.

그리고 얼마 지나지 않아 인터넷이 세상에 첫 모습을 드러냈다. 이

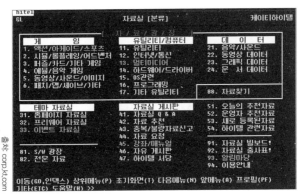

'띠띠띠띠띠, 뚜루루룩' 의 소리를 내며 PC통신에 접속했던 모뎀족들은 그때의 분위기와 기다림을 절대 잊지 못한다.

처럼 모뎀족들은 아날로그 시대에서 디지털 시대로의 전환을 지켜보며 자랐다. 이들 세대는 디지털에 익숙한 동시에 과거의 아날로그적 기억에 향수를 느낀다. 시간이 흘러, 이제는 이들이 경제 활동을 할 수 있는 여건이 되었다. 이들은 디지털로 채워지고 있는 현실 속에서도 소비를 통해 아날로그에 대한 동경을 실현하고자 욕망한다.

이들의 성향을 잘 확인할 수 있는 예로는 노래 리메이크가 있다. 학창 시절 들었던 노래들을 다시 듣고 싶어 한다. 그래서 대부분의 리메이크 곡은 쉽게 성공한다. 리메이크곡이 불러일으키는 향수와 친숙함이 있기에 거부감 없이 노래를 받아들이기 때문이다. 이러한 성공에도 물론 조건은 있다. 대중이 받아들일 준비가 되어야 한다는 것이다. 과거에 대한 향수를 가졌다고 해서 맹목적으로 모든 과거의 것을 원하는 것은 아니다. 지금 당장의 현실에 꼭 필요한 과거의 어떤 모습을 끌어당기고자 하는 것이다. 이들에게 잘 어필하려면 이들의 결핍을 제대로 분석해야 한다.

현실과 복고의 타협접은? 바로 감성

무언가 구매하기 전 순간, 우리는 항상 두 가지 갈림길에 선다. 나만의 개성에 따라 소비할 것인가, 아니면 유행을 따라서 대중에 소속될 것인가. 하지만 결국 소비는 매번 한 가지만을 선택하는 것이 아니라 그 사이 어딘가에서 타협점을 찾게 된다. 복고 문화도 마찬가지이다. 과거와 현재 사이 적절한 타협의 시점을 찾아내 그때의 감성을 불러일으켜야만 트렌드가 될 수 있다.

폴라로이드 카메라는 이러한 타협점의 가장 적절한 예시이다. 아날로그 세대는 필름 카메라 등 아날로그 기기를 이미 사용해봤기 때문에 소위 말해 촬영하는 손맛을 안다. 그리고 필름의 화질과 같은 사진이 가지고 있는 본질적인 모습으로 카메라를 평가하기도 한다. 지금의 디지털 세대가 편의성, 편집 가능성, 공유의 용이성 등 실용적인 모습으로 디지털 카메라를 평가하는 것과는 사뭇 대조적이다.

그 사이에 껴 있는 세대, 모뎀족은 인화된 사진이 주는 향수와 일회용 카메라의 태엽을 돌리며 사진을 찍었던 추억을 그리워한다. 동시에 디지털 카메라의 편리성도 잘 알고 있다. 폴라로이드는 이들 모뎀족에게 딱 적절한 대체재가 된다. 사양 제품이라고 여겨지던 폴라로이드 카메라의 시장이 오히려 성장하는 이유는 바로 이

제 아무리 좋은 필터와 보정을 통해 건져낸 인생샷 일지라도 결국에는 한장의 출력된 사진과는 비교할 수 없다.

감성에서 찾을 수 있다.

　디지털 문명에 완전히 적응한 누군가는 아날로그적 향수에 빠져 사는 소수의 소비자들을 그저 '감성충' 정도로 평가절하하기도 한다. 하지만 이들의 움직임은 분명 또 다른 감성과 접목하여 새로운 제품의 부흥을 만들어낼 것이다.

포스트코로나 시대, 보통들이 만들어내는 문화, 보통들이 세상을 바꾸는 시대가 될 것.

　밈, 아직은 생소한 단어이기도 하고, 인기를 끌었던 '펭수'의 인기 원인을 아직까지도 제대로 이야기 하지 어려운 것처럼 '밈'은 예측과 전망이 어려운 단어이다. 그렇기에 이 글을 쓰는 본인도, 이 글을 읽는 독자 분들도 아마 다음과 같은 질문을 하게 될 것이다. '그래서 뭐 어쩌라는 말인가?' 결론부터 말씀드리자면 '어떻게 하라' 라고 조언할 수 있는 사람은 이제 어디에도 없다는 것이다. 하지만 한 가지 확실한 것은 있다. 어찌 되었던 우리 주변의 유행과 트렌드, 그리고 이와 유사한 변화들은 이제는 '보통사람들의 손가락'에 달려 있다는 것이다.

작년 연말에 MBC에서 방영한 〈놀면 뭐하니?〉에서는 유재석씨가 연주한 단순한 '드럼 비트'가 많은 뮤지션들에게 순차적으로 전달되고 그들의 손을 거치면서 결국 하나의 대단한 음악과 공연을 만들어 내는 것을 본 시청자들이 많이 있을 것이다. 어쩌면 이 TV프로그램의 내용이 '밈'을 보여주는 가장 적절한 예시가 아닐까 싶다. 언제 어디서나 온라인으로 연결되는 5G시대에서 '밈'이란 일종의 살아 있는 생물이다. 마치 초보자의 드럼 비트가 몇몇의 사람의 손을 거쳐지면서 멋진 음악으로 재탄생하는 것처럼 말이다. 그렇기에 살아 있는 생물처럼 진화하는 '밈'이 앞으로 어떻게 나타날 것이며 어떠한 결과를 만들어 낼 것인가를 예측하고자 하는 것은 진정 무의미한 시도일지도 모르겠다. 아니, 어쩌면 앞에서 '트렌드를 아는 것이 트렌드가 아닌 시대'가 이 시대를 지칭하는 가장 적절한 문장이라는 생각이 든다.

왜인지는 모르지만 친숙하고 좋아, '드론자 마케팅'

B급 감성

비주류 문화를 통칭하는 표현.

일반적으로 말하는 고급 감성

(우아하거나, 전문적이거나, 감동적인 것 등)이 아닌

약간은 코믹하거나, 야하거나, 저질스럽거나, 생뚱맞은 것들

보통's Life

30대 직장인 보통 씨는 한때 TV 개그 프로그램을 즐겨보았다. 하지만 TV에서 보여주는 비현실적이고도 예측 가능한 뻔한 개그는 이제 식상하게 느껴진다. 또한, 하나의 개그 당 5~7분 정도의 호흡을 가져가는 것 역시 지겹고 시간이 아깝다. 아주 짧더라도 충분히 공감이 되는 현실적 이야기, 또는 재미와 볼거리가 가미된 광고가 차라리 재미있다. 뭔가 억지로 교훈을 주거나 정보를 받을 필요도 없고, 받고 싶지도 않다. 그저 내가 알아서 잘 판단할 거니까 말이다.

'펀슈머' 시대를 넘어 이제는 '도른자 마케팅' 시대

소비에 있어 대부분 사람들은 가성비價性比를 가장 먼저 고려한다. 말 그대로 가격 대비 성능을 기준으로 소비한다는 것인데, 언젠가부터 가성비만큼 우리의 소비에 큰 관여를 하는 것이 있다. 바로 가심비價心比다. 성능이나 객관적인 스펙보다는 얼마나 내 심리적 만족도를 충족해 주는지를 기준으로 소비하는 것이다. 이렇게 우리의 소비가 점점 더 비객관적이고도 비계량적인 것들로 인해 결정되게 되면서 소비자가 아닌 생산자들은 소위 말해 점점 멘붕에 빠지고 있는 상황이다. 그래서일까? 멘탈이 붕괴된 생산자들은 정말이지 기존에는 없던, 소비자들까지도 멘붕에 빠지게 만들어버릴 새로운 마케팅 방법을 앞다퉈 만들어 내고 있으며 최근에 가장 핫한 마케팅은 단연 '도른자 마케팅'이다.

도른자 마케팅이란, '돌은 자者'를 연음법칙으로 발음한 것으로 머리가 '돌은 자'가 아니고는 만들어 낼 수 없는 독특하고도 기발한 방법으로 고객에게 어필하는 것을 말한다. 실제 출시 될 것이라 상상조차 하지 못했던 독특한 상품들을 만들어 내고 이를 통해 브랜드를 고객들에게 알리고 실제 소비까지 이뤄지게 만드는 새로운 상품이나 마케팅을 통틀어 '도른자 마케팅' 이라고 한다. 그리고 이 도른자 마케팅은 MZ밀레니얼 + Z세대 세대에게 선풍적인 인기를 끌면서 기업이 나서지 않아도 소비자들이 알아서 마케팅을 해주고 확산시켜

주는 역할을 하는 아주 효자 마케팅 방법으로 알려지면서 많은 기업들이 이 도른자 마케팅을 앞다퉈 활용 중이다.

'도른자 마케팅' 무엇무엇이 있던가?

도른자 마케팅은 특히 식품업계에서 가장 활발하다. 가장 대표적인 사례는 농심켈로그의 초코시리얼 제품 중 최근 출시 된 '첵스 파맛'이다. 16년 전 '첵스 초코맛' 리뉴얼을 기념해 시작한 투표 이벤트 '초코 왕국 대통령 선거'에서 초코맛을 어필하기 위해 가상의 아이템 '파맛'의 제품과 기존의 초코맛 중 어떤 맛을 소비자들이 원하는지 온라인 투표를 한 적이 있다. 그리고 결과는 누리꾼들의 장난어린 관심으로 인해 '파맛'의 승리였다. 하지만 농심켈로그는 여러 이유를 들며 결국 '초코'의 승리로 결론을 내었고, 이는 그저 하나의 헤프닝으로 끝나는 듯 했다. 하지만 이 헤프닝은 16년 동안 누리꾼들의 입에 오르며 농심켈로그를 괴롭혔고 16년이 지난 이제야 '도른자 마케팅'을 통해 '파맛 시리얼'이 실제 출시 된 것이다. 결과는? 대성공이다. '16년만의 민주주의 실현' '민주주의는 파를 먹고 자란다' 등의 재치 있는 댓글들이 공유되면서 관심이 없던 소비자까지도 농심켈로그 제품에 관심을 갖게 되었고 최근에는 가수 태진아의 히트곡 '미안 미안해'를 패러디한 '너무 늦게 출시해서 미안하다' 영상 콘텐츠와 광고까지도 송출되는 중이다. 이러한 '돌아버린' 콜라보는 다른 기업에서도 계속되고 있다. 지난해 만우절 이벤트로 기획됐던 해태제과의 '후렌치파이 딸기잼'도 현실 아이템으로 탄생하게 되면서 '딸기잼 부분만 아껴먹었는데 이제 그럴 필요 없겠다'는 호평을 받으며 큰 관심을 끌고 있고, 롯데제과 역시 대표 제품이지만 다소 올드한 '죠스바, 스크류바, 수박바'를 하나로 합쳐 '죠크박바'를 만들어 SNS상에 엄청난 인기를 끌고 있는 것은 물론, 과거의 소비자들까지도 다시 제품들을 찾도록 만들었다. 그리고 이러한 콜라보는 하나의 카테고리에서만 이뤄지는 것이 아니다. 해태제과의 맛동산과 의류 브랜드 폴햄의 콜라보라던지, 글로벌 사탕 브랜드 멘토스와 코스메틱 브랜드 이니스프리가 함께 만든 화장 파우더도 있다. 뿐만 아니라 빙그레는 '꽃게랑' 과자를 활용 패션 브랜드 '꼬뜨게랑' 뿐만 아니라, 각종 제과와 빙과들을 의인화한 캐릭터로 빙그레 나라를 만들기에 이르렀다. 빙그레 나라는 빙그레의 세계관이자 마케팅 전략으로 도약했다. 빙그레 마크 자체를 의인화 한 '빙그레우스 더 마시스'는 전신을 빙그레 제품들로 도배하고 있는 캐릭터로서, 빵또아 바지를 입고 비비빅 벨트를 하고 있다. 이후 뮤지컬 배우 김성철이 '빙그레우스 더 마시스' 역할을 맡아 노래를 불렀고, 그 외의 캐릭터들도 전문 성우들이 더빙을 하여 덕후몰이를 하고 있다. 정말이지 '도른자 마케팅'의 사례는 하루가 다르게 진화하고 있다.

코로나로 인해 웃을 거리가 없는 사회, 노잼이라면 누구라도 관심이 안 갈 듯

 이처럼 도른자 마케팅이 붐이 되는 이유는 간단하다. 홍수처럼 넘쳐 흐르는 정보를 손가락 하나로 찾아보고 비교해 볼 수 있는 현대인들의 눈에 특정 정보나 광고가 눈에 띄기란 하늘의 별따기처럼 어려운 일이기 때문이다. 그렇기 때문에 짧은 시간 소비자의 눈에 띌 수 있는, 그러면서도 눈에 띈 후에 타 제품과 차별점을 찰나의 순간에 보여주기 위해서는 자극적이거나 혹은 재미있어야 하기 때문이다. 즉 이제는 '재미'가 없이는 소비자에게 선택은커녕 관심조차 받을 수 없는 현실이기에 나타나는 현상이다. 여기에 더해 과거에는 기업의 자료를 그대로 퍼 나르는 정도의 적극적 소비자가 있었다면, 이제는 기업이 제공하는 자료에 개인들의 재미나 아이디어를 더해 다시 가공하고 공유하는 것이 일종의 '놀이'처럼 되어지면서 적극적 소비자 보다 진화 된 팬덤이 만들어 지고 있다. 이런 상황에서 '도른자 마케팅'은 소비자들에게 일종의 재미를 위한 적절한 떡밥이 되는 상황이기에 점점 시간이 지날수록 붐이 되는 것이다.

 또한 '도른자 마케팅'은 업력이 오래 된 기업들에게 어쩌면 아주 적합한 처방전이 될수도 있다. 제품의 기능이나 맛은 변하지 않지만, 동일인물인 소비자라고 할지라도 나이를 먹을수록 필요로 하는 기능이나 맛은 변할 수밖에 없다. 그렇기 때문에 아무리 인기를 끌던 제품일지라도 기존 소비자에게는 필요가 없어지고 새로운 소비자에게는 올드한 과거의 제품이 되는 것이다. 하지만 기업들은 기존의 제품을 버리고 계속해서 새로운 제품만을 만들어 낼 여력이 없다. 기존의 제품으로 새로운 세대에게 어필해야 하는데, 이때 가장 손쉬운 방법이 그들이 좋아할만한 것을 접목시키고 관심을 갖게 하며 결국 어떠한 방식으로든 경험해 볼 수 있도록 해주는 것이다. 이러한 상황에서 도른자 마케팅을 통해 기존의 제품력에 색다른 재미만 줄 수 있다면 기업 입장에서는 해볼만한 가성비 높은 마케팅 전략이 될 수 있기 때문에 특히 업력이 오래 된 장수기업에서 이 전략을 적극적으로 활용하고 있는 것이다.

A급과 B급의 경계를 넘나드는 뉴트로

뉴트로는 더 새로운 방식으로 진화해 대중문화를 접수하고 있다. 바로 '온라인 탑골공원'이라 불리는 유튜브 채널이 대표적인 사례다. 1990년대 방송사의 음악 프로그램을 24시간 생방송으로 스트리밍해 주는 유튜브 채널이다. 종로에 있는 탑골공원은 딱히 소일거리가 없는 노인 분들이 많이 모이는 대표적인 공간이다. 온라인 탑골공원도 비슷한 맥락에서 이름이 붙여지게 되었다. 주로 30~40대를 타깃으로 하던 이 채널에 대낮에도 수천여 명이 접속해 대화창에서 이야기를 나누는 것을 보고 한 네티즌이 "할 일 없는 3040세대가 모였다", "마치 온라인 탑골공원 같다"라고 말한 것이 공감을 얻으며 이러한 채널의 대명사가 된 것이다.

KBS에서 운영하는 온라인 탑골공원의 원조 채널인 'Again 가요톱 10, KBS KPOP Classic' 채널은 구독자 수가 무려 21만 명에 달한다. 별 다른 내용은 없다. 그저 예전의 음악 방송을 계속해서 틀어 주기만 할 뿐이다. 과거에 스타였던, 그동안 잊고 지냈던 가수들의 노래와 영상이 계속해서 나온다. 노래를 부르는 장면만 나오는 것은 아니다. 음악 방송을 진행하는 MC들의 멘트가 포함된 풀 버전의 영상이기에 당시의 분위기, 유행 패션 등도 볼 수 있다. 그렇기에 누구라도 이 영상들을 보면 과거의 회상에 잠기게 되기 마련이다.

하지만 여기서 의문점이 생긴다. 사실 다양한 디바이스와 플랫폼을 통해 누구라도 과거의 음악과 영상은 언제 어디서나 볼 수 있었다. 즉 별로 새로운 것이 아니라는 점이다. 그런데 왜 갑자기 온라인 탑골공원만 이렇게 인기를 끄는 것일까. 온라인 탑골공원이 인기를 끄는 가장 큰 이유는 사실 '소통'이다. 이 채널은 생방송 형태로 실시간 스트리밍 되기 때문에 시청자들은 그저 보고 듣는 것을 넘어 또래들과 채팅이 가능하다. 이 채널을 찾아보는 주 연령층인 7080세대들에게 채팅은 아주 익숙한 문화이다. 나우누리, 천리안부터 시작해 다양한 채팅 사이트가 생기면서 그들의 온라인 첫 경험이 바로 채팅이었기 때문이다. 채팅방은 그 자체로도 레트로 감수성을 건드리는 충분한 자극제가 된다. 그저 과거의 레트로 감성을 느낄 수 있는 영상과 자료를 제공하는 것에서 실시간 스트리밍이라는 어렵지 않은 '방법의 변화'가 대중에게 먹힌 것이다.

최근 지상파 방송국들이 적자를 해소하기 위해 앞 다퉈 유튜브 시장을 공략하고 있다. 그러다 보니 다양한 과거의 영상들이 도리어 새롭게 생명을 얻고 있는데, 가장 대표적인 채널로 MBC의 '오분순삭'이 있다. '거침없이 하이킥', '무한도전' 같은 종영된 인기 예능을 단 5분짜리 영상으로 만들어서 업로드하는 이 채널 역시 매우 많은 인기를 끌고 있다. 뿐만 아니다. 드라마도 1시간짜리 1편을 15분 정도 영상으로 편집해 업로드하기도 한다. 다만 그저 시간만 짧게 편집하는 것이 아니라 재미있는 자막을 넣기도 하면서 코믹적인 요소를 가미해 전혀 새로운 영상으로 만들어 내는 것이다. 아무리 레트로가 인기라고 하더라도 그냥 예전 것을 보여만 주거나 소위 말해 엑기스만 편집하는 것으로는 성공할 수 없다.

실례로 '보고 또 보고'라는 일일극 사상 최고 시청률57.3%을 기록한 드라마도 15분으로 압축 편집해 유튜브에 업로드했지만 이상하리만큼 인기를 끌지 못했다. 그 이유는 무엇일까. 간단하다. 정말 말 그대로 15분짜리로 요약만 했기 때문이다. 별도의 자막도 없고 색다른 재미거리도 없이 그저 요약만 했기에 대중들의 관심을 끌지 못했던 것이다. 뉴트로는 단지 과거의 것에 열광하는 것이 아니다. 과거의 것을 기반으로 해서 또 다른 새로움에 열광하는 것이다. 사람들은 그저 과거의 감성과 그때의 분위기를 원하는 것이 아니라 지금 자신의 상황과 적절해야 과거의 것도 받아들이게 된다. 대부분의 현대인들은 삶의 무게와 복잡함에 짓눌려 있다. 그렇기에 이들은 가벼움이나 단순함, 재미 등에 결핍을 느끼기도 한다. 과거의 즐거웠던 경험과 추억에 재미와 가벼움을 추가할 수 있어야 하고 나아가 고객에게 전달되는 방식까지 맞춤화해야 하는 뉴트로. 이는 결코 쉬운 일만은 아니다. 뉴트로는 모름지기 과거로의 회상이 아니라 더 새롭게 진화하는 것이다.

B급의 효과가 더욱 다양한 곳에서 나타나려면

트렌드는 소비자가 부여하는 가치와 자신만이 느끼는 감성에 따라 변화한다. 그동안 다수의 만족감을 목적으로 하는 광고 분야는 개별 소비 집단의 기호를 맞추는 것이 거의 불가능한 영역으로 여겨져 왔다. 하지만 사회와 기술의 변화는 이 또한 가능케 했다. 소수에게서 대중에게로의 전파, 일부 마니아를 공략하는 틈새 전략 등 기존 광고 방식과는 완전히 반대되는 접근으로도 효과적인 광고가 충분히 가능해졌다.

하지만 단지 꾸밈이 없고, 공감대를 자극하고, 직관적인 방식으로 연출되었다고 하더라도 그것이 반드시 대중에게 먹히는 B급인 것은 아니다. 다소 촌스럽고 허술해 보일지라도 그 안에는 타깃 설정 및 분석, 제품 특성 파악 등 디테일한 전략이 포함되어야 한다. 이러한 디테일을 효과적으로 잘 다룰 때, B급 코드는 소비자와의 소통, 교감, 감성 자극에 있어 그 힘을 제대로 발휘할 것이다. 감성이 B급일지라도 그 안에 내포된 전략과 전술은 기존보다 더욱 치밀하게 설계되어야 한다. 바야흐로 가성비, 가심비를 넘어 가잼비가격 대비 재미의 시대이다. 물론 이러한 변화도 짧은 유행으로 끝날 수도 있겠으나 절대불변하지 않는 진리 한 가지는 있다. 바로 재미나 웃음은 사람에게 매우 '긍정적인 감정'이라는 것이다. 더 많은 정보를 받아들이고 그 수만은 대안 속에서 빠른 선택을 해야 하는 소비자들에게 그것이 어떤 방법이 되었건 재미나 웃음 같은 '긍정적인 감정'을 줄 수만 있다면 최종 구매로 이어질 수 있는 승산은 당연히 높아지지 않을까? 오늘은 또 어떤 기업에서 어떠한 방법과 제품으로 우리에게 '빅 재미'를 선사할지 기대가 된다.

감성을 페어링하다, '감성경험의 하모니'

가치소비

소비자의 주관적인 가치에 따라

만족도 높은 상품은 망설임 없이 구매하되,

그렇지 않은 상품의 소비는 줄이는 양극의 소비행태.

이러한 개인의 소비행태는 주로 감성이나 경험에서 기인한다.

보통's Life

마른 오징어도 울고 갈 콘크리트 감성의 소유자 보통 씨. 제 아무리 정교하게 설계된 감성 마케팅이라도 보통 씨는 절대 넘어가지 않을 생각이다. 하지만 역시 개인보다 기업이 한 발 더 앞서나가는 법. 하나둘씩 늘어나는 생뚱하지만 매력적인 조합의 감성 공간에 보통 씨도 은근 관심이 간다. 감성의 기본이자 핵심인 음악과 책, 음식과 술에 뭔가 또 색다른 경험이 가미된다면 보통 씨도 기꺼이 지갑을 열 준비가 된 듯 보인다.

감성 마케팅의 진화

　감성이란 자극이나 자극의 변화를 느끼는 성질을 말한다. 이는 어떤 현상이나 일에 대하여 일어나는 기분 또는 마음을 의미하는 감정과는 구별된다. 감성적인 사람, 감수성이 풍부한 사람은 외부 자극에 대한 느낌에 더 솔직하고 사실적이며 마음에서 느끼는 그대로를 표현한다. 인간이 로봇이 되지 않는 이상 세상이 아무리 팍팍해지고 정이 없어지더라도 사람들 안에는 계속해서 감성이 존재할 것이다. 동시에 감성의 교류가 점점 줄어들수록 사람들은 이에 대한 결핍을 느끼게 된다. 코로나19 이후 사람과 사람이 만나는 것 자체가 어렵다. 친구들과 랜선으로 술잔을 부딪치고, zoom으로 얼굴을 마주하며 우리는 감성적 교류를 그리워한다. 이것이 바로 감성을 자극하는 제품들과 서비스가 더욱 많이 나타나고 있는 이유이다. 기술의 발달은 인간 삶의 모든 것을 간편하게 구현해내지만, 감성을 가진 사람이라는 존재는 마음을 움직이는 감성 마케팅에 꾸준히 넘어간다.

　감성 마케팅이란 단순히 제품에 대한 정보만 전달하는 것이 아니라 이미지, 기분, 정서, 맛, 음악, 색깔, 디자인, 향기 등을 이용하여 소비자들의 감성을 자극하는 마케팅이다. 향기 마케팅, 컬러 마케팅, 공간 마케팅 등 기업은 다양한 방식을 동원하여 사람들의 소비 심리를 자극하고 있다. 감성 주점, 감성 카페 등 대놓고 감성을 저격하는 곳도 생겼다.

SNS의 발단은 공감이라는 키워드를 더욱 부각시키고, 이에 따라 감성 자극에 의해 구매 의사 결정을 내리는 사람들 또한 늘어나는 추세이다. 이러한 배경 속에서 감성 마케팅은 또 한 번 진화한다. 단순한 감성 마케팅에서 더 나아가 여러 감성들의 조화를 통해 감성 하모니를 이루려는 움직임이 나타나고 있다.

음식과 음악의 감성 하모니

미국 시애틀에 있는 턴테이블 키친은 음식과 음악의 콜라보레이션을 통해 사람들에게 새로운 경험을 제공하는 곳이다.

턴테이블 키친은 오프라인 매장이 없다. 오직 온라인을 통해 매달 음식과 음악의 새로운 조합을 선물한다. 이들은 'Turntable Kitchen Pairings Box'를 만들어 세상에 공개했다.[17] 이 제품은 지역 특색을 살린 음식 레시피에 이와 딱 맞는 음악을 더해 구성된다. 이를 구매한 소비자 중 맛있는 음식을 즐기는 사람은 함께 추천된 적절한 음악을 통해 더 없이 좋은 식사 분위기를 선물 받는다. 동시에 음악을 즐기는 사람들에게는 음악과 함께할 맛있는 음식 레시피가 소개된다. 물론 완성된 음식을 배달하지는 않는다. 계절에 맞는 음식 레시피와 한, 두 가지의 프리미엄 식재료가 함께 배달되는 정도다.

이 서비스는 같은 음식을 먹더라도 어떤 음악과 함께하느냐에 따라 맛을 느끼는 정도가 달라질 수 있다는 점을 이용한 감성 마케팅 사례이다.[18] 맛이라는 미각에 음악이라는 청각을 더해 감성의 하모니가 완성된다. 음식과 음악, 전혀 어울리지 않는 듯 보이는 두 산업을 조화하여 새로운 콘텐츠와 감성이 만들어진 것이다. 이처럼 평범한 두 가지를 페어링pairing하면 예상하지 못한 감성적 시너지가 발휘할 수 있다. 물론 여러 요소들의 페어링은 처음에는 낯설고 어색하게 느껴지겠지만, 반대로 그 신선함에서 색다른 감성이 자극될 수 있다.

책과 술의 감성 하모니

책을 읽으면서 술을 마신다, 술을 마시면서 책을 본다? 순서를 뒤집어 봐도 어색한 조합이다. 어색한 두 조합이 공존하는 책방 겸 술집은 어딘가 매력적이기도 하다. 책 한 권 읽을 시간도, 여유도 없는 현대인들에게 책 읽을 여유와 술 한 잔의 기분 좋은 취기를 동시에 제공하기 때문이다.

사실 어떻게 보면 책과 술이 전혀 다르기만 한 것은 아니다. 책과 술 모두 인생에 대해 생각하게 하는 매개체 역할을 할 수 있다. 또한 감성에 취할 수 있는 가장 좋은 두 가지 방법이라는 점에서 공통점을 가진다. 흔히들 취중진담이라 한다. 약간의 알코올이 더 쉽게 독서에 빠져들게 하고 더 나아가 평소 들춰보지 않았던 내면까지도 들여다보게 해주기도 한다. 물론 코로나19 이후 굳이 외부에서 술을 마시거나 여유를 즐기는 것은 다소 지양되는 일이지만, 그럼에도 마스크를 끼고 위험을 최소화하여서라도 사람들이 이런 곳들을 찾아가는 이유는 충분히 많다.

술 마시는 책방은 술을 마시는 것도, 책을 정독하는 것도 목적이 아닌 새로운 공간과 경험을 통해 느끼는 새로운 '감성' 이 목적이다.

일본 도쿄에 위치하고 있는 'B&B_{Book&Beer}'는 작은 동네 서점 겸 술집이다. 책을 읽으면서 술 한 잔 할 수 있는 이곳은 2012년부터 운영되어 왔다. 물론, 국내에도 이런 목적의 공간이 많이 생겨났다. 국내에도 일본의 B&B와 같은 서점 겸 술집이 몇 군데 존재한다.[19] '북바이북'은 국내 최초로 B&B의 콘셉트를 차용한 서점이다. 퇴근 후 책과 술을 즐기러 오는 직장인들이 주 고객이다. 다양한 강좌와 작가와의 만남 등 여러 콘텐츠도 제공하고 있어 책을 즐기는 사람들에게 호응이 좋다.[20]

대학로의 명소가 된 독립서점 겸 카페 〈어쩌다 산책〉은 '몸과 마음의 산책을 위한 공간'으로서 카페와 서점, 팝업 스토어를 결합하여 새로운 감성 경험을 가능하게 한다. 대학로의 평범한 골목에서 단지 지하로 향하는 계단을 내려가는 것만으로, 손님들은 아주 단정하게 꾸며진 비밀 정원을 마주하게 된다. 〈어쩌다 산책〉은 비밀

이제는 공간이 주는 본연의 기능적 목적이 아닌 공간에서 개인들이 자유롭게 얻을 수 있는 심리적 목적을 충족해 주는 공간이 대중에게 사랑받는 시대이다.

정원을 중심으로 고요하고 정적인 분위기를 유지하며, 나무 위주의 인테리어를 바탕으로 카페와 서점을 자연스럽게 연결시키고 있다. 서점에서는 매달 다른 주제로, 섬세하게 큐레이션한 책들만 진열하고 있다. 이곳의 시그니처 향도 맡아볼 수 있다. 〈어쩌다 산책〉에 가면 대학로 복판에서도 차분하고 고요한 정원을 경험할 수 있다는 것, 다양한 프랜차이즈 카페들이 있는 대학로에서 숨은 명소가 되기까지 〈어쩌다 산책〉에서만 할 수 있는 감성 경험이 큰 역할을 해낸 것이다.

국내의 또 다른 서점 겸 술집 '책바'는 주류 메뉴를 시, 소설, 에세이 등의 항목으로 나눈다. 책의 종류에 따라 함께 마시며 즐기기 좋은 술을 추천하는 것이다. 예를 들어, 시집을 읽는다면 시 한 편을 음미하듯 천천히 즐기기 좋은 도수 높은 술을 추천한다. 메뉴판에는 술에 대한 설명 대신 해당 술이 등장하는 책 속 한 부분이 그대로 인용되어 있다. '책에 등장하는 그 술을 한잔 마셔보시겠습니까?'라는 말로 술을 권하는 '책 속 그 술'이라는 메뉴다.

혼술을 즐기는 사람들에게도 술 마시는 책방은 딱이다. 혼자만의 시간과 여유를 즐기기에도 좋고, 술과 책을 매개로 낯선 이와도 소통하기에도 좋다. 따로 또 같이, 느슨한 관계를 추구하는 현대인들에게 술 마시는 책방은 매력적일 수밖에 없다. 밤늦게까지 운영되기 때문에 시간에 구애받지 않고 책을 구입할 수 있다는 장점도 있다. 주목할 만한 점은 턴테이블 키친이 음식과 음악을 조합하여 감성 하모니를 이룬 것처럼 술 마시는 책방 또한 책과 술을 적절히 조합했다는 점이다. 어쩌면 사람들은 술과 책의 하모니 속에서 술이 아닌, 감성에 취하는 게 아닐까?

'감성 경험' 소비의 시대

일반적으로 소비자들은 가격이나 필요에 따라 구매하는 합리적 존재이다. 하지만 현실에서 소비자들은 감성이나 기분에 따라 비합리적으로 소비하기도 한다. 특히 기술의 발전으로 제품 질이 상향평준화되고 유사 제품에 대한 비교 분석이 쉬워지면서 품질의 차별성보다 직관에 근거해 소비하는 경향이 더 늘어났다. 기업에게 감성 마케팅이 여전히 중요한 이유이다.

앞으로 기업의 감성 마케팅 전략이 경쟁력을 갖추려면 두 가지 이상의 조합, 즉 페어링을 통해 감성 하모니를 만드는 방식으로 나아가야 할 것이다. 기존의 틀에서 벗어나 생각지도 못했던 낯설지만 신선한 조합의 감성 하모니를 찾는다면 페어링의 시너지 효과는 엄청날 것이다. 이제는 제품이 아닌 경험을 소비하는 시대이다. 경험의 핵심은 감성이다. 새로운 감성 조합을 통해 새롭게 제공될 신선한 하모니가 기대된다.

자신만의 가치가 중요해, 'True Self + Mental Health'

자아존중감

자신이 사랑받을 만한 가치가 있는 소중한 존재이자,
성과를 이루어낼 만한 유능한 사람이라고 믿는 마음.
자아존중감은 주관적 느낌이라는 점이 중요하다.

보통's Life

손가락 하나로 탭 하기만 하면 하루에도 고퀄리티 사진 수천 장을 얼마든지 찍어낼 수 있는 시대. 사진이 우리에게 주는 의미는 무엇일까? 우리는 하루에도 수백 번 거울을 보며 내 얼굴을 마주한다. 하지만 정작 내면의 모습은 어떻게 해야 볼 수 있는지 알지 못한다. 남에게 보여주기 위함이 아닌, 그저 내 진짜 모습을 보기 위해 사진을 찍는다는 이들이 늘어나고 있다. 카메라 앞에 서서 가장 자연스러운 진짜 내 모습을 드러내는 것, 이에 앞서 '가장 자연스러운 진짜 내 모습'이 무엇인지 고민하는 것. 단순한 소비 행위에 '자아존중감'이라는 가치를 부여해 더 큰 만족감을 찾고자 하는 소비 행태가 드러난다.

경험의 가치

소비자들이 원하는 가치는 무엇이며 어디에서부터 나오는 것일까? 하루가 다르게 심해지는 경쟁 속에서 기업들은 고객을 사로잡기 위해 각자 개성과 매력을 어필한다. 그러한 개성이나 매력 중에서 가장 쉽게 차별화되면서도 소비자들에게 와 닿는 것이 바로 경험이다. 경험이라는 서비스는 각각의 소비자들에게 맞춤화되어 기억될 수 있기에 각기 다른 개성과 매력을 제공한다. 매력이 또 하나의 경쟁력이자 자본이 된 세상, 가치 중심의 소비 성향은 이미 오래 전 하나의 라이프스타일로 자리 잡았다. 현대인에게 경험이란 그 자체로써 소비가 되는 대상이 되어 버린 것이다.

진실 된 나의 모습, 찰나의 순간으로 찾다.

찰나의 순간을 찍는 사진은 사람들에게 기억을 넘어 아주 중요한 추억이 된다. 동영상으로도 나타낼 수 없는 사진만이 주는 매력은 큰 의미가 되어 돌아온다. 그렇기에 우리는 시간이 지난 후에도 이 네모난 종이 한 장 때문에 울고 웃는 것이다.

특히 특별한 보정 없이, 실제 모습을 갖춘 아날로그 사진은 꾸며지지 않은 고유한 모습을 온전히 담아낸다. 스마트폰 사진 편집 어플리케이션의 다양한 효과로도 재현할 수 없는 아날로그 사진만의 매력이다. 이러한 매력을 담아 기존의 전통적인 기법을 활용한 소규모 사진관들이 곳곳에 생기는 추세다. 특히 아날로그 감성을 더 깊게 느낄 수 있는 흑백 필름 사진관이 시대를 거슬러 새롭게 인기를 얻고 있다.

정해진 필름의 수만큼만 찍을 수 있어 한장 한장마다 정성을 다해 찍었던 아날로그 감성대로 정직하고 진실한 본연의 모습을 담고자 하는 사람들이 늘고 있다.

사고의 방식이 철저하게 개인화된 오늘날, '자신self'이라는 개념은 특히 강조된다. 개성을 가진 자만이 살아남는 시대, 남들에게 보여주기 위한 'actual self실제적 자아'가 아닌, 있는 그대로의 'true self진실한 자아'를 찾기 위한 시도가 일고 있다. 코로나19 이후, 비대면 고립 생활과 함께, 많은 이들이 비로소 내면의 삶을 들여다본 결과이기도 하다. 사진을 찍는 행위에도 이러한 바람이 분다. 타인에게 보여주기 위한 사진에 반기를 들고, 고유한 자기 정체성이 담긴 사진을 원하는 이들. 진실한 자아를 사진 속에 담는다는 것은 어떤 의미일까?

'나'를 담기 위한 신선한 해답, #포토매틱

'Take Your Memory.' 아주 작은 사진관의 유리창 전면에는 이러한 글귀가 쓰여 있다. 이 가게는 '나'를 사진으로 남기고 싶지만 누군가 나를 찍어줘야 하는 불편함을 해결해주는 곳이다. 방법은 아주 단순하다. 별도의 포토그래퍼가 없기에 이미 지정된 세트 위에 서서 스스로 리모콘을 누르기만 하면 된다.

별 거 아니지만 사진을 찍을 때 익숙치 않은 방식인, 남이 바라보는 내가 아닌, 내가 바라보는 나의 모습을 남길 수 있다는 점이 이 가게만의 특징이다. 이처럼 진실 된 나의 모습, 꾸며지지 않은 내 모습을 찾으려는 목적으로 이 사진관은 흔히 내로라하는 '셀럽celebrity'들을 비롯하여 다양한 계층에서 계속해 입소문을 타고 있다.

많은 연예인, 모델, 운동선수, 크리에이터 등이 지금까지 방문했고, 어린 아이부터 노부부, 심지어는 애완동물 손님까지도 이곳을 찾는다. 그리고 그들은 남이 찍어주는 사진이 아닌 자신이 생각하는 가장 자연스러운 모습을 담는 무형의 경험을 소비하고 유형의 사진을 얻어 가고 있다.

내가 직접 셔터를 눌러 나의 모습을 찍는다는 것은 새로운 경험을 넘어 새로운 '의미'가 된다.

　내가 나를 진지하게 찍는다는 경험 하나만으로 이 사진관은 인스타그램에서 약 22k의 팔로워를 얻었다. 나 자신을 담는 신선한 해답을 제시한 이 사진관은 스튜디오 산업에 새로운 패러다임을 가져온 것이다. 이 사진관의 비용은 일부 보정을 포함해 15분 당 7만 원정도이다. 내가 내 사진을 찍는 데 드는 비용치고는 다소 비싸다. 그럼에도 매일 예약이 꽉 찬다.

　현대 소비자의 가치 소비에 있어서 가격 자체가 그리 중요한 요소가 아님을 증명하는 대목이다. 스스로 느끼는 심리적인 만족감을 위해서라면 높은 가격도 지불하는 이들에게 중요한 것은 셀프 스튜디오가 제공하는 강력하고도 매력적인 경험 그 자체이다. 이러한 경험으로 말미암아 나만의 고유한 가치, 진실한 자아를 사진 한 장에 담아낼 수 있다면 그걸로 충분한 셈이다.

멘탈헬스 그리고 명상

개인화된 자기 정체성을 갖는 현대인에게 개성은 그 자체로 자본이 된다. 이제껏 사회가 제시하는 모습으로 자신을 포장했던 이들은 이제야 자기 내면의 진짜 개성을 찾고자 노력한다. 이러한 여정 끝에 현대인들이 찾고자 하는 것은 타인에게 내보이는 삶이 아니라 스스로 바라보는 삶이다. 자존감의 강박에 시달리는 현대인들은 소비를 통해 치유와 공감을 경험하고자 한다. 그러나 자신의 내면을 돌아보고 자기 자신과 건강히 관계 맺을 시간도 없이, 오로지 성과에만 매달려야 하는 이 시대의 많은 사람들이 다양한 정신적 고통을 호소하고 있다. 특히 코로나19 이후에는 정신적 고통을 호소하는 이들이 더욱 늘어나고 있다. 코로나로 인해 구직이 어려운 상황이 되거나, 일자리가 위협받는 상황에 맞닥뜨려 불안감에 빠지거나, 혹시나 자신이 무증상 감염자일지 모른다는 건강 염려가 지속되어, 긴 시간 코로나 블루를 겪기도 한다. 코로나19의 출현 이후, 이미 국내에서 꾸준히 대두되어온 멘탈 헬스에 대한 필요성이 더욱 강조되는 이유이다.

멘탈 헬스와 관련하여, 세계적인 글로벌 기업들은 동양의 명상에 일찍이 주목해왔다. 애플의 고 스티브 잡스가 유년 시절부터 명상을 접하고 생활화하며, 애플의 혁신적 사고와 제품을 탄생시키는 데 커다란 기여를 한 것 또한 익히 알려진 사실이다. 구글의 사내 명상 프로그램인 '내면 검색 프로그램Search Inside Yourself'은 7주, 20시간 프로그램으로 구글 직원들의 감성 지능과 자신감, 업무 능력 향상을 이끌어 내고 있다. 이뿐 아니라 미국에서는 명상이 이미 일종의 트렌드가 되었다. 미국의 명상 관련 시장은 약 12조원 규모라고 한다. 책, CD, 스마트폰 어플리케이션 등 다양한 채널로서 명상을 접한다고 하는데, 이를 두고 '탈 스트레스 산업'이라고 부른다고 특히 이는 IT기술과 만나면서 더 확대되고 있다. 실제로 최근 3년간 출시 된 명상 관련 어플리케이션만 무려 2,000개가 넘는다. 그중 세계적으로 유명한 '캄'이라는 명상 어플리케이션은 2012년 출시 이후 100만 명이 넘는 유료가입자를 확보하면서 6~7년 만에 시장가치 1조 원이 넘는 '유니콘 기업'으로 부상하기도 했다.

국내에도 이와 관련 된 다양한 스타트업이 나타났다. 최근 알려진 한 기업은 헤드셋 뇌파 측정 센서로 1분 만에 개인의 정신건강을 진단한다. 진단 후에는 맞춤화된 게임, 명상, 음악 감상 등의 치유를 해주는 서비스를 개발했다. 이 진단 및 치유 프로그램은 간단하게 스마트폰으로 할 수 있다고 하는데, 이 기술을 출시한 이후 50억이 넘는 투자를 받았다. 이처럼 헬스 케어 시장은 물리적인 것에서 이처럼 정신건강, 탈 스트레스 관리로 확대되어왔다.

2030세대의 마인튜브: 이너피스와 정신적 다이어트

하지만 조금 더 깊은 진단과 치유를 위해서는 유료 컨텐츠를 사용해야 하는 경우가 많다. 주머니는 가볍지만, 디지털 친화성이 높은 2030세대들은 명상을 위해 유튜브를 이용하는 경우가 많아졌다. 이처럼 유튜브를 활용한 명상을 마인튜브Mind + 유튜브라고 부르기도 한다. 유튜브에서 명상과 관련된 컨텐츠를 '이너 피스내면의 평화', 혹은 '정신적 다이어트' 컨텐츠라고 부르기도 한다. 이너피스와 정신적 다이어트는 이미 세계적인 트렌드가 되었다.

2030세대가 주요 활용자인 만큼 이너피스의 목적은 자존감 회복, 직장에서의 스트레스 감소 등을 주제로 한 명상이나 간단한 요가 등의 컨텐츠이다. 극소수만 명상을 찾았던 예전과는 달리, 현재의 명상은 자기계발의 방법으로도 이용되고 있다. 실제로 많은 기업들이 사내 명상 프로그램을 도입했다. 명상 문화가 가장 대중화되고 빨리 도입된 곳은, 아이러니하게도 '실리콘 밸리'였다. 많은 전문가들은 실리콘밸리의 성공에 대해, '명상문화의 도입으로 인한 정신건강의 증진이 외적인 성과로 나타난 것'이라 말하고 있다. 국내에서도 많은 기업들이 정신건강 혹은 업무 외적인 것, 예를 들면 가족, 가정의 건강에 대해서도 많은 신경을 쓰고 있다. 그것이 곧 업무 성과와 직결되기 때문이다.

최근 중국의 10대 유행어 중 하나는 바로 '불계 청년佛系青年'이었다고 한다. '불계 청년'은 불교에 귀의한 스님처럼 욕심을 버리고 경쟁에서 벗어나 부처와 같은 삶을 지향하는 젊은 세대를 일컫는 말이다. 중국의 젊은 세대들도 향락적인 소비문화에서 벗어나 명상 또는 채식 등과 같은 정적인 라이프스타일이 인기를 끌고 있었던 것이다. 단순하게 보자면 명상을 통해서 웰빙이나 힐링을 하자라는 개념으로 볼 수 있겠으나, 사실은 우리나라의 소확행, 중국의 불계 청년, 일본의 사토리 세대와 같은 젊은 세대들이 명상, 마인튜브, 정신적 다이어트를 하는 또 다른 이유를 들여다 볼 필가 있다. 웰빙이나 힐링처럼 긍정적인 이유뿐 아니라, 끊임없이 겪는 우울과 좌절에서 벗어나고자 하는 절박함이 또 다른 이유이다. 스스로 뭔가 이뤄내기가 어렵고, 성취동기가 불분명한 그들이 결국 차선책으로서 명상을 한다는 것이다, 다소 좀 씁쓸한 일이 아닐 수 없다.

코로나 사태가 반 년 넘게 이어지면서 '코로나 우울증'이 급증하고 있다. 2월부터 8월 초까지 국가트라우마센터, 정신건강복지센터 등에서 이뤄진 코로나 관련 우울증 상담 건수는 총 37만4,221건이다. 작년 한 해 정신건강복지센터에서 이뤄진 우울증 상담 건수를 이미 넘어섰다.[21] 장기화된 코로나19 이후, 유튜브에서 명상 컨텐츠가 급부상하기 시작한 것 역시 웰빙이나 힐링 같은 긍정적인 동기 외에도 위와 같은 우울과 고통에서 벗어나고자 하는 분명한 절박함이 작용하고 있다고 볼 수 있다. 젊은 층에서도 넷플릭스나 왓챠를 정기 결제하듯 유료 명상 앱을 정기적으로 결제하는 이들이 늘어나고 있다. 국내에서는 '코끼리'와 '마보'앱이 가장 널리 알려져 있다. '마보'앱에서는 코로나19와 관련된 명상을 함께 제공하고 있다.

멘탈 헬스는 결국 반드시 해야하는 운동과 같다

'멘탈 피트니스정신 훈련는 운동이나 마찬가지'라고 말한다. 우리가 근육을 키우고 싶을 때 닭가슴살을 열심히 챙겨 먹고 일주일에 3회 이상 운동해야 효과가 있는 것처럼, 멘탈 헬스도 결국 매일 꾸준히 해야 좋아진다. 그리고 많은 사람이 고통 받고 있지만 쉽게 밝히지 못하는 우울이라든지 정신건강에 대해 소리내어 말할 수 있어야 하는 사회적 분위기가 형성되어야 한다. 정신건강의 문제가 있을 때 사람들이 더 나은 삶을 위한 정신건강 서비스의 소비자로서 당당하게 정보를 구하고, 자연스럽게 전문가와 상담할 수 있는 사회적 인식이 만들어져야 한다.

또한 선진국에서는 사후 대처보다는 예방을 중심으로 조기 관심과 발견 및 개입에 많은 자원을 투입하고 있다. 인구 6,650만 명의 영국은 정신건강 조기 개입을 위한 예산이 1조6,000억 원에 달한다. 한국은 인구가 5,163만 명인데 2018년 기준 정신보건 총예산은 604억이고 그 가운데 조기 개입, 즉 예방에 쓰이는 예산은 30억 원에 불과하다. 우리나라 우울증 인구는 약 1,000만 명으로 국민 5명 중 1명이 정신적 어려움을 경험하지만 우울증 환자라고 예상되는 사람들 10명 가운데 9명은 적절한 시기에 치료를 받지 못하고 있다.

전문가의 성역을 넘어 아픔을 겪은 사람들 스스로 고통 받는 사람들을 지지해주는 선순환을 만들어나가는 일이 가장 먼저이다. 이와 관련해, 정부는 코로나19와 관련해 심리상담 핫라인을 운영하고 있다.

PART 03

같은 듯 다른,

다른 듯 같은
보통 사람들

사람 좀 빌립시다, '휴먼라이브러리 족'

휴먼 라이브러리

사람의 경험과 지식을 책이 아닌 면대면으로 공유하는 방식.

덴마크의 사회운동가

로니 에버겔(Ronni Abergel)에 의해 처음·시작된 개념이다.

휴먼 라이브러리에서 정보원은 책이 아니라 독립된 개인이다.

어른바 '사람 책'을 대여하는 신개념 도서관서비스라 할 수 있다.

보통's Life

모든 사람에게는 각자의 인생과 개인의 역사가 있다. 사람은 누구나 타인에게 들려주고 싶은 이야기, 혹은 함께 나누고픈 지혜를 나름대로 간직하며 살아간다. 수많은 삶의 연륜과 노하우들이 활자화되지 않은 채 그저 사라지고야 마는 것은 참 안타까운 일이다. 그렇기에 사회는 각 개인만이 가진 지식을 활용하고자 그 방안을 찾는 데 오래도록 몰두하고 있다. 물론 대단히 거창한 것이 아니더라도 사람은 수시로 타인의 도움을 필요로 하기에, 사람 그 자체가 현대인에게 없어서는 안 될 중요한 자산이다. 때로는 단순한 필요에 의해, 때로는 아주 고차원적인 목적에서 서로를 필요로 하는 사람들. 이제는 사람도 빌려 쓰고 빌려주는 시대가 왔다.

소유보다는 사용가치가 더 중요한 시대

과거에는 빌리거나 리스할 수 있는 재화와 용역의 종류가 제한적이었다. 리스는 주로 자동차나 정수기, 비데 등 일부 제품에 국한되었고, 무언가를 빌린다는 것 역시 도서관의 책, 공원에서의 자전거 등이 대표적인 상황뿐이었다. 하지만 공유경제의 시대로 접어든 오늘날 무언가를 빌리는 일은 무척이나 자연스러워졌다. 인류에게 재앙이 된 코로나19와 함께, 지구의 환경에 대한 관심이나 반성이 생겨나면서 소유하는 대신 공유하려는 움직임이 활발해졌다. 이처럼 타인의 무언가를 빌리는 것에 관심을 두는 사람들이 늘어나면서 이와 관련된 시장도 더욱 커져가고 있다.

집을 대여하는 에어비앤비나 카 쉐어링을 하는 우버와 같이 이미 메가트렌드가 되어 있는 기업들이 비즈니스 모델을 제쳐두더라도, 기존에는 생각지도 못했던 것들까지도 리스가 가능하다. 이는 단지 소유하는 것보다 사용했을 때 스스로 느끼는 가치에 중점을 두는 합리적 소비 트렌드가 소비자들 사이에서 두루 퍼진 탓이다. 그리고 심지어 사람 그 자체에 대한 수요마저 크게 증가하면서 다양한 형태의 렌탈, 대행 사업이 성행하고 있다.

취미용품에 대한 렌탈

　　과거 그림작품은 부유층 혹은 미술적 조예가 깊은 사람들 사이에
서만 주로 거래되었다. 흔히 그림이라고 하면 한번 사서 오래도록
거실이나 방에 걸어두는 방식으로 소비되곤 했다. 예술적 가치가
있는 작품을 구매할 경우, 가격이 매우 비싸 또다시 새로운 그림으
로 교체하기에는 경제적 부담이 따르기 때문이다. 하지만 이제는
일반 소비자들도 부담 없이 내 공간에 그림 한 점을 걸 수 있게 되
었다. 그림을 렌탈하는 새로운 방식이 등장했기 때문이다. 오픈갤
러리에서는 3개월마다 그림을 새로 교체할 수 있는 '그림 렌탈 서비
스'를 진행하고 있다.[22]

　　짧은 주기로 그림을 교체함으로써 아주 쉽게 인테리어에 변화를
줄 수 있는 것은 물론, 매일 보는 그림이 질릴 때 즈음 새로운 그림

오픈갤러리에는 월 3만원대 가격으로 작품을 추천 받고 렌탈, 설치까지 할 수 있다.

으로 교체해 분위기를 전환할 수 있다. 오픈갤러리는 약 2만 점의 작품을 소유해 이를 대여한다. 그림에 대한 전문성을 갖춘 큐레이터가 고객의 공간에 어울릴 만한 그림을 추천해준다. 가격 또한 월 3만 9,000원에서 40만 원까지 다양한 요금 선택이 가능하기 때문에 사정에 맞춰 합리적으로 선택하면 된다. 운송 및 설치도 회사에서 담당해주기 때문에 직접 그림을 설치해야 하는 번거로움도 없다. 비싼 비용에 부담을 느꼈거나 작품 선택에 어려움을 겪었던 소비자에게 분명 좋은 대안이 될 수 있다.

책 대신 사람을 빌리는 휴먼 라이브러리

휴먼라이브러리는 새로운 지식과 경험을 얻을 수 있는 가장 빠르고도 확실한 방법이다.

다양한 재화와 용역을 빌리는 시대에서 한 발 더 나아가 이제는 사람도 빌려 쓰는 시대다. 직접 경험하지 못한 일에 대해 간접적으로나마 체험하고 싶을 때 우리는 흔히 책을 읽는다. 책 속에는 누군가의 경험과 지식이 녹아 있고, 책을 읽는 행위는 타인의 그것을 빌리는 행위와 같다. 하지만 현대인들은 예전만큼 책을 선호하지 않는다. 여러 동영상 매체가 발달하면서 굳이 책을 읽지 않아도 감각적이고 생생한 자료를 손쉽게 구할 수 있기 때문이다.

하지만 이를 뛰어넘어 책 속 지식과 경험을 그대로 전하면서도, 동시에 감각적인 생생함을 살릴 방법이 있다. 바로 '사람 책'이다. 이는 활자를 통하지 않고 사람과 사람이 직접 대면하여 이야기를 전달하는 방식이다.

누구나 사람 책이 될 수 있고, 또 그 중 누군가는 많은 사람들이

휴먼라이브러리에서는 그 어떤 사람도 경험도 쉽게 만날 수 있으며, 나 역시 누군가에게 필요한 '사람책'이 될 수 있다.

찾는 베스트셀러가 될 수도 있다.

예를 들어 우리가 취업을 앞둔 취업 준비생이라면, 고민이 많은 어느 밤 이미 취업을 한 선배나 지인을 만나 조언을 구할 수 있다. 이는 마치 사람 책 도서관의 취업 관련 서가에서 책 한 권을 꺼내 읽는 것과 같다. 휴먼 라이브러리의 시작은 덴마크의 사회운동가 에버겔로부터 시작되었다.

몇 년 전 국내에서도 방송을 통해 유명세를 탄 휴먼 라이브러리의 장점은 저자의 경험과 지식을 지금 바로, 그리고 아주 생생하게 들을 수 있다는 점이다. 궁금한 점이 생기면 바로 눈앞에서 질문하면 된다. 더군다나 지루함에 대해 걱정할 필요가 없다. 누군가가 내 눈 앞에서 들려주는 이야기에 대화하듯 편안하게 귀 기울이기만 하면 된다.

사람 책은 일상적인 인맥, 혹은 대화와는 다르다. 우리는 일상에서 불필요할 정도로 많은 사람들과 접촉한다. 피상적인 인맥들로부터 듣고 싶은 않은 이야기나 정보를 듣기도 한다. 때때로 우리는 이러한 피상적 인맥들로부터 벗어나고 싶다. 하지만 책은 어디까지나 읽고 싶은 책만 선택해서 읽을 수 있다.

사람 책 역시 마찬가지다. 듣고 싶은 경험, 얻고 싶은 지식이 있다면 선택해서 읽으러 가면 된다. 사람 책은 1:1로 읽을 수도 있고, 다른 사람들과 동시에 읽을 수도 있다. 반대로 글로 책을 쓰기 어려운 사람들 또한 직접 사람 책이 될 수 있다. 넘쳐나는 매체와 문자에 피로감을 느끼는 사람들이 많아질수록 사람 책의 가치는 더욱 높아질 것이다.

내 친구가 되어주세요~ 일본의 친구 대행업체

아르바이트 구인 사이트에는 결혼식 하객 대행, 부모님 대행 등 특정 역할을 대신하는 아르바이트 모집 공고가 심심찮게 올라온다. 이제는 이런 아르바이트가 더 이상 이색적으로 느껴지지 않는다. 심지어 페이스북에는 벚꽃 시즌에 벚꽃을 함께 보러갈 사람을 구하는 글도 올라온 적이 있다. 홀로인 것이 더 이상 이상할 것 없는 세상이라지만 아직도 그 속에는 혼자이고 싶지 않은 특정 순간이 있다.

다양한 이유로 사람과의 관계에 싫증, 또는 어려움을 느껴 사람들을 만나는 것은 귀찮지만, 가끔은 사무치게 사람이 그리울 때. 스스로 외롭다고 느끼지는 않지만, 혹시나 사람들이 이런 나를 외롭게 보지는 않을까 고민이 될 때. 이런 순간에 이용할 수 있는 것이 바로 '친구 대행 서비스'이다.[23]

일본의 친구 대행업체는 아주 구체적인 상황에서도 그에 딱 맞는 친구를 언제든지 제공한다. 자신이 무언가를 하고 싶을 때만 나와 함께 해줄 수 있는 누군가를 아주 단시간만 빌리는 것이다. 예를 들면 같이 쇼핑을 갈 사람이라든지, 저녁을 함께 먹을 사람 등과 같은 경우이다. 비용은 대략 시간당 5,000엔으로 한국 돈으로는 5만 원 이상을 호가하지만 그럼에도 많은 사람들이 이 서비스를 찾는다고 한다.

　시간당 5만 원의 비용이 한 사람과의 인맥을 구축하는 데 들어가
는 시간과 비용에 비교한다면 오히려 아주 저렴한 값이기 때문일
것이다. 점점 더 개인화되고 폐쇄적으로 변해가는 사회에서 특정
시점, 상황, 장소, 목적에 부합하는 상대를 별다른 힘도 들이지 않
고 즉시 구할 수 있다는 것, 사람들이 이 서비스를 찾는 가장 큰 매
력 중 하나가 아닐까.

　이삿날이면 이웃에게 떡을 돌리던 정을 이제는 보기 힘들어졌다.
이웃사촌이라는 개념이 거의 사라져 버린 지금, 각박한 세상이지만
내가 무언가를 필요로 할 때 누군가 옆에 있어줄 사람을 찾는 것이
새로운 트렌드가 되고 있다. 이러한 사회 현상에 대해 야마구치 마
사히로Yamaguchi Masahiro 주오대학교 교수가족사회학는 〈도쿄신문〉과
의 인터뷰에서 '젊은이들이 인간관계에 지쳐 있다. 사람과 만나는
것을 귀찮게 생각하기 때문에 친구 대행이 주목 받고 있다. 이게 좋
으냐, 나쁘냐를 떠나서 이미 그런 시대가 되어 있다'라고 말했다.[24]

사람에 열광하는 시대가 다시 오기를

　4차 산업혁명 시대로 접어들면서 기술과 혁신에 관한 이야기로
사회가 떠들썩한 지 오래다. 하지만 이러한 사회 속에서 개인은 다
시금 아날로그의 감성을 찾기도 한다. 인간의 많은 영역이 로봇으

로 대체되어 편리함을 느끼고 있는 지금, 결국 사람은 인간다운 정서에 향수를 느끼는 것이다. 기계적 감성으로는 대체할 수 없는 사람의 이야기, 사람이 만든 무언가를 그리워한다.

우리는 사람이기 때문에 다른 사람과의 상호작용을 통해 살아간다. 하교 후에도 나눌 이야기가 많아 공중전화에서 친구의 집으로 전화를 걸던 그때, 항상 보는 그 장소에서 항상 만나던 시간에 보자던 그때의 감정을 우리는 분명 다시 찾을 것이다. 인간의 감정이 그리워지는, 언택트시대. 이 코로나19 사태가 종식된 이후 사람과의 대화, 사람과의 관계, 사람의 손에서 만들어진 예술을 다시 찾고 이에 더욱 열광하는 날은 머지않아 다시 올 것이다.

둘

'젠더리스' 패션이 바꾸는
취향존중 시대

젠더리스

성의 구별 없이 중성적인 것을 뜻하는 용어.

성별을 지칭 또는 구분하는 용어로 사용되고 있는

젠더(gender)에서 파생되었다.

주로 패션에서 사용되며 남성적인 면과 여성적인 면을

하나로 통합시켜 휴머니즘(humanism)을 강조한

양성적인 디자인과 아예 남성과 여성의 성에 대한

개념을 초월하는 중성적인 디자인이 있다.

보통's Life

코로나19로 전 세계가 빠르게 변화하고 있다. 대표적인 것이 라이프스타일이다. 취향 중심 소비, 이른바 '취존(취향존중)' 시대가 도래하면서 개성을 중시하는 소비가 주목을 받고 있다. 성별 구분을 넘어 제3의 성까지 포용하는 '모두를 위한 것', 젠더리스(Genderless)가 마이크로 트렌드로서 세상을 바꿔나가고 있다.

'신사, 숙녀 여러분(Ladies and gentlemen)??'

'신사, 숙녀 여러분Ladies and gentlemen.' 우리가 일반적으로 알고 있는 서양에서 공지를 시작할 때 사용하는 전형적인 문구이다. 하지만 아직도 이러한 인사말이 지하철이나 백화점과 같이 사람들이 많이 모인 장소에서 사용되고 있다고 생각한다면 트렌드에 늦어도 한참이나 늦었다고 보면 된다. 영국 런던교통공사는 이미 2017년부터 지하철 안내 방송에 '신사 숙녀 여러분' 대신 '여러분 안녕하세요 Hello, everyone'라는 표현을 쓰기 시작했다. 이러한 변화는 비단 영국뿐 아니라 전 세계적으로 그것도 공식적으로 나타나고 있는 공통적인 현상이다. 변화의 이유는 간단하다. 두 개의 성별을 칭하는 '신사, 숙녀'라는 말 대신 '여러분' 같은 중립적인 표현을 사용해서 성별과 관계없이 모두를 구별 없이 똑같이 존중하겠다는 의도이다. 변화는 주변에서 아주 쉽게 볼 수 있다. 우리가 살아가고 있는 지금은 점점 더 '성'이라는 경계가 사라지고 있으며 그동안 우리에게 고착되어 있던 사고도 변화하고 있다. 그리고 이 변화는 '젠더리스'라는 단어를 통해, 특히 패션 트렌드 분야에서 가시적인 변화를 이끌어 내고 있는 중이다.

일상생활로 파고드는 젠더리스

　남성과 여성, 성별의 경계를 없앤 '젠더리스' 트렌드가 패션 업계를 시작으로 뷰티와 라이프스타일까지 확산되며 일상생활에 깊숙이 스며들고 있다. 특히나 이러한 변화는 밀레니얼 세대가 주축이 되어 메가트렌드로 만들어 나가고 있는 양상이니 이 변화를 우리는 주목해 볼 필요가 있다. 이미 대부분의 글로벌 패션 여성 브랜드들은 여성스러움, 섹시함 등을 강조하던 기존의 디자인에서 벗어나 남성들이 입을 법한 품이 넓은 오버사이즈 재킷과 코트, 통이 넓어 몸매가 드러나지 않는 바지, 하이힐 대신 스니커즈를 주력 상품으로 밀고 있다.

출처: http://static1.businessinsider.com

우리 사회에서는 아주 오랜 시간 동안 '젠더'에 대한 다양한 논의가 이루어지고, 다양한 의견이 나타나고 있다. 그러나 확실한 것은 시간이 지날수록 그 변화의 방향과 의견은 '젠더리스'로 향하고 있다는 것이다.

남성적이고 강한 느낌을 강조하던 남성브랜드들은 여성들의 전유물로 인식되던 꽃무늬, 파스텔 컬러, 러플과 리본 등의 디테일, 핸드백 등을 선보이며 성의 경계를 허물고 있다. 그러다 보니 일각에서는 패션의 미래를 젠더리스라고 주장하기도 한다. 실제로도 주요 브랜드들의 올해 신상품 또는 주력 라인업을 보면 중립 코드가 대세처럼 보인다. 글로벌 SPA 브랜드 자라는 남녀 모두 입을 수 있는 '언젠더드Ungendered 라인'을 선보였으며 H&M도 성별 구분 없이 입는 '유나이티드 데님'을 판매하고 있다. 여성 전용 브랜드로 알려졌던 제이에스티나도 남녀가 함께 착용할 수 있는 운동화와 가방을 출시해 남성 고객을 끌어들이고 있다.

'50대 양준일'의 젠더리스 패션

'돌아온 가수' 양준일이 세월을 딛고 열풍을 일으킨 이유에는 그의 남다른 '패션 감각'이 큰 지분을 차지하고 있다. '시간 여행자'라고 불릴 정도로 시대를 거슬러 파격적이던 그의 과거 패션은 당시 팬들뿐 아니라 지금의 밀레니얼 세대에게 까지도 폭발적인 화제가 되고 있다. 본인만의 스타일을 고수하는 그의 패션은 '젠더리스'라고 불리기에 충분할 정도로 성별의 구분이 없어 보인다. 심지어 그가 28년 만의 음악방송 복귀 무대에서 착용한 의상도 모 브랜드의 여성 컬렉션이었다. 이런 그의 차별화된 젠더리스 패션은 '패션 홍신소'라는 신조어가 나타나게 만들었다. 패션 홍신소란 양준일의 무대 의상이나 SNS에 올라온 개인 사진을 보고 어떤 브랜드의 어떤 옷인지를 찾아다니고 공유하는 팬 활동을 말한다. 다행인 것은 50대 남성인 양준일이 여성의 패션을 추구하는 이러한 행보에 눈살을 찌푸리는 사람이 거의 없다는 것이다.

글로벌 유명 브랜드가 매년 성황리에 실시하던 '패션쇼' 행사는 대중에게 더 이상 큰 의미가 되지 않는다. 이제 패션은 정말이지 지극히 아주 개인의 영역일 뿐이다.

이제는 누구라도 패션에 대한 고정관념에 사로잡히지 않고 오직 개성과 콘셉트로 판단하는 시대에 우리가 살고 있기 때문이다. 아무래도 패션에 있어 여성스럽기를 더욱 강요받았던 여성들도 역시 젠더리스 트렌드를 추구하고 있다. 꼭 길고 얇은 다리를 강조하지 않으며 활동성 있는 통 넓은 바지를 선택하는 빈도가 많아졌다. 또한 남성 정장의 전유물이던 헐렁하고 편한 재킷을 즐기거나 높은 구두에서 스스로 해방시키려는 움직임도 대세가 되어가고 있다. 젠더리스가 비단 패션뿐 아니라 사회활동에서도 두드러지면서 관련된 모든 것들이 심미적인 것에서 실용성을 추구하는 형태로 변해가고 있는 것이다.

바야흐로 성별의 경계가 허물어지는 시대

코로나19로 인해 사회는 점점 개인화 되어가고 있고, 메가트렌드나 유행을 쫓지 않고 나만의 개성을 찾고자 하는 사람들이 늘어나고 있다. 삶의 방식도 타인과 비교가 어렵기 때문에 정말이지 남 눈치 보지 않고 나만의 방법으로 살아가는 것 역시 점점 더 쉬워지고 있다. 또한 사회적으로도 남성에게 많은 책임감을 추궁하지 않고 여성도 예쁘게 치장하기를 권장하지 않는 것이 옳은 방향이라고 말하며 대중들이 사회가 나아가야 할 방향을 제시하고 있다.

하지만 그럼에도 여전히 우리나라에서는 성의 구분을 넘어 차별을 부르고 남녀 대결 구도까지 만들어가는 모습이 곧잘 목격된다. 이 역시 동시대에 나타나는 현실이다. 어쩌면 패션계에서 두드러지게 나타나는 '젠더리스'의 트렌드가 특히나 우리나라에서 오래된 역사적 관성 또는 한국 사회가 가장 외면하던 이슈라 할 수 있는 남녀 구별, 남녀 차별을 없앨 수 있는 근본적인 역할을 해 주지 않을까?

셋

'세대'가 '아재슈머'가 되어 더 강력해져서 나타났다

아재슈머

1990년대 문화를 주도한 개성 넘치는 X세대들이

40~50대가 된 뒤에도 자신에게 아낌없이 투자하며

새로운 소비 트렌드를 만들어내는 현상

보통's Life

'발랄 중년'이라는 별명으로 불리며 전성기를 구가 중인 배우 심형탁. 그는 만화 캐릭터 도라에몽의 덕후로 유명하다. 이른바 '덕밍아웃'을 한 이후 오히려 인기가 더 높아졌다. 최근에는 자신에게 악플을 단 악플러에게 '내 인생 최초로 고소하겠다. 다시 말씀드리지만 제 인생이다'라며 SNS를 통해 경고했는데, 해당 게시물에까지도 도라에몽 사진을 첨부했다. 그의 숨길 수 없는, 아니 굳이 숨기지 않는 도라에몽 사랑이 드러나는 대목이다. 이렇듯 중년이 된 이후에도 자신에게 아낌없이 투자하는 새로운 소비 계층이 최근 등장했다. 개성 있는 자신의 취향을 당당히 들어내는 이들, 바로 '아재슈머'이다.

아재슈머[25]=아재+Consumer

'Manners maketh man: 매너가 사람을 만든다.' 2015년 개봉하여 전 세계적으로 사랑 받은 영화 〈킹스맨Kingsman〉에서 콜린 퍼스Colin Firth가 남긴 대사로, 여전히 일상에서 자주 사용되고 있다. 이 영화에서 비밀요원이자 영국신사인 그는 포마드로 정리한 깔끔한 머리, 클래식 슈트, 신사적인 매너를 보여주며 수많은 여성들에게 인기를 얻었다. 그에게 마음을 빼앗긴 건 여성 팬뿐만이 아니었다. 대한민국의 많은 아재들은 꽃중년 콜린 퍼스의 모습에 부러움과 함께 경각심을 느끼게 되었다.

사실 아재는 아저씨를 의미하는 경상도 방언이다. 최근에는 특정 지역에서뿐만 아니라 전국적으로 두루 쓰인다. 흔히 아저씨를 낮추어 부를 때 사용되는 단어이다. 아재는 주로 중장년층을 지칭하지만 다양한 연령군에 있는 높은 연령대를 일컬어 부르기도 한다. 이렇게 칙칙하고 어딘지 꼰대스러운 느낌을 주는 단어가 최근 180도 탈바꿈하고 있다.

오늘날 아재 세대의 대표격은 30~50대 중장년층들이다. 특히 아재슈머들은 YOLO의 열풍에 크게 반응했다. 사실 이들도 한 시대를 풍미했던 과거를 가졌다. 한때 가장 주된 소비층이자 누구보다 개성 있는 방식으로 자신을 표현했던 X세대가 바로 이들이다. 이제 중장년층이 된 이들은 타인이나 자식보다 자신의 행복을 위한 소비를 증가시키고 있다. 바로 뉴노멀중년의 시대를 이끌고 있는 것이다.

사실 아재들은 기업에게 있어 가장 탐스러운 고객이다. 까다롭지 않으면서도 구매력도 충분한 사람들이기 때문이다.

외모 가꾸기는 아재파탈의 기본 조건

외모를 가꾸는 남자들이 늘어나고 있다. 이에 따라 20~30대 그루밍족, 40대 영 포티Young Forty*, 꽃중년 열풍에 동참하는 중장년층까지 화장품 시장의 주요 타깃으로 남성 소비자가 주목 받고 있다. 남성 화장품 시장은 경제 불황에도 불구하고 1조 2,000억 원 규모를 형성했고, 그 규모는 매년 엄청난 속도로 성장하는 중이다. 한 오픈마켓 회사의 조사에 따르면 남성들의 구매 빈도 중 50%가 넘는 비율이 화장품 및 미용 카테고리에서 발생했다고 한다. 이렇듯 최근 1~2년 동안 남성 화장품 시장의 성장세는 가히 폭발적이라 할 만하다. 상황이 이러하다 보니, 많은 화장품 회사들도 아재 고객을 사로

---

* 과거 X세대였던 이들이자 지금 막 40대가 된 세대. 이전 40대와는 달리 권위적이지 않고 트렌디함을 지니고 있는 이들은 현재의 문화나 경제, 정치 등 모든 분야의 중심축을 이루고 있다. 하지만 영포티의 가장 중요한 코드는 현실에 충실하며, 자신의 행복을 위해 최선을 다한다는 점이다.

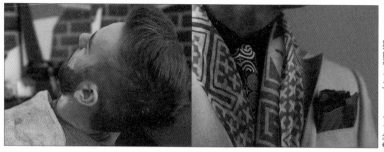

불과 몇 년 전만 하더라도 2~30대에게 적용 되었던 '그루밍족'은 이제 4~50대에게까지 확대되어 적용되고 있다.

잡기 위한 마케팅 전략 수립에 열을 올리고 있다.

또한 아재들은 트렌디와 클래식의 니즈를 동시에 가지고 있다. 이 두 가지 니즈를 동시에 충족시켜줄 수 있는 마이크로트렌드가 바로 바버숍barbershop이다. 바버숍은 우리말로 하자면 이발소이다. 예전에는 모든 남자들이 아버지 손을 잡고 목욕탕 안에 있는 이발관이나 이용원에 들러 이발을 받았다. 한번 갔다 나오면 몸에 있는 모든 털이 깔끔하게 정리된다는 이발소는 그야말로 남자들의 상징이었다. 하지만 그 목적이 변질된 퇴폐 이발소가 생겨나면서 이발소는 역사 속으로 사라졌다. 그 자리는 미장원과 미용실이 대체했다.

그렇게 남성들만의 공간이 사라졌다. 하지만 최근 '아재파탈'이 대두되면서 바버숍이 다시 주목받고 있다. 2~3개에 불과하던 바버숍의 수가 최근 3년 사이에 급증했다. 아재들이 주로 찾는 강남뿐만 아니라 20대가 자주 찾는 홍대에서까지 이제는 바버숍을 쉽게 찾아볼 수 있다. 과거의 클래식을 현대식으로 재해석한 바버숍은 주요 아재층인 30~40대를 포함하여 20대의 어린 아재들까지도 그 매력에 빠져 들게 한다. 21세기 감각적인 남성 전용 공간이 재탄생한 것이다.[26]

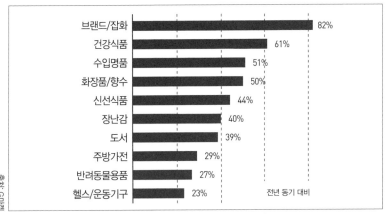

출처: G마켓

4050 남성 소비자 구매 거래 증가율

남성을 모셔오기 위한 쇼핑몰의 변화

그동안 남성들은 백화점의 주요 고객이 아니었다. 여성 파트너를 따라 가는 지루한 장소에 가까웠다. 오죽했으면 남성들을 위한 쉼터가 따로 생겨날 정도였다. 하지만 자기 자신을 가꿀 줄 나아는 아재 트렌드의 등장은 미용업계뿐만 아니라 유통업계에도 영향력을 발휘하고 있다. 백화점에서 아재들은 더 이상 여성의 들러리가 아니다.

한 백화점의 조사 결과에 따르면 남성 고객 비중은 2010년 전체 매출의 30%가 안됐지만 2011년 처음 30%를 돌파했고, 지난해 34%까지 증가한 것으로 나타난다. 뿐만 아니라 씀씀이 역시 여성보다 훨씬 높게 나타났다. 모 백화점의 제휴카드를 분석해 본 결과 연간 평균 결제액은 300만 원 정도에 그쳤지만, 남성들만 분석해 보면 평균 700만 원이 넘는 것으로 나타났기 때문이다. 그리고 한 번 방문 시 지출 평균 금액은 여성보다 무려 4배나 높게 나타났으니 백화점에게 남성 고객이란 금액은 물론 효율까지 높은 우수 고객일 수밖에 없는 것이다.

이러한 추세로서 당연하게도 백화점 내 남성 의류 매장의 신장률도 꾸준히 성장하고 있다. 이에 따라 백화점 및 유통업체들은 아재 파탈이 되고자 하는 아저씨들을 위해 전용 공간을 마련하는 등 이들의 마음을 사로잡기 위해 노력하고 있다.[27]

현대백화점의 경우 백화점을 찾는 남성 고객들을 위해 '탑투토(머

스타필드 맨즈
차분하지만 자유로운 남자들을 위한 패션 전문관

스타필드는 기존의 쇼핑몰과는 다르게 파격적으로 남성전용 매장 비율을 높이고 있다. 특히 할리데이비슨, BMW, 바버샵 등 기존 쇼핑몰에서는 찾아 볼 수 없는 노력을 통해 아재슈머들을 공략하는 중이다.

지구에 없던 가전 전문 매장 "Digitally, Everything is Possible"

일렉트로마트 안에는 전자제품 뿐만 아니라, 와인 및 비어샵, 밀리터리룩, 오락실, 심지어 전기차까지 판매하고 있다.

리부터 발끝까지 패션의 모든 것을 한 곳에서 해결할 수 있도록)'를 콘셉트로 현대멘즈관을 열었다. 이러한 유통업계의 노력은 결국 남성 고객들의 쇼핑 체류 시간을 길어지게 만들고 있다. 스타필즈의 '스타필즈 맨즈'도 마찬가지이다. 특히 남성들이 좋아하는 전자기기를 한군데 모아두고 여러 가지 체험과 감성을 느낄 수 있도록 한 일렉트로마트는 남자들이 가장 좋아하는 공간 중 하나로 손꼽히고 있다. 남성들은 이제 쇼핑을 끌려가는 것이 아니라 자신이 갈 공간이 있는 일종의 남성들의 놀이터라고 여기기까지 한다.[28]

평범한 아저씨들 속에서도 여전히 자신의 개성을 드러내며 아재만의 매력을 뽐내고 있다. 이들은 아재파탈*이라는 새로운 트렌드

---

* '아재파탈'은 아저씨를 뜻하는 방언인 '아재'와 치명적 매력을 지닌 남성을 뜻하는 '옴므파탈'을 합친 신조어. 조진웅, 이서진 등 40대 배우들의 매력이 대중에게 어필하면서 아재에 열광하는 문화가 생겨나고 있다.

와 라이프스타일을 탄생시켰다. 20대의 젊음과 트렌디함, 30대의 멋, 40대의 고급스러움을 모두 아는 이들은 새로운 트렌드에 큰 영향력을 끼치고 있다. 평범한 아저씨가 되느냐, 아재파탈이 되느냐는 각자의 선택에 달려 있지만 분명한 사실은 아재들의 외모 역시도 주요한 경쟁력이 되어가고 있다는 것이다. 이러한 시대에 그저 평범한 아저씨로만 산다는 것은 어찌 보면 개인의 경쟁력을 낮추는 하나의 원인이 될 수도 있다.

아재 시장을 선점하라

아재 문화의 이면에는 젊은 세대 혹은 후배들과 소통하고자 하는 아재들의 진솔한 욕구가 드러난다. 아저씨 혹은 선배로서의 권위주의를 적극적으로 내려놓고 친숙한 모습으로 다가가고자 하는 것이다. 그러면서도 남성 소비자들은 각자 서로 다른 필요와 욕구를 적극적으로 어필하고 충족시키고자 한다.[29]

어찌 보면 지금까지 남성을 대상으로 한 시장의 규모가 성장하지 못했던 것은 제품이나 시장이 남성들의 세부적인 필요와 욕구를 완전히 충족할 만큼 다원화 되어 있지 못한 탓은 아닐까 하는 생각도 든다. 이에 앞으로 기업들이 주목해야 할 점은 이러한 남성 소비자들의 세분화된 니즈를 정확히 판단하고, 세대를 초월해 특정 니즈를 만족시킬 수 있는 남성용 제품을 확장시키는 일이다.

아직 남성용 시장은 여성용 시장만큼 세분화되어 있지 않다. 이를 잘 공략한다면 다소 포화상태에 다다른 남성용 시장에서의 새로운 경쟁 우위를 만들어낼 수 있을 것이다. 분명 아재파탈이라는 신조어를 만들어낸 이러한 소비 트렌드는 확장과 변이를 통해 남성 시장을 세분화하고 또 다른 기회를 창출할 것이다.

넷

유튜브에 어르신이 나타났다, '실버유튜버'

유튜버

유튜브를 대표적으로 다양한 인터넷 무료 동영상 공유 사이트에서
활동하는 개인 업로더들을 지칭하는 말.
아주 간편하고 간단하게 개인 방송을 만들고,
영상을 올릴 수 있으며 이를 통해
금전적 수익까지 만들어내고 있다.

보통's Life

서울에 사는 70세 보통 씨는 여느 노인들과 다름없이 공짜 지하철 유랑(?)을 즐긴다. 어떤 날에는 김포공항으로, 또 하루는 천안으로 간다. 그래도 가장 자주 가는 핫플레이스는 종로3가와 탑골공원이다. 이곳은 소위 좀 나간다는 노인들의 천국이다. 요즘 좀 힙하다는 노인들의 또 다른 취미는 유튜브 시청이다. 물론 대다수는 보수 성향의 페이크뉴스를 보기에 바쁘지만 어쨌든 유튜브를 이용하거나 구독하는 방식은 젊은 세대 못지않게 현란하다. 유튜브는 이제 더 이상 젊은이들의 전유물이 아니다. 유튜브라는 플랫폼은 노인들에게도 무료한 시간을 채워주는 힙한 아이템이 되고 있다.

인생은 정말 60세부터인가 보다

한 조사에 따르면 대한민국 성인의 스마트폰 보급률은 95%로 나타났다. 즉 거의 대부분이 스마트폰과 함께 살아가고 있으며 이제 더 이상 스마트폰은 20대, 30대 젊은 계층만의 전자기기가 아닌 전 연령층의 필수품이 되어버린 것이다.

그리고 스마트폰 사용률이 높아지는 것과 거의 비례하게 많은 이용자가 늘어나는 어플리케이션이 있다. 바로 유튜브이다. 2005년 서비스를 시작한 유튜브는 2010년 스마트폰 보급을 기점으로 전 세계인이 사랑하는 문화 콘텐츠로 자리 잡았다. 개인, 단체 혹은 기업이 유튜브에 자유롭게 영상을 올리면 시청자들은 이따금씩 광고 시청을 제외하고 별다른 요금을 지불하지 않아도 모든 영상을 볼 수 있다. 즉 무한대의 영상을 무료로 시청할 수 있는 것이다. 그리고 당연하듯이 대부분의 영상은 10~30대의 크리에이터들이 만들어낸다. 새로운 기술을 받아들이는 과정에서 젊은 층이 빠르게 적응하는 것은 지극히도 당연한 일인지 모른다.

하지만 이러한 트렌드 속에서 작은 변화가 일어나고 있다. 젊은 크리에이터 못지않게 주목을 받고 있는 노년 크리에이터들이 등장하고 있다는 것이다. 그들의 콘텐츠는 기존 영상에 비해 별다른 꾸밈도 없고 내용도 독특하지 않은, 그저 우리 삶과 비슷한 풍경들이다. 모습 역시도 우리의 할머니, 할아버지 같은 친숙한 모습이다. 하지만 대중은 지극히 평범하지만 새로운 방식으로 접하는 그들의 모습에 열광하고 있다.

유쾌한 할머니 유튜버 '박막례'

72세 유튜브 스타 박막례 할머니의 유튜브 구독자 수는 131만 명이 넘으며, 누적 조회 수만 3억 건이 훌쩍 넘는다. 이런 인기에 힘입어 박막례 할머니는 미국 구글 본사에서 진행하는 행사에 대한민국 대표로 초대되기도 했다.

박막례 할머니는 지금 대한민국에서 가장 유명한 노년 크리에이터이다. 현재 131만 명의 구독자를 보유한 이 할머니는 '박막례 할머니 Korea Granma'라는 유튜브 채널을 운영 중이다.

'치과 들렀다 시장 갈 때 메이크업', '계모임 갈 때 메이크업', '옥희 생일파티 갈 때 하는 네일아트', '파스타를 처음 먹어 봤어요' 등의 영상은 사람들의 이목을 끌기 충분했다.[30] 할머니의 구수한 입담은 덤이다. 특별한 듯 특별하지 않은 박막례 할머니의 영상들은 사람들의 입소문을 타고 점점 더 많은 조회 수를 기록하고 있다. 보통의 크리에이터와 별반 다르지 않은 콘텐츠지만 노년의 크리에이터라는 특수성은 더 많은 사람들의 관심을 끈다. 동시에 박막례 할머니만의 소박함과 엉뚱함은 이 채널의 인기 포인트라 할 수 있다.[31] 최근에는 '밀라논나'도 많은 인기를 끌고 있다. 1978년 이탈리아 밀라노에 유학해서 디자인을 공부한 최초의 한국인. 막스마라, 살바토레 페레가모 등 이탈리아 명품 브랜드를 국내에 처음 선보였던[32] 패션 전문가. 2030세대의 롤모델이 된 시니어 패션 유튜버 '밀라논나' 장명숙 씨를 소개하는 말들이다.[33]

그는 현재 63만여 명의 구독자를 보유하고 있는 '밀라논나 현상'의 주인공이다. 밀라논나는 한국-이탈리아 교류에 기여한 공을 인정받아 이탈리아 정부로부터 '기사' 작위까지 받은 유튜버이다.

밀라노와 이탈리아어로 할머니를 합친 말인 밀라논나 장명숙 씨는, 코디 노하우, 패션 트렌드, 패션 소품을 고르는 팁을 전수하고

출처: 뉴발란스

나아가 젊은 사람들에게 자신이 살아온 세월의 깊이만큼 풍부한 조언을 한다. 2030세대는 최초의 밀라노 유학생이었고, 워킹맘으로 살았던 밀라논나에게 패션과 트렌드를 넘어 삶을 살아가는 방법에 대해 묻는다. 명품을 사지 말고 명품이 되라고 말하고 싶었다는 밀라논나는 젊은 사람들과 재미있게 소통하기 위해, 또 '사회의 패러다임이 좋은 길로 가는 데 기여하고 싶다'는 바람을 실현하기 위해 시작하게 된 유튜브를 통해 세대를 막론한 많은 이들의 롤 모델이 되고 있다.

가족과 함께 만드는 채널 '공대생네 가족'

평범하면서도 흔히 볼 수 있는 가족들의 일상은 공감을 기반으로 한 재미를 주면서 1인 가족으로 살아가는 보통들에게 결핍된 부분을 채워주고 있다.

'공대생네 가족'은 대가족이 함께 운영하는 채널이다. 이 채널의 크리에이터 중 한 명인 이경자 할머니는 독특하고 엉뚱한 영상들을 주로 업로드하며 많은 인기를 끌고 있다. 생일 케이크를 거대한 검으로 자르는가 하면 새우 100마리를 넣은 라면을 끓이는 등 일상 속에서 쉽게 하기 힘든 것들을 영상으로 제작한다.

자칫 과하게 보일 수 있지만 할머니의 어설픈 몸짓과 유쾌한 말솜씨는 시청자들을 사로잡는다. 인기 있는 K-Pop 커버댄스를 추는 할머니의 영상에는 유쾌해하는 시청자들의 댓글이 가득 달린다. 이경자 할머니만 등장하는 것이 아니라 온 가족이 영상에 등장하는 것도 공대생네 가족 채널만의 매력 포인트이다.

경쟁이 일반화 된 시대, 즐기기 위한 게임을 하는 것은 물론, 작은 것에 행복해하는 소확행의 모습을 보여주고 있다.

그랜파 게이밍

컴퓨터 게임, 비디오 게임은 젊은 층만이 즐기는 문화로 여겨졌다. 하지만 이에 반기를 들고 나선 유튜브 채널이 있다. 'Granpa Gaming'에서는 다양한 종류의 게임 플레이 영상과 리뷰 영상을 시청할 수 있다. 남들이 감탄하는 플레이, 상대 플레이어를 압도하는 플레이가 아닌, 진정으로 게임을 즐기면서 플레이하는 할아버지의 영상에서 시청자들은 즐거움을 얻는다. 또한 게임 관련 영상 외에도 요리 영상 등 일상 관련 동영상도 있어 다양한 볼거리를 제공한다.

166

전 세대가 열광하는 유튜브, 그리고 성장

유튜브가 성장하는 가장 큰 이유는 별다른 시청자 후원 없이도, 유튜브에서 수익을 창출할 수 있다는 데에 있다. 그것이 가능한 이유는 바로 광고 시청 시스템이다. 유튜브에서는 영상 재생 전 또는 중간에 광고가 송출되는데 시청자들이 이 광고들을 시청한 횟수에 따라 크리에이터에게 수익이 발생한다. 이때 송출되는 광고의 내용은 시청자 본인의 평소 검색 결과, 또는 영상 내용과의 관련성에 따라 달라진다. 크리에이터는 이러한 점 때문에 자신의 영상을 시청할 구독자 수를 늘리려 노력한다.

송출되는 광고 외에도 협찬이나 홍보를 위한 영상 자체를 제작할 수도 있다. 이는 1인 크리에이터가 아닌 디지털 방송국 형태의 채널이 늘어가는 이유이다. 디지털 방송국들은 기업체의 투자를 받아 운영되고 있으며, 자체적으로 제품 홍보 영상이나 광고를 수주 받아 제작하기도 한다. 실제로도 옐로모바일의 '피키픽처스', 메이크어스의 '딩고' 등 많은 대형 채널들이 인기를 얻고 있다.

이러한 대형 채널은 대중의 관심사를 겨냥한 영상을 팀별로 나누어 제작한다. 그중에서도 10대부터 30대까지 젊은 층이 공감할 수 있는 영상들은 페이스북, 인스타그램 등 다른 SNS에까지 노출된다. 자극적이고 새로운 것을 추구하던 기존 시장에 염증을 느낀 대중은 오히려 허술하지만 인간미 넘치는 모습에 더 크게 반응하기 시작했다. 이러한 면에서 유튜브는 더 이상 젊은 층의 전유물이 아니다. 실버 세대들에게 유튜브는 또 하나의 새로운 기회이자, 그들만의 커뮤니케이션 채널이 될 수 있다.[34]

피키캐스트는 맞춤화 된 모바일 컨텐츠를 제작하고, 크리에이터를 관리하며 다양한 채널을 통해 유통함으로써 다양한 수익을 만들어 내고 있다.

메이크어스는 미디어,빅데이터솔루션,엔터테인먼트,쇼핑 등 다양한 콘텐츠와 사업으로 라이프스타일의 트렌드를 이끌어 나가고 있다.

어찌 보면 그들에게 딱 맞는 채널일지도

기술의 발전과 생활환경의 변화로 인간의 평균 수명은 80세를 넘어섰다. 2030년의 한국 여성 평균 예측 수명은 90세에 달한다. 이는 실버산업이 점점 더 발전할 수밖에 없는 분명한 이유이다. 하지만 그러한 노년층이 늘어나고는 있지만 그들을 위한 문화나 채널은 아직 예전 모습 그대로이다.

하지만 최근 유튜브는 노년층에게 아주 적합한 채널이 되기에 충분한 요소를 갖춰 나가고 있다. 특히 코로나19 이후, 건강상의 이유로 실내에만 오래 머물러야 하는 노년층에게 유튜브는 외부와의 소통 창구이자 끊임없는 즐거움을 주는 놀이터가 되어줄 수 있다. 자신이 원하는 주제에 따라 맞춤화된 영상을 지속적으로 보여주는 시스템은 물론 가짜뉴스 전파 등의 역효과가 있지만 어쨌든 그들에게는 아주 흥미로운 공간이 되어 간다. 그리고 기업들도 실버산업의 홍보 채널로써 유튜브를 이용하고 있다.

유튜브의 많은 영상은 기업의 제품이나 서비스를 이용한 후 후기를 공유하는 리뷰 영상이다. 유튜브의 이용자 스펙트럼이 넓어짐에 따라 이를 통해 실버 제품 및 서비스를 홍보하는 영상도 나타나고 있고 그 효과 역시 매우 만족스러운 수준이라고 한다.

아직은 전체 유튜브 사용자 대비 노년층의 사용자 수, 전체 크리에이터 대비 노년 크리에이터의 수가 모두 미약하다. 하지만 노년층의 도전은 이제 시작 단계일 뿐이다. 실버 유튜버의 콘텐츠가 사랑을 받는 이러한 현상은 시간이 지남에 따라 더욱 가속화될 것이다. 이러한 추세라면 아마 몇 년 뒤에는 실버 크리에이터라는 직업이 생소하지 않게 될 것이다. 10년 내에 초고령화 사회를 맞게 될 대한민국에서 노년층의 유튜브 이용은 실버산업 분야 성장의 원동력이 될 수 있을 것이다.

당당한 성소수자들, 'LGBTQ'

LGBTQ

레즈비언(Lesbian), 게이(Gay), 양성애자(Bisexual),

트랜스젠더(Transgender), 퀴어(Queer)를 한 번에 지칭하는 단어. LGBT

의 기존 개념에서 한 발 나아가

범성애자, 무성이자, 폴리아모리 등

더 다양한 유형의 성소수자를 포괄한다.

보통's Life

"'주변에 성소수자가 있다, 존재한다'라는 인식을 갖는 것부터 시작하면 좋을 것 같아요. 그리고 주변에 '나는 성소수자를 지지한다'라는 것을 알리기만 해도 정말 도움이 된다고 생각해요. 성소수자들이 커밍아웃하지 않는 이유는 '내가 커밍아웃했을 때 이 사람이 받아줄까?', '나를 혐오하지 않을까?' 하는 두려움 때문이거든요. 하지만 먼저 '나는 성소수자를 지지한다'라는 사실을 밝혀주면 그런 두려움이나 걱정이 사라지겠죠. 사소한 것일 수도 있지만, 큰 힘이 되겠죠."

"성소수자도 남들과 다른 사람이 아니에요."

"차별받지 않을 권리는 누구에게나 있다고 생각해요. '만약 내가 차별받는 입장이라면 심정이 어떨까?', '내가 만약 성소수자라면, 성소수자가 겪는 일상적인 차별을 내가 겪는다면?' 역지사지로 그들의 입장을 생각해보시면 좋겠어요. 그 결과 성소수자도 남들과 다른 사람이 아니라는 걸 알면 좋을 것 같아요."*

---

* '주변에 성소수자가 있다는 인식, 그게 중요하다', 〈오마이뉴스〉, 2016.02.29

아직은 보수적인 한국

그동안 음지의 영역으로 알려져왔던 성소수자들의 목소리는 지속적으로 커지고 있으며, 사회 역시 이에 맞춰 변화하고 있다.

성소수자는 성적 지향, 성 정체성 등 성적인 부분에서 소수의 사람들을 지칭하는 단어이다. 다른 말로는 LGBTQ라고도 불린다. 이는 레즈비언, 게이, 양성애자, 트랜스젠더, 퀴어의 앞 글자를 따서 만들어진 단어이다. 전 세계적으로 성소수자의 절대적인 수는 증가하고 있는 추세이다. 그리고 이에 따라 대중의 인식 역시 변화하고 있다. 다만, 성에 대해 보수적인 유교에 뿌리를 둔 한국의 경우 전체 인구에서 성소수자가 차지하는 비중이 아직도 적은 편이기는 하다. 그리고 그러한 만큼 LGBTQ와 관련한 국민의 인식도 역시 미흡하다.

프랑스의 리서치 회사 입소스Ipsos에 따르면, '직장 동료, 친구, 그

174

리고 친척 중에 성소수자가 있는가?'라는 질문에 한국인은 오직 4%만이 '그렇다'고 대답했다. 평균인 46%에 비교할 때 매우 낮은 비율일 뿐 아니라 조사에 포함된 15개국 중에서도 최하위인 수치이다.

출처: ipsos.com

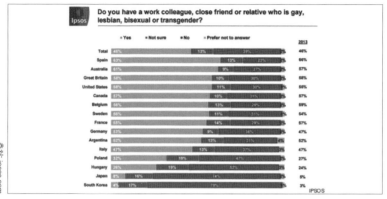

유교적 문화권일수록 성소수자에 대한 인식이 부정적인 것은 사실이나 이 역시 세계적 추세에 맞춰 변화할 것은 확실해 보인다.

하지만 세계의 변화 추세가 그러하듯, 국내에서도 성소수자는 분명 지속적으로 늘어가고 있다. 그렇지만 성소수자에 대한 인프라는 여전히 매우 미흡한 실정이다. 이는 사회적 갈등의 원인이 되기도 한다. 2018년 5월 국무회의에서 검토된 '국가인권정책기본계획'은 행정 개선을 통해 사회 전반에 걸친 성소수자 차별을 해소하고자 하였다. 대표적으로 성소수자를 위한 대체복무제 신설과 성소수자 관련 단어의 국어사전 개정 등이 주요 내용이었다. 물론 이에 대한 국민적 반감과 반발 또한 적지 않다. 일부 우익단체들의 경우 대체복무제 검토에 매우 부정적인 입장을 표명하기도 했고, 일부 학

부모들 역시 성소수자에 대한 인권 교육이 공교육에 편입될 여지를 두고 많은 우려를 표한 상태이다.

이념과 성향을 떠나서 비즈니스 관점으로 본다면?

성소수자 인권과 관련해 한국은 과도기적 상황에 놓여 있다. 이러한 과도기적 상황에서 성소수자 관련 사업을 개발해 진행하는 것은 가능할까? 지금 당장은 아니더라도 향후 미래를 바라볼 때 한국 사회에서 성소수자 관련 사업은 충분한 시장성이 있을 수 있다. 성

일본의 라이프넷 보험사와 영국의 에메랄드 라이프의 경우 동성간의 사실혼에 대해서도 보험금을 지급하고 있다.

소수자에 대한 인식이 높은 외국의 경우, 이미 많은 사업들이 진행
중이다.

· 성소수자를 위한 '보험 서비스'

영국의 보험사 에메랄드 라이프Emerald Life는 성소수자들을 위한
보험 상품을 내놓았다. 가입 시 가정, 웨딩, 애완동물까지 생활 전
반에 대한 보험 보장을 받을 수 있다. 당연하게도 기존 보험 업계는
전통적으로 성소수자에 대해 보수적이었거나 거의 혜택이 없는 상
태였다. LGBTQ에 대한 인식이 꽤 열려 있는 영국의 경우도 90년대
까지만 하더라도 성소수자들은 보험 가입 시 각종 차별을 받아왔
다. 이러한 점에 착안해 에메랄드 라이프는 성소수자를 위한 보험
상품을 출시했고, 그 주된 이유를 변화하는 시대 상황에 따라 변화
된 소비자의 니즈를 반영하고 싶었기 때문이라고 밝혔다.[35]

사실 이 상품은 성소수자 외에 이성애자도 자유롭게 가입할 수
있기 때문에 기업에 대한 이미지를 업그레이드함은 물론 보험 상품
으로써도 타 업계와 다른 차별성과 범용성을 제시한 좋은 사례가
될 수 있다.[36]

한국과 가까운 이웃 나라 일본에도 이와 유사한 생명보험 사례가
있다. 일본의 생명보험 기업인 라이프넷LifeNet은 2015년부터 동성
파트너 제도를 실시했다. 기존의 보험은 법적으로 사실혼 관계에
있지 않은 동거인에게는 배우자 사망에 따른 사망 보험금 지급이
이루어지지 않았다. 그러나 라이프넷의 동성 파트너 제도는 라이프

넷으로부터 동성 파트너 증명 절차를 밟을 경우 법적 사실혼 관계에 있지 않는 파트너에게도 보험금을 지급한다.[37]

해당 서비스가 혁신적이라 평가하는 데는 몇 가지 이유가 있다. 우선, 한국과 유사할 정도로 보수적인 일본에서 최초로 시작된 성소수자를 위한 보험이라는 점이다. 동시에 자사로부터 발급되는 증명 절차를 밟아야만 인정한다는 점은 참 영리하기까지 하다. 기업의 입장에서 고객의 정보를 수집하는 것은 매우 중요한 자산이기 때문이다.

라이프넷의 동성 파트너 인증 제도는 사회적 편견에 대한 우려로 개인 정보를 드러내기 꺼려하는 성소수자의 정보를 효과적으로 수집할 통로가 되기에 자체의 증명 절차를 통해 수집된 고객의 LGBTQ와 관련된 다양한 정보는 분명 다양한 사업 기회를 만들어내고, 실현시키기에 충분할 것이다.

· LGBTQ를 위한 웨딩 사업

시장조사 전문 기관인 위텍 커뮤니케이션스Witeck Communications에 따르면, 미국 내 성소수자 인구는 미국 전체 인구의 약 7%을 차지한다고 한다. 그리고 올해는 성소수자와 관련한 시장의 규모가 약 1조 1,000억 달러에 달할 것이라고 밝혔다.[38] 이는 향후 5년 내에 34%가 증가한 수치로 시장 규모가 계속 커질 것이란 것을 보여준다. 이처럼 성소수자 고객의 구매 잠재력은 양성애자들과 비교해보더라도 큰 차이를 보이지 않는다.

이러한 성소수자 시장을 선점하기 위해 미국 백화점 노드스트롬 Nordstrom은 꾸준히 LGBTQ를 위한 웨딩 사업을 추진하고 있다. 예를 들면 성소수자를 위한 예물 제품군을 대폭 늘리고 이를 매우 적극적으로 마케팅한 것이다. 노드스트롬이 이러한 방식으로 방향을 전환시킨 데는 이유가 있다. 실제 미국의 결혼률은 매년 감소 추세에 있다고 한다. 하지만 LGBTQ 커플의 결혼에 대한 관심과 비율은 높아지고 있다. 실제로 많은 연방 정부들이 동성혼을 합법화하거나, 찬성하는 입장을 보이고 있고 성소수자들만을 위한 결혼정보회사가 생겨나는 등 가시적인 변화가 나타나고 있기 때문이다.[39]

· LGBTQ 커플을 위한 커플링

티파니Tiffany는 성소수자 커플을 타깃으로 한 제품을 출시했다. 가장 대표적인 상품은 게이 커플을 위한 커플링이다. 이 반지의 경우, 남성이 끼기 좋도록 깔끔한 디자인으로 만들어졌다. 또 기존 커플링은 남자용 반지와 여자용 반지의 크기가 달랐지만 게이 커플을 위한 반지는 한 쌍의 크기가 서로 엇비슷하다. 티파니는 광고와 마케팅을 통해 이러한 점을 강조했다. 광고에서는 게이 커플에 대한 기존의 사회적 이미지를 불식시키기 위해서인지 튀지 않는 깔끔한 의상을 입은 30대 남성들을 모델로 내세웠다.[40]

티파니에서는 남성 커플을 위한 커플링을 출시한 적이 있다. 동성애의 경우 찬반의 논쟁이 여전한 만큼 홍보물제작이나 모델 섭외 등에 있어 매우 세심한 전략을 기반으로 한다.

세계적 추세에 따르게 될 LGBTQ 산업

대한민국같이 보수적인 문화를 가진 사회에서 성소수자에 대한 이슈는 매우 민감하다. 혹자는 이를 가치의 문제라고 생각해 성소수자로 인해 한국 고유의 가치가 훼손될 수 있다고 주장한다. 또 다른 사람은 개인의 성적 지향은 존중되어야 하며 이를 수용하는 것이 한국 사회가 발전하는 방향이라 주장한다. 하지만 정치적, 종교적 이슈를 뛰어넘는 것이 바로 비즈니스이다. 사업성으로 판단할 때 LGBTQ 관련 산업은 충분히 매력적이다.

앞으로 대한민국 사회가 성소수자에 대한 찬반의 입장을 통해 어떻게 갈등을 만들어 나갈지, 또한 성소수자에 대한 정부의 입장과 행동이 어떻게 전개될지는 쉽게 예상할 수 없다. 한 가지 확실한 점은 대한민국이 세계적 추세에 비해 성소수자에 대한 인식이 너무나도 낮은 상태라는 것이다.

　세계적인 문화 추세는 쉽게 거스를 수 없다. 세계는 이미 LGBT에서 한 발 더 나아가 이제는 LGBTQ를 논의하고 있다. 게이, 레즈비언, 바이섹슈얼, 트랜스젠더 외에 범성애자, 무성애자, 폴리아모리_{다자연애주의자} 등 소수 중에 소수까지도 포용해야 한다는 것이다. 어떤 이슈가 사회적으로 뜨겁게 논의된다는 것은 그만큼 미래에 더 큰 기회로 발전할 가능성 또한 크다는 것을 암시하기도 한다. 비즈니스 세계에서 미래의 변화와 수요를 예측하는 자만이 성공할 수 있다. 성소수자의 이슈는 정치적으로도, 사회적으로도, 그리고 윤리적으로도 뜨겁다. 그러나 사업적으로는 이보다 더 뜨겁다.

PART 04

보통 사람들의

‘나에게만 특별한’
소비

비록 삶은 팍팍해도 '행복하고 싶은' 보통들

가성비

가격 대비 성능비의 줄임말.
구매를 위해 들인 가치보다 얻은 가치가 클수록
가성비가 좋다고 표현한다.

가심비

제품이나 서비스를 구매함에 있어
단순히 기능만을 원하는 것이 아니라 소비를 통해
마음의 만족까지도 얻고자 하는 것이다.

보통's Life

취업 준비생 보통 씨에게 소비란 아주 중요한 일이다. 얼마 없는 돈에서 필요한 제품을 사야 하니 소비를 앞두고 보통 씨는 늘 진지한 고민에 빠진다. 하지만 합리적으로 소비를 결정하는 것이 마냥 어려운 일은 아니다. 여러 제품을 비교하는 것이나 실사용 후기를 분석하는 것은 손가락 하나로 2~3분이면 거의 완벽하게 끝낼 수 있기 때문이다. 하지만 보통 씨가 늘 이렇게 전략적이고 합리적인 소비만 하느냐? 그것도 아니다. 가끔씩은 기껏 돈 아끼자고 컵라면을 먹은 후, 그보다 10배 비싼 프렌차이즈 커피를 마시기도 한다. 보통 씨에게 소비란 그저 물건을 소유로 만드는 것 이상의 의미가 있다. 과연 그 의미는 무엇일까?

가성비+가심비 중심의 소비

가성비를 좋게 하는 방법은 아주 단순하다. 첫 번째, 가격을 낮추거나, 두 번째, 제품의 성능을 높일 것. 하지만 일반적인 소비자가 제품 성능을 임의대로 올리는 것은 불가능하다. 따라서 우리는 별수 없이 첫 번째 방법을 선택하게 된다. 소비자의 입장에서 구입하는 가격을 낮추려면 어떻게 해야 할까? 가장 일반적인 방법은 인터넷 검색이다. 그저 컴퓨터 화면 앞에서 저렴한 것을 비교하면 될 뿐이다. 이러한 가격 비교 방식은 처음 등장했을 때 무척이나 획기적인 것으로 느껴졌지만 이제는 아주 당연하게 이용하는 서비스로 자리 잡았다.

하지만 이러한 가격 비교의 양상이 최근 들어 많이 변화했다. 그저 가격을 비교하는 것을 넘어 애초에 낮은 가격의 물건부터 고르는 트레이딩 다운trading down*의 경향이 주를 이루기 때문이다.41 그리고 우리는 낮은 가격으로부터 가심비를 따지게 된다. 때로는 기능적 부분이 다소 부족한 너무 싼 제품이라도, 혹은 필요가 없는 제품일지라도 마음에 위안을 주거나 만족을 느끼게 해주는 제품이라면 구매할 수 있다는 것이다. 특히 장기화 된 코로나19 사태 이후, 우리에게는 심리적 '위안'과 '기쁨'이 더욱 절실해졌기 때문이다. 이

---

* 자신이 별로 중요하지 않다고 생각하는 것에 대해 철저하게 저렴하면서 양이 많은 제품 위주로 구매하는 저가 소비패턴을 의미한다. 최근에는 중요도와 상관없이 기본적으로 가격이 낮은 제품으로부터 비교하는 전반적인 경향을 말한다.

러한 '감정'적 만족은 우리의 정신건강 및 생존과도 직결되는 요소가 된다. 과거의 합리적인 소비에 비추어 다소 비합리적으로 보이는 소비 패턴이 바로 이 가심비에서 주로 나타난다. 이러한 맥락에서 '개취개인취향', '취존취향존중'이라는 신조어도 나타난 것이다.

현실적으로 비싼 커피값이지만 멋진 카페를 간다

20대 유저가 많은 인스타그램에는 힙하다는 카페 사진들이 많이 올라와 있다. 자판기 커피를 주로 마시던 시대의 사람들에게 이러한 카페의 아메리카노 한 잔 가격은 엄청난 놀라움이기도 하다. 무려 밥값과 맞먹거나 더 비싸기 때문이다. 하지만 돈이 없는 20대들

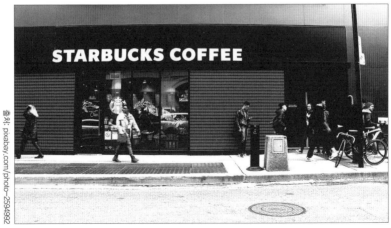

출처: pixabay.com/photo-2594992

맛과 분위기에 이끌리는 경우가 대부분이겠지만 사실 스타벅스를 간다는 것은 그 이상의 상징성을 가지고 있기도 하다.

은 그래도 카페에 간다. 예쁘게 꾸며진 카페로 간다. 온라인상의 허세 때문일까? 아니다.

서울시 자치구별 월세 조사 결과 분석에 따르면 청년세대19~29세의 평균 보증금은 1,395만 원이다. 보통 대학교 주변의 원룸 가격만 봐도 보증금 1,000만 원에 월세 50만 원을 줘야 기껏해야 실 평수 5평 남짓한 원룸에 살 수 있다.[42] 주방과 화장실을 제외한 아주 작은 공간에 침대 하나, 옷장 하나, 책상 하나 놓으면 더 이상 발 디딜 틈이 없다. 그렇기에 그들에게 인테리어는 사치에 가깝다. 아무리 꾸며도 이케아IKEA에서 작은 소품 하나 사다놓는 정도, 그 이상을 할 여력도 공간도 없다.

젊은이들이 예쁘게 꾸며진 카페에 가는 이유는 바로 이 때문이다. 좋은 공간에 가고 싶기 때문이다. 그들에게는 비용이 들더라도 그 편익이 개인에게 주는 만족감이 크기 때문이다. 비싼 커피 값은 좋은 공간과 분위기에 대한 충분한 기회비용 정도로 여겨지는 것이다.[43]

인형이 필요한 게 아니라 성취감이 필요했을 뿐

물론 이제 그 유행을 다해 소멸한 듯하지만 한때 번화가마다 우후죽순 생기던 곳이 바로 인형 뽑기방이다. 인형 뽑기방은 불과 몇 년 전만 해도 찾아보기 힘들었다. 길가 모퉁이에 드문드문 있거나 오락실 안에 설치된 정도였다. 그런데 작년과 재작년에만 전국에

1,500여 개가 넘게 생길 만큼 말 그대로 핫한 사업 아이템이 되었다. 이러한 인형 뽑기방의 매력은 무엇이었을까?

인형 뽑기를 통해 얻을 수 있는 1차원적 가치는 인형이다. 그런데 인형 뽑기를 하다보면, 제값 주고 사는 것보다 더 많은 돈이 드는 경우가 많다. 그런데도 사람들이 인형 뽑기에 몰두하는 것은 인형 외에 얻을 수 있는 가치가 따로 있기 때문이다.

우리의 현실은 각종 스트레스와 포기로 얼룩져 있다. 특히 오늘날 젊은이들이 성취감을 느끼기란 무척이나 어렵다. 이런 현실 속에서 인형을 뽑는 순간 느끼는 '해냈다!'라는 성취감은 평소에 겪을 수 없는 감정이기에 그들의 삶에 매우 큰 활력이 될 수 있다. 어쩌면 인형 뽑기를 통해 젊은이들이 진짜 뽑고 싶었던 것은 인형이 아니라 성취의 경험이었는지도 모른다.[44]

出처: ko.wikipedia.org/wiki/%ED%8C%8C%EC%9D%BC:C%9D%B8%ED%98%95%EB%BD%91%EA%B8%B0.jpg

소비자들의 행동과 새로운 유행의 출현은 가시적으로 알 수 있는 1차원적인 이유와 그 이상의 고차원적인 현상들이 복합되어 나타나는 것이다.

개취에 집중하는 사람들

프라브족PRAV: Proud Realisers of Added Value은 말 그대로 '부가가치를 새롭게 깨달을 사람들'이라 해석할 수 있다. 이들은 주로 합리적인 소비와 자신만의 가치를 중요시 여기는 성향을 가진, 소위 말해 실속파이다. 이들은 해당 제품의 브랜드 이미지보다 제품이 주는 효용에 집중함으로써 가성비를 중시한다. 또한 저렴한 가격으로 경제적 실리를 챙기지만 그렇다고 개성 표현은 포기하지 않는 모습을 보여준다.

이러한 모습이 특히 두드러지는 곳은 바로 패션 부문이다. 영부인의 해외 순방이나 스타들의 공항 패션에서도 이러한 경향이 드러난다. 이들이 착장한 아이템 중 값비싼 명품보다 중저가 아이템들이 사람들의 이목을 끄는 것이다. 하지만 단지 프라브족의 움직임이 오로지 패션에서만 나타나는 것은 아니다. 주변에서 흔히 찾을 수 있는 드럭스토어의 확산에 따른 다양한 중저가 화장품의 유행, 대형마트의 PB 상품이나 브랜드가 아예 없는 상품 등도 프라브족이 생겨나면서 동시에 나타나는 가성비 중심 소비로의 변화라고 볼 수 있다.[45]

그렇다면 프라브족이 나타나게 된 주된 이유는 무엇일까? 그 이유는 장기적인 경제 침체에서 찾을 수 있다. 경제가 호황기일 때는 소득이 늘기 때문에 자연적으로 비싼 제품에 대한 소비 수요도 늘어난다. 그러나 최근에 전 세계적으로 저성장 기조가 장기화되고,

가성비

최적의 소재와 제조방법을 찾아 가장 최저의 가격대를 만드는것, 이것이 노브랜드의 이념과 철학입니다.

출처: www.starfield.co.kr

이마트 노브랜드는 대한민국에서 가성비를 가장 잘 표현할 수 있는 곳이다. 이로 인해 PB상품에 대한 대중들의 시각이 매우 달라질 수 있었다.

앞으로도 그러할 것이라는 전망이 우세한 가운데, '성장하지 않는다는 것' 자체가 새로운 정상 상태, 즉 '뉴노멀'이 되었다. 그 결과, 경제가 침체되는 현상이 당연한 것으로 느껴지는 것이다. 날이 갈수록 살림이 퍽퍽해지는 현실의 사람들은 당연하게도 가성비와 가심비를 찾기 시작했고 이러한 움직임이 결국 프라브족을 탄생시킨 것이다.

프라브족의 주요 특징 중 하나는 상품을 고를 때 전통적인 방식의 광고에 영향을 잘 받지 않는다는 것이다. 일반적으로 하나의 상품은 광고를 통해 대중에게 알려지고, 관련 정보 역시 공급하는 기업이 중심이 되어 제공된다. 따라서 소비자들은 기업이 만든, 기업이 원하는 내용만을 광고를 통해 접하고 취득한다. 하지만 프라브족들은 기업이 일방적으로 제공하는 정보를 원치 않는다. 그들은 스스로 다양한 방법을 통해 상품을 탐색하고 비교한다. 특히 지면이나 모니터 화면을 통해 제품에 대한 사진과 텍스트 정보를 얻는 것을 넘어 직접 사용하는 영상을 찾으며, 심지어 직접 영상을 만들

디네이처 헤어리무버(왁싱패치)로 전국을 다녀와 보았다!

출처: Youtube 〈외옥TV〉

제품에 대한 다양한 정보 뿐만 아니라 영상을 통해 제품의 후기를 바로 확인 할 수 있는 지금의 시장은 분명히 소비자가 더 우위에 있다고 할 수 있다.

기도 한다. 당장 유튜브를 검색해보더라도, 화장품부터 전자기기까지 개인이 제공하는 제품의 상품 비교 정보는 넘쳐난다.

이처럼 프라브족은 온라인에서 구할 수 있는 각종 상품 정보를 토대로 양질의 제품을 찾는 똑똑한 소비를 추구한다. 과거의 합리적 소비가 단순히 경제적 사정에 맞춰 저렴한 제품을 찾는 것을 넘어 공급 기업 위에 군림하는 것이다. 어쩌면 이러한 프라브족의 출현은 다윈의 진화론적 관점에서 볼 수도 있다는 생각이 든다. 새로운 변화, 새로운 환경에 적응하며 살아가는 인간이라는 존재는 결국 살아남기 위해 새로운 '족'을 만들어 내기 때문이다. 코로나로 인해 급격하게 온라인 시장이 확장되고 그 규모가 전체 매출의 60% 돌파를 앞두고 있는 지금, 소비자들은 전보다 다양한 플랫폼에서 더 많은 대안을 두고 쇼핑을 할 수 밖에 없는 여건에 놓여졌다. 의

도치 않았지만 과거를 회상해 보면 2003년 중국 사스 사태로 인해 중국 '알리바바'의 매출이 5배 이상 성장했던 것, 국내 2015 메르스 사태 때 역시 '쿠팡'의 매출이 3배 이상 늘어났던 것을 미루어보아 유래 없이 장기간 지속되고 있는 금번 코로나19 사태는 분명 온라인 시장을 폭발적으로 성장시키고, 좀 더 프라이빗한 나만의 온라인 쇼핑을 해야만 하는 개인들은 좀 더 빠른 속도로, 더 많이 프라브족이 되지 않을까 예상해 본다.

소비를 이해하면 그 시대상을 알 수 있다

'소비를 이해하면 그 시대상을 알 수 있다'는 말이 있다. 사람들의 생활 모습과 사고방식을 가장 직접적이고 객관적으로 분석할 수 있는 정보가 바로 소비의 모습에 있기 때문이다. 소비는 사회의 현재성을 정확하게 드러내는 항목 중 하나이다.

'헬조선'이라는 말이 등장한 지 3년이 지났다. 연애, 결혼, 출산을 포기한다는 삼포세대를 넘어 취업과 내 집 마련까지도 포기한 오포세대. 오포세대를 또다시 지나 칠포세대, 구포세대까지 등장했다. 우리는 지금 N포 세대를 살아내고 있다. 대한민국의 미래는 꾸준하게 나빠지고 있다. 이러한 상황에서 아픔의 원인은 여러 가지가 될 수 있지만 그 중 가장 현실적인 것은 돈이다.

치열한 입시를 뚫고 공식적으로 어른이 된 순간, 어린 나이에 겪기에는 무척 힘든 현실을 마주한다. 비싼 대학 등록금, 한숨만 나오는 보증금과 월세, 바닥을 기는 취업률까지 아무리 일해도 돌아오는 건 최저 임금 수준의 수입이고, 이에 반해 물가는 터무니없이 비싸다. 20대에 생활 기반을 다지기는커녕 오히려 빚만 늘어난다. 빚만 없어도 동수저쯤은 된다고 여겨지는 오늘날이다. 주머니 사정에 맞춰 합리적으로 소비하면서도, 소비를 통해 코로나19 속 팍팍한 삶에서 오는 스트레스를 잊는 이들, 이제 가성비와 가심비를 제외하고는 대다수 보통들의 소비를 논할 수 없다.

둘

패션에는 정답 없음,
'놈 코어룩 + 스트리트 패션'

놈코어(Normcore)

평범함을 뜻하는 'normal'과

핵심을 뜻하는 'hard core'의 합성어로

평범하면서도 핵심이 있는 스타일을 말한다.

대표적인 놈코어 스타일로 흔히 스티브 잡스(Steve Jobs)를 꼽는다.

스트리트 패션(Street Fashion)

말 그대로 길거리 사람들의 패션.

활동성을 기본으로 하고 개성까지 담은 패션을 말한다.

기업이나 디자이너로 인해 만들어진 것이 아니라

젊은 층 사이에서 자발적으로 생겨난 패션이다.

보통's Life

취업준비생 보통 씨는 편의점 아르바이트를 하면서 만나게 되는 손님들의 옷
차림에 관심이 많다. 번쩍거리는 명품 로고가 박혀 있는 가방보다 하얀색 줄무
늬가 있는 펑퍼짐한 트레이닝 바지에 더 눈이 간다. 퇴근 후 최저가 사이트를
통해 트레이닝 바지를 검색해보다가 어울릴 만한 운동화도 찾아보았지만 보통
씨의 마음을 사로잡은 것은 수십만 원 대의 구제 명품 운동화였다. 답답한 마
음에 냉장고 속 캔맥주를 꺼내든다. 얼마 전 수입맥주 코너에서 심혈을 기울여
골라온 고급 맥주의 달콤한 향기에 조금이나마 마음이 풀어지는 듯하다.

불확실성 속의 합리적 소비

　패션은 20대를 제외하고는 논할 수 없는 분야이다. 20대는 트렌드를 가장 빠르고 다양하게 받아들이는 세대인 동시에 패션업계에서 가장 민감한 소비층이다. 하지만 요즘 20대들의 삶은 피폐하기 그지없다. 오늘날 20대에게는 취업해서 평범하게 살아가는 것 자체가 원대한 꿈이 되어 버렸다. '내 집 마련'이나 '노후 준비' 같은 말이 이들에게는 체감되지 않는 머나먼 이야기로 느껴지는 것이 현실이다.

　당장 코로나19 이후의 미래조차 불투명한 상황이다. 얼마나 더 이어질 것인지, 어떤 직종들이 사라져갈지 등도 분명히 예상하기 어렵다. 계획을 통해 안정적인 미래상을 그리기 어렵다는 뜻이다. 상황이 이렇다 보니 이들은 장기적 로드맵이 필요한 소비는 일단 제쳐두는 경향을 보인다. 언제 바뀔지 모르는 상황 앞에 위기의식을 느끼며 즉시성, 현실성, 실용성을 중시한다. 이러한 소비패턴은 점차 전 세대에 걸쳐 퍼져 나가고 있다. 따라서 20대 소비자들은 구매와 동시에 확실한 효과를 확인할 수 있는 제품에 더욱 호응하게 되었다. 또한 현실적으로 공감할 수 있는 콘텐츠를 원한다.

　특히 20대들은 가성비가 높은 제품을 선호하면서도, 한편으로는 지금 당장 삶의 질을 높이기 위한 기호품 투자에는 아끼지 않는다. 다소 모순된 것처럼 보일 수 있지만 불확실성 속에서 지금 당장 눈에 보이는 자기만족을 극대화하기 위한 성향으로 생각하면, 그 나름의 합리성을 보다 쉽게 이해할 수 있다. 이러한 맥락에서 이제 패선계는 하이엔드나 하이스타일이 더 이상 큰 영향력을 발휘하지 못하고 있다. 최고급 브랜드가 네임밸류 만으로 높은 매출을 기록하는 것은 과거의 일이 되었다. 고급스러움과 정교함이 이전만큼 호응을 얻지 못하는 시대가 된 것이다.

출처: pxhere.com/ko/photo/1432737

유스놈코어는 단순히 패션이 아닌, 지금 시대의 다양한 모습과 현상을 담고 있는 것이다.

이러한 배경 때문에 급부상한 패션계의 마이크로트렌드로는 '유스–놈코어 Youth Normcore'가 있다. '놈코어'는 쉽게 말해 보통의 느낌을 살리는 패션 기조이다. 단순한 실루엣, 최대한 배제된 장식성을 주요 특징으로 한다. 물론 예전부터 패션계에 심심치 않게 등장했던 용어이기도 하다. 하지만 마이크로트렌드로서의 유스–놈코어는 그저 보통의 단순한 느낌만을 살린 것에 그치지 않는다.

기존 놈코어에서 한 발 더 나아가, 20대 젊은이들의 현실 인식과 기호를 한 겹 덧씌워 다시 재해석되어 등장한 개념이다. 과도할 정도로 격식 없지만, 그 나름의 애환이 있는 영 제너레이션의 감성을 녹여낸 유스–놈코어는 시대를 반영하는 많은 의미를 내포하고 있다.46

고급스러움 자체가 비현실적이라는 판단

유스-놈코어는 기존 놈코어처럼 '웨어러블하고 실용성' 있는 디자인을 기본으로 한다. 그러면서도 한 뼘 더 확장되어 이에 대한 착용마저도 현실적이다. 다시 말해 유스-놈코어룩에서 가장 중요한 핵심은 실제 일상생활과 동떨어지지 않는 것이다.

유스-놈코어는 기존의 놈코어와 비슷한 듯 다르다. 가장 두드러지는 차이점은 더 대담해지고 폭넓어진 소재의 선택과 이를 통해 드러나는 반항적이고 냉소적인 감성이다. 기존 시각으로는 지나치게 평범하고 때로는 '격이 떨어진다'라고 여겨졌던 소재도 유스-놈코어의 시각에서는 오히려 트렌디한 것이 된다.

기존의 놈코어는 단순함으로부터 오히려 고급스러움을 강조하는 데 초점을 두었다면, 유스-놈코어는 고급스러움 자체를 일상에서 동떨어진 것으로 간주하고 이를 배제한다. 유스-놈코어는 현실적으로 공감 가능한 콘텐츠에 열광하는 요즘 영 제너레이션의 감성을 반영한다. 편안한 것을 최고로 치고, 때로는 가볍

출처: pixabay.com/photo-1604570

반항적이고 냉소적인 감성을 담고 있는 유스놈코어 일지라도 결국에는 구매 가능한, 착용 가능한 현실성을 기반으로 한다.

고 경솔해 보이기도 하는 보통의 삶을 누리는 젊은 세대의 진짜 모

습, 이것이 바로 유스-놈코어의 핵심이다.

  그렇기 때문에 지나친 고급스러움이나 지나친 브랜드색으로 무장한 하이엔드 브랜드가 오히려 외면당하는 현상이 나타났다. 이는 바로 윗세대에서 나타났던 하이엔드 브랜드 제품에 대한 신앙적 투자 소비 행태와도 극명하게 구분되는 지점이다. 가성비를 중시하고, 타인의 시선보다 자기만족을 중시하는 청년들에게 더 이상 '남들 다 사는 명품 하나쯤 나도 있어야지'라는 인식은 유효하지 않다.

  유스-놈코어의 등장 배경에는 힙스터 감성의 유행 또한 빼놓을 수 없다. 힙스터 감성은 〈쇼미더머니〉와 인스타그램을 통해 조금씩 패션 시장을 잠식하다가 이제는 아예 패션계를 대대적으로 장악해버렸다. 종종 힙스터 감성은 랩만 잘하면 추앙받는 정신으로 오인되기도 하지만 이는 본질을 모르는 이야기이다.

과거 일부 소수만 향유했던 힙합문화는 이제 대중적이고 친숙한 문화로써 자리잡았다.

  힙스터 감성의 본질에는 나의 이야기를 격식 차리지 않고 진솔히 풀어내는 것에 있다. 내가 원하지 않는 요소는 거부할 줄 알고, 내가 원하는 것은 남의 눈치를 보지 않고 그대로 추구할 줄 아는 것이 그 골자이다. 이런 힙스터 감성 덕에 굳이 교양을 차리려 포장하지 않아도, 솔직한 것은 그 자체로 추구할 만한 것이 된다. 이는 패션으로 간주되지 못한 의상, 소재들이 일반 대중에 의해 패션의 영역에 포함될 수 있는 배경을 마련해주었다. 또한 그 뒤를 이어 '나의 현실'을 닮은 패션인 유스-놈코어의 등장을 촉발했다.

민박집 알바 아이유의 보라색 트레이닝복

스트리트 패션Street Fashion, Streetwear이란 말 그대로 길거리 사람들의 패션을 일컫는 단어다. 불과 얼마 전까지만 하더라도 특정 세대나 마니아층에게만 어울렸던 이 단어는 이제 소수만의 것이 아닌 다수의 관심사로 변화하였다. 이제 스트리트 패션은 단순한 패션을 넘어 그 이상의 의미를 지닌다.

출처: whoisnerdy.com

스트리트패션 브랜드 NEADY는 너드한 감성과 함께 도시적인 컬러와 트렌디한 아트웍 디자인을 바탕으로 매니아층을 넓혀가고 있다.

JTBC 프로그램 〈효리네 민박〉에서 아이유가 착용한 Nerdy 브랜드의 퍼플 트랙슈트의 인기는 스트리트 패션이 대중적 관심사로 변화하였음을 보여주는 좋은 사례이다. 이 퍼플 트랙슈트는 아이유가 몇 년 전 '효리네 민박'이라는 프로그램에 출연했을 때 착용하고 나온 것을 계기로 급격한 인기를 얻었다.[47] 물론 아이유라는 연예인의 스타성에 힘입어 해당 의류까지 화제가 된 것이 아닌가에 대해 의문을 가질 수 있다.

하지만 아이유가 착용한 이전의 다른 옷들이 Nerdy의 퍼플 트랙슈트 같은 큰 파급 효과를 내지 못했다는 점을 생각한다면 이는 연예인의 스타성 그 이상의 의미를 지니는 유행임을 알 수 있다. PPL 효과를 목적으로 더 많은 횟수의 공중파 방송을 통해 노출된 다른 스타일의 옷들도 이처럼 큰 이목을 끌지 못했음 또한 이를 증명한다.

Nerdy의 퍼플 트랙슈트가 대중에게 호응을 받은 이유는 단순히 연예인이 입고 나온 옷이어서가 아니다. 현재의 유스-놈코어에 부합하는 패션이기 때문이다. 사실 트랙슈트는 이보다 더 친숙한 다른 이름을 가지고 있다. 바로 츄리닝이다. 몇 년 전까지만 해도 츄리닝이라는 이름으로 불렸던 트랙슈트는 한때 재수생, 취업준비생, 실업한 삼촌의 트레이드마크로 여겨졌다.

즉 멋을 내기보다 편하게 오랫동안 입기 위해 고안된 옷이라는 탄생 배경 때문에 패션의 의미로는 거의 금기시되던 분야였다. 하지만 재수생이나 취업준비생 등은 각각 요즘 20대 초중반 세대가 맛보고 있는 아픔을 대표하는 이름이기도 하다. 다시 말해, 20대 보

출처: 국립민속박물관 공식 블로그

늘어나고 펑퍼짐한 트랙슈트는 기능성 그 이상의 삶의 애환과 관련된 감성을 담고 있다.

편의 어려움과 아픔을 경험한 사람이라면 누구나 함께했던 아이템이 바로 이 트랙슈트인 셈이다.

트랙슈트에는 청춘의 애환이라는 상징이 내재되어 있다. 현 20대에게 가장 강력하게 어필할 수 있는 공감 코드이다. 20대가 주 소비층으로 떠오르는 세대교체의 시기, 이러한 공감 코드는 현실성, 실용성, 실제적 공감을 중시하는 20대의 가치관과 맞닿아 전성기를 누리고 있다.

일상적인 것들의 전성기

유스-놈코어 기조에 맞추어 전성기를 누리게 된 패션 잇 아이템으로는 공대생스러운 체크 셔츠, 통 넓은 청바지, 시험 기간에 애용한 듯한 볼캡과 마스크, 힙색 등이 있다. 이 모두가 일상의 중심에 자리하고 있던 아이템들이자 유스-놈코어의 등장 이전에는 결코 패션 아이템으로 간주되지 못한 것들이다. 이는 이른바 '내가 좋으면 되었지'라는 말로 대변되는 요즈음 세대의 태도를 잘 보여주는 트렌드다.

이런 패션 기조가 매우 강렬하게 나타난 나머지, 이제는 하이엔드 브랜드까지도 유스-놈코어 특유의 평범하고 일반적인 코드에 발맞추고 있다. 이처럼 유스-놈코어는 단순히 패션 디자인에만 영향을 끼친 것이 아니라 여러 브랜드의 패션 연출 방식에도 영향을 미친다. 패션 하우스들이 패션으로 고양된 모습을 보여주기보다 현실적으로 공감할 수 있는 모습을 보여주는 방식을 택한 것이다.

본래 패션계의 트렌드는 하이엔드 브랜드로부터 시작해 하향적으로 전파된다고 여겨져 왔다. 하지만 유스-놈코어는 대중 소비자들의 자의식이 반영되어 생겨난 상향적 트렌드라는 점에서 많은 의의가 있다. 현재 패션계는 유스-놈코어와 이전부터 계속 위력을 발휘하고 있던 힙한 감성의 스펙트럼에 장악되어 있다 해도 과언이 아니다. 심지어 고급 브랜드로서의 자존심을 굽히지 않던 샤넬조차도 일상적 아이템인 볼캡을 내놓았을 정도이다.

유스-놈코어는 점차 패션의 영역을 넘어서고 있다. 각종 시각 디자인은 물론 카페 및 식품 영역에서도 영향을 주고 있다. 어린 시절 누구나 한 번쯤은 갔지만 어째서인지 촌스러운 장소로 여겨졌던 공

출처: www.highsnobiety.com(사진 클릭컴)

명품브랜드의 일상적인 소품 제작과 파격적인 디자인들은 사회적 요구로 인해 나타났다고
보기 보다는 그들이 목표하는 고객만으로는 더 이상 성장할 수 없음을 깨닫고 나타난 자구
책으로 볼 수 있다.

중목욕탕이 향수와 공감의 장소로 급부상하는 것도 유스–놈코어
기조가 확장된 것으로 받아들일 수 있다. 또한 달고나 등 과거에 일
상을 차지했지만 유행이라고 여겨지지 못했던 음식들이 트렌드의
선두를 달리는 아이템으로 탈바꿈하고 있다. 이 또한 유스–놈코어
의 영향으로 여겨진다. 즉 유스–놈코어는 현재 청년 소비자들 사이
에 새롭게 제시된 하나의 라이프스타일의 기준이 될 것이다.

현실 그 자체가 패션

유스–놈코어의 기저에는 남들이 말하는 안정적인 삶을 살 수 없
을 거란 미래에 대한 암울한 예견이 있다. 동시에 힙스터 문화의 유

입으로 '나만 좋으면 되었다'라는 새로운 자세를 학습한 20대 청춘이 드디어 찾아낸, 가장 현실적으로 유효한 대응법이기도 하다. 나 자신의 방식을 그대로, 내가 이해할 수 있는 그대로를 선택함으로써 세상의 규칙을 다시 움직이게 하는 거대한 힘을 이루고 있다.

유스-놈코어만큼 소비자들이 자신의 가치관과 사고관의 범주 내에서 솔직했던 적은 없었다. 내 취향과 달라도, 이해되지 않아도 선제적으로 존재한 패션이나 유행에 순응했던 소비자들이 이제는 일상적, 현실적 코드로 맞서면서 패션뿐만 아니라 일상 전반의 영역을 뒤바꾸고 있다.

'패션은 판타지다'라는 말은 오랫동안 패션계의 정설로 받아들여졌다. 패션은 항상 현실이 아닌 영역으로부터 사람들이 선망할 수 있는 대상을 만들어내는 것이 그 역할이라고 믿었다. 오랫동안 패션은 다수 사람들의 사고방식으로 이해되지 않는 행보를 취하면서 이를 따라하도록 종용했고, 범접할 수 없는 오라aura를 형성하며 일부러 거리를 유지하기도 했다. 하지만 이제 패션시장에 또 한 번의 지각 변동이 예고되었다. 이제는 '현실이 패션이다'라고 말해야 할 듯하다.

나만 아는 곳,
'숨겨진 간판 없는 가게들'

희소성

재화나 서비스 시장이 초과 수요를 띄고 있을 때 생기는
재화와 서비스의 특성. 희귀성은 절대량이 부족한 것이고,
희소성은 공급이 부족한 것이다.

'보통's Life

코로나19로 인해 누군가와 공식적으로 모일 수 있는 일이 없는 요즘, 30대 초반 직장인 보통 씨는 정말이지 오래간만에 친구들과의 모임이 생겼다. 장소를 고민하던 보통 씨의 인스타그램, 녹색창의 검색 키워드는 바로 '나만 아는'이다. 많은 사람들이 모이는 대중적인 장소를 피하고자 하는 의미도 있지만, 사실 그보다는 조금은 색다르면서도 아직은 널리 알려지지 않은 그런 장소를 찾고자 하는 것이다. 남들이 다 아는, 누구나 찾을 수 있는 공간은 아무리 인기가 좋고 맛이 있을지라도 필이 꽂히지 않는다. 보통 씨의 세대는 본능적으로 희소성을 요구한다. 물론 #나만아는 이라는 공간의 희소성도 곧 떨어지겠지만 말이다.

화려함은 과연 간판의 무기일까?

치열한 시대를 살아온 대한민국의 간판은 거칠고 촌스럽다. 하지만 더 이상 간판의 현란함으로 소비자들을 현혹시키는 시대는 지났다. 소비자들은 그렇게 단순하지 않다.

출처: pixabay.com/photo-2162772

장사를 함에 있어서 가장 중요한 요소로 꼽히는 것은 바로 가게의 위치와 인테리어이다. 많은 사람들이 가게를 오픈하기 전, 상권을 분석하며 해당 지역에 얼마나 많은 사람들이 모이는지를 분석한다. 그렇기에 일반적으로 역세권 또는 회사가 밀집해 있는 지역, 대학가 등 유동인구가 많은 곳을 가장 좋은 상권으로 본다. 또한 중요한 것은 간판이다. 인테리어를 뛰어 넘어 가게의 아이덴티티를 가장 잘 나타낼 수 있기에 대부분 눈에 확 띄는 화려하고 개성 있는 간판을 단다. 서울시에서는 매년 좋은 간판 공모전을 열어 좋은 디자인의 간판을 뽑을 정도로 간판은 아주 중요하다.

하지만 이와는 정 반대로 찾기 어려운 후미진 곳에 위치하고 겁

없이 간판도 없이 영업하는 가게들이 생겨나고 있다. 고객은 가게를 찾아가기 위해 열심히 지도를 봐야 하고 찾았더라도 그저 겉으로 봐서는 무슨 가게인지, 무엇을 파는지 알기가 어렵다. 간판도 없고 심지어 찾아가기도 쉽지 않아 사람들이 찾지 않을 것 같지만 오히려 사람들이 일부러 찾아오게 만드는 일반적이지 않은 가게가 생겨나고 있는 것이다.[48]

'간판 없는 가게'들의 매력

익선동에는 실제로 '간판 없는 가게'라는 이름을 가진 가게가 있다. 이 가게는 간판이 없을 뿐만 아니라 가게의 입구 또한 문이 아니라 장식장처럼 보여서 어디가 입구인지 찾기도 힘들다. 실제로 가게가 유명해지기 전에는 처음 찾아오는 손님들이 입구를 찾지 못해 주방 창문을 통해 입구를 물어보거나 끝끝내 찾지 못하고 되돌아가는 경우도 많았다고 한다. 간판 없는 가게가 처음 문을 열었을 때만 하더라도 이와 유사한 가게는 찾기 힘들었지만 얼마 지나지 않아 간판이 없는 가게는 새로운 유행으로 자리 잡았다.

과거 을지로는 인쇄소, 도장, 철물로 유명했던 곳이다. 하지만 오늘날 을지로에서는 저녁 시간 무렵 젊은 층이 스마트폰 지도를 보며 가게를 찾는 모습이 자주 목격된다. 사람들이 주로 찾아가는 간판 없는 가게인 파스타집 '녁'은 간판 대신 노란색과 파란색으로 그

라데이션이 된 조명으로 이곳이 비로소 파스타집임을 알린다. '녁'
이라는 단어가 적힌 간판 대신 감각적으로 대중에게 자신을 알리는
것이다.

을지로에 있는 '녁' 이라는 공간은 '녘'이라는 표준어를 '녁'으로 바꿔 쓴 곳으로 비표준어에 대한 생경한 경험을 전달하고자 하는 공간이다. 간판이 따로 없는 것 역시 마찬가지이다.

　을지로의 또 다른 간판 없는 가게 '십분의 일'은 찾아가기가 더욱
어렵다. 아주 오래된 건물과 허름한 골목길을 지나야만 허름한 건
물에 '커피', '맥주', '각종 안주', '소주 없음'이라고 쓰인 문이 보인다.
겉으로 봐서는 80~90년대의 아주 오래된 호프집처럼 보이지만 문
을 열고 안으로 들어가 보면 오픈형 주방과 빈티지한 인테리어로
전혀 다른 공간이 펼쳐진다. '십분의 일'은 직장 다니는 친구들끼리
각자 월급의 10분의 1을 모아 오픈한 가게이다. 물론 이 간판 없는
가게의 기획 의도는 그저 너무 많은 비용이 들어 간판을 달 여력이

안 되었다는 데 있지만, 이러한 스토리와 함께 차별화된 위치와 가게를 찾으면서 느끼는 색다른 허름한 경치는 십분의 일만의 특징이 되어 많은 사람들에게 인기를 끌고 있다.**⁴⁹**

바야흐로 간판 없는 매장 시대

간판 없는 가게는 강북에만 있는 것이 아니다. 강남의 비싼 땅값을 자랑하는 압구정에 위치한 '아워 베이커리'는 창문과 문에 표시된 '아워ᴏᴜʀ'란 글씨를 제외하고는 아무런 간판이 없다. 하지만 맛있는 빵으로 SNS에서 유명해져 국내에 3개 지점, 베이징에도 1개 지점을 오픈했다.

간판 대신에 자판기나 냉장고 같은 상징물로 인기를 얻고 있는 곳도 있다. 망원동의 카페 '자판기'는 입구가 핑크색 자판기이다. 겉으로 보면 자판기처럼 보이는 핑크색 자판기를 열고 들어가면 카페가 나온다. 동대문에 위치한 '장프리고'는 상징물로 냉장고를 선택했다. 겉으로 봐선 평범해 보이는 과일 가게 안의 업소용 냉장고를 열고 들어가면 2층짜리 카페 겸 바가 나온다. 간판이 없는 대신들어오는 입구를 자판기, 냉장고로 특이하게 만들어 다른 카페들과 차별화를 하는 것이다.**⁵⁰**

간판이 꼭 윗 부분에, 글자의 형태로 적혀 있을 필요는 없다. 문짝 하나로 매장을 소개하는 '카페 자판기'는 간판에 대한 상식에서 벗어난 파격 하나만으로도 소비자의 흥미를 끌 수 있었다.

출처: www.facebook.com/pages/Zapangi

간판 없는 가게가 성공할 수 있는 이유는?

간판 없는 가게가 성공할 수 있는 첫 번째 이유는 사람들의 호기심과 독점욕을 자극하기 때문이다. 누구나 다닐 수 있는 거리에 간판 없이 숨겨진 가게. 어딘지 비밀스럽게 느껴진다. 마치《해리포터》시리즈의 '9와 4분의 3 승강장'처럼 그 존재를 아는 특별한 누군가만이 찾는 곳이라는 생각이 든다. 이렇듯 숨겨진 공간에서 오는 비밀스러운 느낌은 사람들의 호기심을 자극한다. 또한 이미 방문한 고객은 이곳을 나만 아는 공간이라고 인식하기 시작한다. 공간에

대한 바로 이러한 호기심과 독점욕이 간판 없는 가게를 더욱 특별하게 만든다.[51]

두 번째 이유는 SNS 마케팅이 가능한 시대이기 때문이다. 과거에 간판 없는 가게를 만들었다면 100퍼센트 실패했을 것이다. 그 가게가 아무리 맛있고 특별하다 하더라도 사람들이 간판 없는 가게의 위치를 절대 알 수 없기 때문이다. 하지만 많은 사람들이 SNS를 이용하는 최근에는 가게의 위치가 어디에 있든지 SNS를 통한 홍보가 가능하다. 간판이 없더라도 잠재 고객을 대상으로 가게의 위치가 어디에 있는지를 충분히 설명할 수 있다.

세 번째 이유는 젊은 여성층의 취향을 잘 이해했기 때문이다. 요즘 10~20대 여성들은 SNS상에서 유명한 특색 있는 가게라면 찾아가는 것이 조금은 불편해도 이를 감수한다. 앞서 언급한 호기심과 독점욕을 자극하는 공간이라는 점, SNS 홍보에 최적화되었다는 점도 여심을 저격하는 코드이다.

간판 없는 가게는 이러한 세 가지 이유로 좋은 위치에 화려한 인테리어를 하지 않아도 성공할 수 있었던 것이다. 대한민국 사람들이 가장 많이 창업하는 업종이 바로 음식점과 카페이다. 대부분 좋은 위치를 선점하고 화려한 간판을 달기 위해 많은 비용을 투자한다. 간판 없는 가게를 콘셉트로 잡으면 이러한 비용을 줄일 수 있다. 오히려 후미진 곳에 숨겨진 감성을 내세워 SNS 마케팅에 조금만 투자하면 간판 없는 가게는 단점을 역으로 이용할 수 있다. 무수한 가게들이 생겨났다가 없어지는 무한경쟁 시대, 간판 없는 가게는 분명한 마이크로트렌드이다.

마이크로 인플루언서의 시대

마이크로 인플루언서는 '영향을 주다'는 뜻의 단어 'influence'에 '사람'을 뜻하는 접미사 'er'을 붙인 것이다. 이는 '영향력 있는 개인'을 지칭한다.[52] 과거의 파워블로거를 포함하여 인스타그램, 페이스북 상의 인기 유저, 1인 방송 플랫폼의 1인 크리에이터가 이에 속한다. 최근 이들의 영향력은 2~3년 새에 폭발적으로 성장하였다. 온라인에서만 활동하던 이들이 다양한 브랜드의 광고 모델로 활동하고, 지난해엔 전용 TV채널까지 생겼다. 이들은 이제 가히 연예인과 견줄 만한 영향력을 갖추기 시작했다. 이를 알 수 있는 객관적 증거가 있다. 바로 광고 시장을 보면 된다. 지상파나 케이블 등과 같은 방송광고시장은 그 총액으로 보나, 수익으로 보나 몇 년째 지속해서 하락중이다. 하지만 유튜브의 광고 시장만은 계속해서 활황이다. 클릭 당 1원 정도에 불과했던 유튜브 광고 단가는 무려 6~8원까지 성장한 것이 이를 증명한다. 결국 광고주와 기업들은 계속해서 파편화 되는 소비자들에게 대중적인 매체로 접근하는 것 보다는 맞춤화 된 그리고 특화 된 마이크로 인플루언서들의 영향력이 더 높다고 여기고 있다.

과거에 비해 오늘날 사람들은 온라인상에서 더 다양하고 세부적이며 깊은 주제에 관해 대화한다. 단순히 내가 좋아하는 연예인이라서 팔로우하는 것에서 벗어나 알고 싶고 이야기하고 싶은 주제에 대해 많이 알고 있는 사람을 찾고자 한다. 이는 제품이나 콘텐츠에 대해서도 마찬가지이다. 단순히 인지도가 높은 제품을 구매하는 것에서 벗어나 자기 자신이 구매하려고 하거나 관심 있어 하는 것에 대해서 깊게 이야기해줄 수 있는 사람을 찾는다.

하지만 동시에 이들은 보통의 그것과는 다른 독특하지만 새로운 경험을 얻고자 한다. 마이크로 인플루언서와 간판 없는 가게의 공통점은 바로 이러한 새로움의 욕구를 충족한다는 것이다. 마이크로 인플루언서 역시 새로움을 기반으로 커뮤니케이션해야만 지속적인 이슈가 될 수 있기에 늘 색다른 것, 독특한 것을 소재로 한다.

또한 간판 없는 가게는 같은 비용에 색다른 분위기를 경험할 수 있는 공간을 제공한다. 대중은 이러한 파격을 원한다. 그렇기 때문에 기존에 충분히 익숙한 것에 대한 상상치 못한 파격은 다양한 분야에서 지속적으로 나타날 것으로 예상된다.

넷

한 끼를 마신다, 'CMR'
(Convenience Meal Replacement)

CMR

'Convenient Meal Replacement'의 줄임말.

말 그대로 편리한 식사 대체품이다.

미래형 간편 대용식이라고도 불린다.

보통's Life

맞벌이를 하는 보통 씨 부부는 아침마다 전쟁이다. 부부 모두 바쁘게 출근 준비를 하면서 간단한 식사거리를 꺼내 아이들 아침먹일 준비를 한다. 하지만 정작 보통 씨 부부는 숟가락을 들 시간조차 없다. 그래도 속이 허한 느낌을 없애기 위해 보통 씨는 귀리우유를, 보통 씨 아내는 영양 에너지바를 챙겨먹는다. 퇴근하고 돌아와서도 집안 풍경은 아침과 다를 바 없다. 보통 씨 아내가 아이들 숙제를 챙기는 동안 보통 씨는 서둘러 주방에서 저녁을 한다. 끓이기만 하면 되는 된장국과 데우기만 하면 되는 생선구이. 오늘 저녁도 아주 빨리 그러나 알차게 해결된다.

밥 먹는 것도 일이다

대한민국은 과로사회이다. 끝날 기미조차 보이지 않는 업무와 회식은 직장인을 괴롭힌다. 과제와 취업에 시달리는 대학생들에게 대학 생활의 낭만은 옛말이다. 대한민국 현대인의 24시간은 짧기만 하다. 이러한 일상 속에서 하루 세 끼를 모두 챙긴다는 것은 참 힘들다. 끼니를 거르는 일도 부지기수다. 혼자 사는 1인 가구의 경우 더욱 그렇다. 혼자 사는 이들에게 식사를 직접 만들고, 뒤처리를 하는 시간은 또 다른 이름의 노동이다. 이들은 식사를 거르거나 즉석 식품을 택하는 빈도가 높다.

영화 〈설국열차〉를 보면 바퀴벌레로 만든 단백질 블록이 나온다. 이는 아마 멀지 않은 우리 미래의 모습일지도 모른다. 물론 영화처럼 바퀴벌레로 만들거나 모양이 먹음직스럽지 않게 만들지는 않겠으나 인간이 섭취해야 할 영양소를 캡슐이나 마시는 형태로 만들어 언제든지 편하고 빠르게 식사를 할 날이 머지않았다. 그리고 이러한 상상은 지금 현실로 나타나고 있다. 우리가 생활하는 데 필요한 영양 성분이 충분히 들어 있으면서 음식을 대체하기까지 하는 CMR 제품이 실제로 존재하고 있을 뿐 아니라 많은 이들에게 사랑받고 있기 때문이다.[53]

CMR의 핵심은 누가 뭐래도 극대화된 간편성

　편리한 식사 대체품인 CMR의 현재는 RTDReady to Drink, 액상형이 대부분이다. 그 이유는 CMR의 핵심이라 할 수 있는 극대화된 간편성을 실현하는 형태이기 때문이다. CMR을 가장 많이 찾는 계층은 단연 직장인이다.

　한 조사에서 400명의 직장인을 대상으로 진행한 설문조사에 따르면 '아침식사를 하고 출근하는가?'에 대한 질문에 54.4%가 아침을 먹지 않고 출근한다고 대답했다. 또한, '그렇다면 왜 아침식사를 하지 않는가?'에 대한 질문에 40.6%가 '시간이 없어서'라고 대답하였다. 그 다음으로 25.5%가 '더 자고 싶어서'라고 대답했다.[54] 간단하다. 결국 핵심은 시간이 없다는 것이다. 점심도 마찬가지이다. 또다른 설문조사에 따르면 57.6%가 15분 이내에 점심식사를 마친다고 밝혔다. 그리고 이러한 사람들이 나머지 점심시간을 어떻게 활용하는지에 대한 질문에 대해서는 25.10%가 업무를 처리한다고 대

'아침식사를 하고 출근하는가?'

'그렇다면 왜 아침식사를 하지 않는가?'

답하였다. 대한민국의 직장인들은 현재 절대적인 시간 빈곤에 시달리고 있다.[55]

거의 모든 대형마트나 드럭스토어에서는 CMR과 관련된 다양한 제품 코너가 별도로 마련되어 있는 것을 볼 수 있다.

점심시간이 부족한 직장인도 많지만, 반대로 점심시간을 쪼개서 다른 방식으로 사용하는 직장인도 크게 증가하고 있다. 그들은 점심시간을 자기계발, 운동, 모임, 낮잠 등 다양한 방법으로 활용하고 있다. 하지만 이 모든 일을 하기에 한 시간은 너무 짧다. 그래서 그들은 정해진 시간을 최대한 활용하고자 식사를 단순화하는 경향을 보인다. 이러한 사람들에게 CMR의 간편함은 최고의 장점이다.

CMR은 이미 대중에게 큰 사랑을 받고 있으며 더욱 진화하고 있다. 물론 과거부터 존재해왔던 미숫가루는 CMR의 시초라 할 수 있다. 하지만 미숫가루 같은 분말은 물이나 우유에 직접 타서 마셔야 하는 불편함이 있고 용기 또한 따로 준비해야 했다. 이후 이러한 불편을 대체하는 고체형 식사 대용품이 나오기도 했지만 씹어야 한다는 점, 물과 음료를 함께 섭취해야 한다는 점이 단점으로 지적되었다. 최근 출시되는 아무런 추가 작업이 필요하지 않은 액상형은 이 두 가지 타입의 단점을 완전히 대체한다.

균형 잡힌 영양은 포기하지 않아!

간편하다는 장점 외에도 CMR이 주목받는 이유는 바로 균형 잡힌 영양 밸런스 때문이다. 식사를 대체하기 위해 필수 영양 성분과 포만감은 필수이다. 별도의 음식물을 섭취하지 않아도 대용식만으로 충분한 영양 섭취가 가능해야 한다. 또한 식사 후 느끼는 포만감 또한 느낄 수 있어야 한다. 이 두 가지를 모두 제공해야만 CMR은 소비자에게 선택받을 수 있다. 동원 F&B의 밀스 드링크의 경우 1일 영양 성분 기준치 1/3에 해당하는 단백질, 지방, 식이섬유, 비타민 8종, 미네랄 3종이 제품 하나에 들어 있다고 한다. 1일 영양 성분 기준치의 1/3이기 때문에 딱 한 끼를 대체하는 데 적합할 뿐만 아니라 영양적으로도 균형을 갖추고 있는 것이다.[56]

또한 CMR은 다이어터 사이에서도 큰 인기다. 기존의 다이어트 음식과는 다르게 맛이 좋고, 동시에 필요한 영양 성분을 적절하게

출처: www.shopintake.com

필요성, 건강, 편의, 합리, 미래지향 이라는 키워드로 개발되는 CMR은 시간이 지날수록 더 많은 고객들에게 충분히 매력적으로 다가올 것이다.

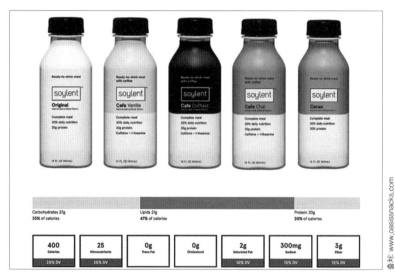

출처: www.oasissnacks.com

CMR에 있어 가장 핵심적인 부분은 균형 잡힌 영양소이며, 자신에게 맞춤화 된 영양관리가 가능하다는 것이다.

공급받을 수 있기 때문이다. 또한 아시아권 음식 문화에서도 CMR은 새로운 대안이 될 수 있다. 아시아의 주식 식단은 탄수화물의 비율이 높은 편이다. 건강에 해가 되는 요인으로 탄수화물의 과다 섭취가 끊임없이 지적되는 가운데 CMR은 탄수화물 섭취를 낮출 수 있는 적절한 대안이다. CMR의 주 타깃은 2030의 젊은 소비자이지만 동시에 노인층 사이에서도 CMR은 인기다. 손상된 치아 등의 문제로 음식 섭취에 어려움을 겪는 노인들에게 CMR은 훌륭한 영양 섭취 수단이 되기 때문이다.

앞으로 무엇이 나타날까? 기대되는 CMR 시장

이처럼 CMR에 대한 관심과 함께 CMR 시장은 점점 더 커질 것이다. 실제로 식품업계는 CMR이 기존 가정 간편식HMR*을 넘어 약 3조 원 규모의 새로운 시장을 창출할 것으로 전망하고 있다.[57] '신은 인간에게 먹을 것을 보냈고, 악마는 인간에게 요리사를 보냈다'라는 말이 있다. 인간에게 식사는 단순 영양 섭취 그 이상의 의미를 가진다. 식사는 음식을 통해 즐거움을 느끼는 행위이기도 하다. 그렇기 때문에 CMR을 섭취하여 식사를 단순히 대체하는 행위를 부정적으

---

* 'Home Meal Replacement'의 약자로 단순한 조리 과정만 거친 후 간편하게 먹을 수 있도록 식재료를 가공해놓은 식품으로, 큰 조리 과정 없이 그대로 섭취할 수 있는 도시락, 김밥 등의 즉석 섭취, 즉석 조리, 신선 편의 식품 등을 말한다.

로 보는 이들도 존재한다.

실제로 CMR을 체험해본 사람들도 원래 먹던 음식의 맛과 사람들과 함께 먹는 분위기를 그리워했다고 하는 기업 담당자의 인터뷰를 접한 적도 있다. 그럼에도 불구하고 맛과 분위기보다 지금 당장 시간이 필요한 사람들, 빨리 식사해야 하지만 균형이 잡힌 영양소 섭취를 걱정하는 지극히 현실적인 문제에 닥쳐 있는 사람들은 꾸준히 CMR을 찾게 될 것이다. CMR은 조만간 유행을 넘어 식품 산업 전반에 당당히 명함을 내밀 수 있는 큰 비중을 가진 존재가 되기에 충분한 조건을 갖추고 있다.

맛은 포기해도 만드는 건 포기 못 해, '요리의 경험'

경험소비

소유가 주는 만족이나 제품의 핵심 성능이 주는 효과보다

사용을 하면서 느끼는 스스로의 경험에

더 큰 의미를 두는 소비 행태

보통's Life

요리 프로그램도 이제 한물간 듯하다. 타인이 하는 요리를 보며 대리만족을 느꼈던 시대에서 이제는 아주 간편한 요리를 직접 하며 만족을 느낄 수 있는 서비스가 등장했으니 말이다. 이 서비스를 이용하면 요리 자체의 즐거움은 유지하면서도 준비의 번거로움은 줄여준다. 심지어 맛도 보장된다. 굳이 TV에서 요리하는 다른 사람의 모습을 보며 대리만족하지 않아도 된다. 보통 씨는 해당 서비스를 이용하여 한 달에 두어 번쯤 아주 어려운 요리를 거뜬하게 해내고는 한다. 물론 요리의 끝은 항상 인스타그램용 사진 찍기이다.

바쁘지만 가끔은 경험해보고 싶어

요리란 메뉴를 선정하고, 재료를 구입하고, 손질을 하며, 조리를 하고, 마지막으로 뒷정리까지 해야 하는 길고 까다로운 노동이다. 맞벌이 가정이 증가하고 자신의 삶을 돌볼 시간이 부족해지는 사회적 추세에 이어서 코로나19가 더해져 요리, 먹을 것에 대한 변화는 빠르게 나타나고 있다. 코로나19 이전에는 변화가 선택이었다면 이제는 필수가 되어버렸기 때문이다. 그 중에서도 최근 가장 가시적으로 성장하고 있는 비즈니스 모델은 비대면 배달이다. 당연하겠지만 코로나19로 인해 사람간의 접촉이 최소화 되면서 두드러지게 나타난 현상이다. 하지만 그 중에서도 특히 두드러지는 것은 바로 간편식 배달 산업이다. 기존의 음식을 주문해서 바로 먹는 방식이 아니라 완성 바로 직전의 요리를 배달해줌으로써 아주 간단하게 조리하거나 혹은 데우기만 해서 먹을 수 있도록 고객에게 서비스하는 것이다. 특히 코로나19로 인해 재택근무 및 집콕의 시간이 길어진 개인들은 3월 한 달간 식음료 및 간편식 등과 관련 된 앱 설치가 전년 대비 약 40% 증가했다는 분석 결과도 있다. 결국 코로나19는 의식주의 '식' 부분에도 엄청난 변화를 주고 있는 것이다. 그리고 좀 더 구체적으로는 먹는 것 이전의 '조리'에도 영향을 주고 있다고 볼 수 있다.

이러한 반 조리 식품 배달 서비스는 조리 전이기 때문에 며칠 동안은 보관도 할 수 있고, 식사를 해 먹더라도 아주 짧은 시간만 투자하면 된다. 예를 들어 소비자가 원하는 메뉴를 주문하면 정해진 메뉴에 필요한 식재료가 손질되어진 상태로 배달된다. 소비자는 단지 레시피에 따라 재료들을 순서에 맞게 넣고 10분에서 20분가량의 간단한 조리로 요리를 완성하는 것이다. 하지만 좀 이상한 점이 있다. HMR 시장이 독주하는 지금, 만들어진 것도 아니고, 오랜 기간 보존할 수 있는 냉동 제품도 아닌, 아주 애매하게 중간 지점에 서 있는 듯한 이 서비스는 왜 각광받고 있는 것일까?

반 조리 식품 배달 서비스

한국야쿠르트 '잇츠온'서비스의 핵심은 야쿠르트 아줌마의 전국적인 유통망이다.

잇츠온은 한국야쿠르트에서 운영하는 식품 배달 서비스이다. 반찬이나 국 등 기존의 완성된 간편식 배송 서비스에서 시작한 이 회사는 반 조리 식품 서비스를 개시해 시장 확장을 꾀하고 있다. 다양하게 구성된 메뉴를 정하면 이 음식을 만들 때 필요한 거의 모든 재료를 정갈하게 포장해서 배송해준다.[58] 심지어 메뉴는 친숙한 한식에서부터 라따뚜이나 감바스 알 하이요 같은 아주 생소한 외국 요리까지 다양하게 구성되어 있다.

과연 이러한 서비스를 구매하는 이유는 무엇일까? 가장 핵심적인 이유는 아무래도 '맛'일 것이다. 이미 완성된 제품이나 냉동식품의 경우 배송이나 보관, 재 가열을 하게 되면서 본연의 맛이 사라지는 것이 보통이다. 하지만 반 조리 제품의 경우 조리 과정을 일반적인 요리와 동일하게 거치기 때문에 맛에 대한 우려는 대부분 사라진다. 그리고 조리를 하면서 자신의 취향에 맞춰 만들어낼 수 있기 때문에 더욱 그러할 것으로 예상된다.

하지만 그보다 사람들이 반 조리 제품 서비스를 구입하는 이유는 요리의 경험 때문일 수 있다. 요리는 많은 것을 요구하는 노동이기도 하지만 새로운 것을 만들어내는 창의의 과정이자 결과를 만들어 성취를 맛보는 과정이기도 하다. 방송과 매스컴 등으로 인해 사회 전반적으로 깊숙이 퍼져 있는 요리에 대한 니즈는 매우 높다. 하지만 모두가 창의와 성취의 과정을 맛보기는 쉽지 않다. 요리는 기본적으로 전문가의 영역에 속하기 때문이다. 이러한 경험을 맛보고 싶어 하는 대중에게 반 조리 제품은 이를 해결할 수 있는 아주 만족스러운 대안이 될 수 있다. 특히나 코로나 19 사태가 장기화되고, 외식이 어려워진 현재 집밥 수요가 늘면서 밀키트 시장이 더욱 크게 성장할 것이다. 한국농촌경제연구원에 따르면 국내 밀키트 시장은 작년 400억 원 규모에서 2024년 7,000억 원까지 성장할 것으로 전망되고 있다. 요리 재료의 신선도가 보장되는 동시에, 코로나로 인한 '집콕' 상황에서 요리 경험이 주는 성취감까지 함께 느낄 수 있는 밀키트의 수요는 폭발적으로 늘어나고 있다.[59]

애매한 중간점이 되느냐 아니면 최적의 중간점이 되느냐

물론 한계점도 존재한다. 사업성을 맞추기 위해 대부분의 배송 업체들이 1인 기준보다 2~3인분을 기준으로 판매하는 경우가 많기 때문이다. 그렇기에 1인 가족에게는 적합하지 않을 수도 있다. 농림축산식품부와 한국농수산식품유통공사의 '가공식품 소비자태도 조사' 결과 보고서에 따르면 간편식 구입 빈도는 20대, 1인 가구에서 가장 높다.[60] 간편식에 속할 수 있는 반 조리 제품 서비스는 이들에게 어떠한 방식으로 어필하고 서비스를 제공할 것인지에 대한 숙제가 여전히 남아 있다. 배송 문제도 존재한다.

식재료를 배송하는 서비스의 특성상 신선도를 위해 대부분 유통기한이 3일 이내로 명기되어 있다. 짧은 유통기한 탓에 배송 빈도

외식이 일상화 된 외국의 경우 RTC (Ready to cook) 서비스는 매우 일반적이다. 한국인의 식사 문화 역시 매우 빠르게 서양화 되어가고 있는 추세이다.

를 높이자니 배송비 부담이 커진다. 그렇다고 낮은 빈도로 배송하는 경우라면 정기 배송의 메리트가 떨어진다. 즉 배송 빈도와 비용의 딜레마에 빠지는 것이다. 그렇기에 아직 반 조리 식품 배달 서비스는 애매하면서도 사업화하기에는 전망이 불투명한 중간 지점 어딘가에 있는 것으로 보인다.

하지만 이러한 애매한 중간점은 좌우 어디로든 이동할 수 있다는 장점이 있기에 시간이 지나면 최적의 중간점이 될 수도 있다. 아직은 애매한 타깃층을 가지고 있는 이 마이크로트렌드는 분명 누군가에게는 더없이 적절한 온도이자 기회일 수 있다.

그러한 면에서 그 어느 때보다 질병에 대한 두려움이 높고, 음식의 안정성을 중요하게 여기는 시대를 살아가는 지금, 요리의 경험을 제공하면서도 그 재료들이 믿을만한 원산지나 위생적인 제조과정, 그리고 안전한 유통이 가능한 체인을 갖춘 업체에게 이 상황은 최고의 기회가 될 수 있다.

여섯

가장 현실적인 패션,
'플러스 사이즈'

플러스 사이즈

대게 패션시장에서 지면이나 TV를 통해 보여줬던 사이즈는
보통 이하의 마른 사이즈이다.
이에 플러스 사이즈는 보통 사람의 체격 또는
그 이상의 통통한 사람들을 위한 현실적 사이즈를 말한다.

보통's Life

40대 직장인 보통 씨는 온라인으로 옷을 구매할 때 포토 후기를 면밀하게 살펴본다. 판매처에서 올린 사진으로는 도저히 감이 안 오기 때문이다. 포토 후기를 보다보면 헛웃음을 짓게 되는 경우가 한두 번이 아니다. 분명 콜라병 같은 몸매처럼 보여주는 옷이었는데 소시지처럼 보이는 경우가 올라오기 때문이다. 이렇게 꼼꼼하게 후기를 살펴도 종종 실패하기도 한다. 너무 길거나 짧아 착용해 보지도 못하고 반품하는 경우가 꼭 한두 번씩 생기기 때문이다. 프리 사이즈는 결코 누구에게나 프리하지 않다. 하지만 이러한 패션계에도 조금씩 변화의 바람이 불고 있다.

사회로부터 강요된 다이어트

코로나19로 인해 대한민국에는 '확진자'도 늘고 있지만 그에 못지 않게 '확찐자집콕만 하는 바람에 체중이 확 늘어난 사람'도 늘어나고 있다. 하지만 그럼에도 사회는 우리에게 많은 것을 강요한다. 열심히 살아라, 자기계발에 힘써라, 예뻐져라, 날씬해져라. 그러한 강요들을 나열하자면 끝도 없다. 우리 주변에는 늘 나보다 잘난 엄마 친구의 아들, 딸들이 있다. 게다가 미디어는 내 주변에서 보기도 힘든 대단한 성공 사례들을 보여준다. 하다못해 길을 걸을 때도 비현실적인 마네킹의 체형으로부터 무언의 압박감을 느낀다. 현대 사회는 무수히 많은 강압들을 주입시킨다. 현실에 안주하면 안 되며 계속 무언가를 채우거나 덜어나가야 한다는 강박. 이러한 강요는 눈에 보이는 외적인 부분에서 특히 두드러진다.

다이어트의 원래 뜻은 건강을 위해서 하는 식단 조절이다. 하지만 우리는 '건강을 위해서'라는 부분을 쉽게 망각한다. 과도한 다이어트는 식이 조절 장애를 불러오기도 한다. 실제로 프랑스의 모델 이사벨 카로Isabelle Caro는 다이어트에 대한 강박에 시달리다가 거식증으로 인해 결국 사망했다. 이후 프랑스에서는 무리한 다이어트와 마른 모델을 통해 이를 강요하는 패션업에 대한 반대 운동이 벌어지기도 했다. 이는 모델이나 연예인들만의 문제가 아니다. 최근 한국의 2030 여성들은 식이 강박에 시달리거나 실제로 식이 조절 장애로 고통을 호소하는 경우가 늘고 있다.[61] 이제 우리는 스스로 질

문해야 한다. '무엇을 위해 타인의 시선에 맞추며 살아가는가?'

마른 모델의 추방

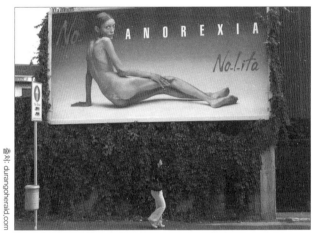

섭식장애로 인한 거식증의 경우 사망률이 가장 높은 정신질환으로 알려져 있다. 그 이유는
스트레스로 인한 자살과 영양실조로 인한 사망의 위험성이 매우 높기 때문이다.

프랑스 내 식이조절장애 환자는 약 3만에서 4만 명 정도라 한다. 이에 프랑스 정부는 2018년 5월부터 마른 모델들의 활동을 금지하는 법안을 만들었다. 모델들의 보정된 광고 사진에는 반드시 '보정되었다photographie retouchee'라는 문구를 기재해야 한다. 프랑스를 시작으로 유럽 여러 나라들이 마른 모델의 패션 활동을 제한하는 법안에 동참하기 시작했다.[62]

한국에서는 어떨까? 건강보험심사평가원이 발표한 자료에 따

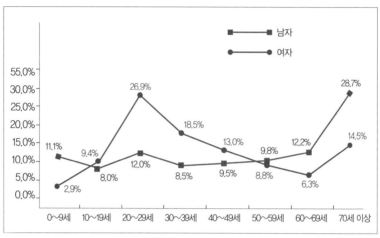

한국인 섭식장애 환자 관련 수치

LA MENTION "PHOTO RETOUCHÉE" ENFIN OBLIGATOIRE SUR LES PUBLICITÉS

Par Loïse Delacotte

비정상적으로 마른 몸매를 부각시켜 "비정상"을 "아름다움"으로 둔갑시킨 과거의 인식이 변화하고 있다.

르면 한해 섭식장애로 병원을 찾은 환자 수는 약 1만 3,000명에 이른다. 이중 여성 환자는 81%에 해당되고 20대가 가장 큰 비율을 차지한다. 한국에서 섭식장애 환자는 2008년부터 7년간 지속적으로 2,000명 가까이 증가했다. 하지만 아직까지 한국에서는 '마름'에 대해 관대하다. 패션업계나 미디어에 대해 이렇다 할 정부 규제가 없다. 하지만 이를 개선하기 위한 변화는 다양한 곳에서 나타나고 있다.[63]

모델은 말라야만 한다는 생각에 의문을 던지면서 기존 모델에 비하면 다소 체격이 있는 모델들이 등장했다. 이들을 플러스 사이즈 plus−size 모델이라 부른다. 플러스 사이즈 모델들은 있는 그대로의 아름다움을 이야기하면서 활동하기 시작했다. 이들은 우리가 왜 말라야 하는지에 대해 의문을 던진다. 미디어에 늘 노출되는 사람이 아닌 대부분의 보통 사람들까지도 마름에 대한 강박을 가지는 것이 얼마나 비합리적인가를 지적한다.

실제로 미디어에 노출되는 사람들은 대중을 대표하기에 너무 잘난 경우가 많다. 그 사람들이 기준이 된 현대 사회는 때때로 개인에게 폭력적이다. 그 예로 한국의 옷 사이즈는 비정상적으로 작은 편이다.[64] 이러한 상황에서 일반 소비자들은 작은 사이즈의 옷과 마네킹을 탓하는 것이 아니라 자신의 몸을 자책하게 된다.

아름다움에 대한 기존의 생각을 뒤엎는 변화는 지속적으로 나타나고 있다. 물론 개인의 자유에 따라 뚱뚱하게 사는 것이 좋다는 것은 아니다. 플러스 사이즈 모델이 말하고자 하는 바는 있는 그대로의 나 자신을 사랑하자는 것이다.

이들은 각자의 모습을 당당하게 드러내며 그 실천 방법을 사람들에게 알리고 있다.[65]

플러스 사이즈 모델 수요의 등장

출처: 나이키 페이스북

플러스 사이즈 모델들의 모습은 대중들에게 공감과 호감을 사고 있어 나이키 등 많은 스포츠 의류업체에서는 플러스 사이즈 모델을 종종 기용하고 있다.

나이키Nike는 2016년 7월 최초로 플러스 사이즈 모델을 기용했다. 스포츠 의류업계는 그동안 뚱뚱한 모델 고용을 꺼려 왔다. 이러한 와중에 스포츠 의류업체인 나이키가 플러스 사이즈 모델을 고용했다는 점은 사람들의 이목을 끌었다. 또한 나이키는 이 모델들에 대한 설명으로 플러스 사이즈라는 용어를 사용하지 않았다. 이들을 따로 분류하지 않고 기존 모델들과 똑같은 방식으로 드러냈다는 점은 나이키에 대한 긍정적 반응을 이끌었다.[66]

샤넬Chanel과 루이뷔통Louis Vuitton의 뒤를 잇는 신생 패션업체 '크리스천 시리아노'의 디자이너 크리스천 시리아노Christian Siriano는 2017년 S/S 뉴욕패션위크에서 플러스 사이즈 모델 다섯 명을 무대 위에 올렸다. 이는 하이패션쇼에서 매우 이례적이었으며 많은 사람들의 환호를 받았다. 그는 여성의 몸매는 일차원적으로 같을 수 없고 다양한 여성을 위한 옷을 만든다는 것이 굉장히 기쁘다고 말했다. 뚱뚱한 사람은 자신이 만든 옷을 입지 않았으면 좋겠다고 말한 의류업체 아베크롬비Abercrombie&Fitch 대표와는 굉장히 상반된 의견이었다.[67]

디즈니 공주들도 플러스 사이즈로 다시 태어났다. 일러스트레이터 존켈 놀우드Jonquel Norwood는 많은 어린이가 처음 접하는 미美라 할 수 있는 디즈니 공주들의 캐릭터를 작업하고 있다. 어렸을 때 우리는 디즈니 만화영화를 보면서 자라왔다. 이 만화영화에 등장하는 공주나 여인은 모두 날씬하다. 다양성이 없는 그들의 모습은 자연스럽게 고정관념을 형성하는 역할을 한다. 플러스 사이즈에 대한 부정적 고정관념이 주류가 된 데에는 어렸을 때부터 그러한 이미지에 자연스럽게 노출되어 온 탓이기도 하다. 놀우드는 이를 경계하여 플러스 사이즈 디즈니 공주들을 탄생시켰다.

플러스 사이즈는 마케팅에 다양한 긍정적 요소로 작용하고 있다. 플러스 사이즈를 옹호하는 패션업계는 더 큰 주목을 받고 홍보 효과를 얻는다. 과거 전통적으로 패션업계는 아름다움에 날씬함을 우선적으로 포함시켰다. 이제는 이를 점점 벗어나려는 노력 속에서 아름다움에 관한 새로운 사업 아이템들이 탄생하고 있다.

플러스 사이즈의 발전과 성장

글로벌 SPA 브랜드인 포에버21FOREVER21은 패션은 날씬한 사람들의 전유물이 아니라며, 다양한 체형을 가진 고객에게도 패션은 즐거움의 요소가 되어야 한다고 말한다. 이는 포에버21의 새로운 전략이 되었다. 포에버21은 '12x12 Denim'이라는 플러스 사이즈 고객을 위한 데님 라인 전략을 발표했다. 플러스 사이즈 의류 수요가 증가하는 최근 추세에 빠르게 대처한 것이다. 한 시장조사업체는 여성 플러스 사이즈 의류가 작년보다 214억 달러 증가해 6% 성장률을 이루었다고 발표했다. 전체 의류 판매 성장과 비교했을 때 두 배

플러스 사이즈라고 불리는 사이즈는 원래 보통의 사이즈였으며, 기존 보통의 사이즈가 오히려 마이너스 사이즈였음을 대중들이 인식하고 있다.

의 수치다. 업계의 전망으로는 금년 중으로 약 530억 달러까지의 성장이 나타날 것이라고 보고 있다.

바하마 제도 엘류세라Eleuthera 섬에 있는 '더 리조트 호텔'은 플러스 사이즈를 가지고 있는 고객만을 위한 휴양지 호텔이다. 일반 숙소 이용이 어려웠던 사람들을 위해 문부터 썬 베드, 침대까지 모두 플러스 사이즈 고객을 배려한 크기로 제작되었다. 이용하는 투숙객들이 다 플러스 사이즈이다 보니 고객들은 비키니를 입을 때도 남의 시선을 신경 쓰지 않아도 된다며 긍정적 반응을 보이기도 했다.[68]

출처: www.facebook.com/TheResort4U

'더 리조트' 투숙객 중에는 남들의 손가락질이 두려워 지금까지 단 한 번도 해변에서 수영복을 입어 본 적 없는 사람도 있었다고 한다.

플러스 사이즈는 단지 몸매에만 국한되지 않는다. 발 사이즈에도 해당된다. 특히 한국에서 250mm가 넘는 발 사이즈를 가진 여성들이 마음에 드는 신발을 찾기란 굉장히 힘든 편이다. 이를 위한 플러스 사이즈 수제화 전문점도 차츰 생겨나고 있다. 세계적 경영자문 회사인 맥킨지에서도 패션업계가 플러스 사이즈에 대해 언급하는 횟수가 매년 거의 세 배씩 증가하고 있다고 하니 이 역시 우리가 플러스 사이즈에 주목할 만한 충분한 이유가 된다.

있는 '그대로'가 트렌드다

타인보다 사이즈가 크다는 것은 부끄러운 일이 아니다. 각자의 사이즈를 당당하게 받아들이는 것 자체가 새로운 트렌드로 변화하고 있다. 살찌는 것에 대해 두려워하고 우울함을 느끼는 것은 타인의 기준에 나를 맞추려하기 때문이다. 개인주의가 만연한 사회에서 타인의 눈을 의식하는 것은 불필요한 에너지 낭비이다.

비만이 건강 문제를 일으키는 경우라면 다르겠지만 개인이 플러스 사이즈라는 이유로 타인으로부터 다이어트에 대한 압박과 스트레스를 받아야 한다면 이는 옳지 않다. 이러한 인식변화는 다행히도 사회적으로 점차 확산되고 있는 추세이다.

PART 05

존중해 주시죠,

보통 사람들의
취미생활

하나

사람들을 움직이는 힘, '지극히 현실적 환상의 충족'

판타지

현실 세상과 동떨어진 이상의 세계.

과거에는 상상으로만 존재하거나

기술적인 부분이 해결되지 않을 것들을 주로 이야기했다.

하지만 이제는 '현실적 판타지'라는 개념이 등장했다.

조금 무리하자면 지금 당장 실현 가능한 판타지이지만,

그렇다고 막상 실천하자니 쉽지 않은 것들을 뜻한다.

보통's Life

30대의 보통 씨, 친구들과 자유롭게 해외로 여행을 다니고 싶은 마음은 굴뚝이지만 현실은 직장과 집만 오고간다. 금전적 여유는 물론, 시간적 여유도 없다. 그런 그녀가 출퇴근 지하철에서 챙겨보는 TV 프로그램이 있다. 나와 비슷한 또래 연예인들이 자신의 집에 모여 소소하게 파자마 파티를 하는 모습이 주로 나오는 프로그램이다. '아, 저 안에 나도 있었으면' 하는 마음으로 빠져들게 된다. 퇴근 후 집에 오니 아버지께서 소파에 잠들어계신다. TV에서는 중년 배우들이 바다에서 낚시하는 모습이 한창이다. 아버지와 나의 현실적 판타지는 이렇게 채워져 가는 듯하다.

현실과 이상의 적절한 타협

'저 푸른 초원 위에 그림 같은 집을 짓고, 사랑하는 우리 님과 한 백 년 살고 싶네.' 아주 오래된 유행가 가사처럼 여유롭고 평화롭게 살고 싶은 욕망. 무척이나 바쁜 현대인들이라면 누구나 한 번쯤 가져본 욕망일 것이다. 넓은 마당이 있는 집에, 그 집 앞 텃밭에서 난 싱싱한 유기농 채소로 식탁을 차리고 이웃을 초대해 작은 홈파티를 연다. 상상만 해도 힐링이 되는 것 같다.

삼시세끼를 애청하는 사람들은 맛있는 음식의 잘 짜여진 레시피보다는 꾸밈없는 모습을 통한 힐링과 여유로운 생활을 보며 대리 만족하는 것을 목적으로 한다.

최근 예능 프로그램 〈바퀴 달린 집〉, 〈여름방학〉 등과 같은 포맷의 리얼리티 프로그램이 자주 제작되는 이유는 바로 이러한 현대인의 로망을 잘 공략했기 때문이다. 그렇다고 해서 사람들이 낭만적인 전원생활을 위해 지금 당장 모든 것을 내려놓고 떠나기를 바라는 것은 아니다. 사람은 꿈과 현실을 구별할 정도로 충분히 똑똑하기 때문이다. '나도 저렇게 살고 싶다'고 말하지만, 그 이면에 엄청난 비용, 생활의 크고 작은 불편함이 필연적으로 동반된다는 사실을 잘 알고 있다. 그래서 우리는 이러한 TV 프로그램을 보며 대리만족하고자 한다. 과하지도 부족하지도 않은 딱 적정 수준의 환상, '현실적 판타지'를 추구하는 것이다.

킨포크kinfolk는 미국 북서부의 중소도시 포틀랜드 지역에 살던 윌리엄스 부부에 의해 2011년 창간되었다. 이 잡지는 작가, 농부, 사진작가, 요리사, 화가, 플로리스트 등 소박한 모임을 사랑하는 예술가들의 모임으로부터 출발했다. 발간 초기에 킨포크는 단 500부 정도만 발행되던 소규모 잡지였으나 자연 속의 소박한 포틀랜드식 라이프스타일이 온라인을 통해 관심을 받으며 3년 만에 세계적인 수준으로 성장했다. 오늘날 전 세계에서 번역, 출간되는 킨포크 잡지의 발행부수는 약 7만 부로 어마어마한 수준이다. 킨포크의 세계적인 인기는 이와 관련한 신조어들을 파생시켰다. 킨포크 라이프, 킨포크족이 그 예이다.

단순하면서도 느리고, 다양한 사람 또는 가족과 소통하며 사는 모습을 킨포크 라이프라 부른다.[69] 이러한 삶을 지향하는 사람들은 킨포크족이 된다. 중요한 것은 킨포크족이 도시를 떠나 시골과 산에서의 삶을 좋아하기는 하지만 실제로 이를 지향하지는 않는다는 점이다. 그저 잡지를 통해 공간을 꾸미고 음식 조리 방법을 익히는 등 일상생활 속에서 간단히 킨포크의 감성을 살리는 것에 이들은

만족한다. '숲 속의 삶'이라는 판타지와 현실을 타협하는 것이다.[70]

킨포크(Kinfolk)의 사전적 의미는 친척, 친족 등 가까운 사람이다. 하지만 이제는 '킨포크 스타일'이라는 특정한 생활 방식 또는 분위기 등을 나타내는 의미로 자리매김하고 있다.

직접 키우지 않아도 행복하다_랜선 집사

반려동물, 특히 개와 고양이에 대한 수요가 급증하고 있다. 인스타그램의 해시태그 사용 순위를 분석해볼 수 있는 사이트를 보면 2020년 가장 많이 사용된 해시태그 가운데 #멍스타그램, #반려견, #개스타그램 등이 포함된 것을 알 수 있다. 이러한 키워드를 즐겨 검색하는 이들 중에는 동물을 키우지는 않지만 보는 것만으로 만족을 얻는 사람들이 분명 존재한다.

유튜브에는 수십만 명의 구독자를 거느린 반려동물 관련 채널도 많다. 고양이 7마리가 생활하는 모습을 담은 '크림히어로즈'는 375만여 명을, 고양이 수리, 노을 부부와 새끼 3마리의 영상을 담은 채널 '수리노을'은 191만여 명을, 강아지 소녀와 행성이 나오는 채널 '소녀의 행성'은 90만여 명을 구독자수로 갖고 있다.

이 채널들의 구독자처럼 직접 반려동물을 키우지 않지만 관련 영상과 콘텐츠를 즐기는 사람들을 '뷰니멀족'이라 부른다. '랜선 집사'라는 신조어도 있다. 고양이를 진심으로 좋아하지만 직접 키울 여건과 자신이 없는 사람들은 랜선 너머의 고양이를 자신의 애완묘라 생각하며 자신을 랜선 집사라 칭한다. 실제로 관련 제품이나 사료 등을 우편으로 보내기도 한다.

이러한 반려동물에 대한 관심과 영상을 통해 대리만족하는 사람들의 증가는 뷰니멀족을 대상으로 하는 새로운 사업 플랫폼까지 만들어냈다. 네이버 '동물공감'과 카카오의 '동물탭'은 반려동물을 키우거나 키우지 않는 모든 이용자가 함께 즐길 수 있도록 정보성 콘텐츠와 다채로운 사진, 영상을 게재한 대표적인 채널이다.

오프라인 만남이 어려워진 상황에서 활발해지고 있는 '랜선집들이'

자신만의 공간을 갖기를 누구보다 원하지만, 경제적 현실로 인해 자신만의 공간을 갖는 것이 환상에 가까운 2030세대. 2030세대에게 랜선 너머의 '집'은 환상이며 대리만족의 기능을 제공한다.[71] 스타들의 집 내부를 공개하는 방송들이 범람하고, 인스타그램 안에서 #집

스타그램 등의 해시태그가 꾸준히 유행해온 이유이다. 2030 세대는 타인의 공간을 랜선으로 구경하고, 타인이 시도한 인테리어, 구입한 가구와 소품 등에 대해 댓글로 정보를 공유한다.

이 과정에서 2030세대는 언젠가 자신만의 취향으로 꾸며질 자신만의 공간을 구체화한다. 랜선 집들이를 통해 타인의 공간을 자유롭게 바라보며 자신의 인테리어 취향을 파악하고, 실질적인 정보를 모으면서 미래에 갖게 될 자신만의 공간을 설계해나가는 것이다. 코로나19 사태가 장기화 되면서 실제로 타인의 집을 방문할 수 없는 시대, 또한 누군가를 함부로 초대하기 어려운 시대가 되어 이러한 랜선 집들이의 기능은 더욱 더 확대되고 활발해진 것으로 보인다. 한편 코로나19 이후, 매물이 나오더라도 현실적으로 방문이 어려운 고객들을 위해 부동산계의 랜선 집들이도 활발해지고 있다. GS 건설 등은 라이브 방송으로 견본주택을 소개하는 등, 코로나19 이후 부동산계에서의 '랜선 집들이' 또한 다양하고 새로운 방식을 찾아나가고 있는 것으로 보인다.

캠핑하는 느낌만 나도 충분하다_한강 캠핑장

한강의 난지캠핑장은 주말만 되면 늘 예약이 꽉 찬다. 열대야를 이기기 위해 나오거나 변해가는 각 계절의 분위기를 느끼기 위해 나오는 등 다양한 이유로 캠핑장을 방문한다. 한강 캠핑장을 즐기기 위해 예전처럼 많은 장비나 준비가 필요하지도 않다. 몸만 오더라도 캠핑과 관련된 모든 것을 현장에서 대여하거나 구매할 수 있기 때문이다.

복잡한 도시를 떠나 짧은 시간 자연을 찾고자 하는 캠핑족들은 해마다 기하급수적으로 증가하고 있으며, 이와 관련된 산업이나 공간 역시 빠르게 증가하고 있다.

　물론 집을 떠나 캠핑에 필요한 물품을 구매하고 대여하다보면 차라리 집에서 하루 종일 에어컨을 틀어놓고 지내는 것이 더 효율적일 수도 있겠지만 사람들은 그 비용을 아끼지 않는다. 코로나19 시국, 끝없이 집안에 갇혀 있어야 하는 사람들은 아주. 잠깐이라도 도시를 벗어나길 원한다. 이들에게 난지캠핑장은 도시 탈출에 대한 만족감을 제공한다.

사람들의 욕구는 점점 더 개별화되고 다양해지기 때문에 이들의 소비를 분석하기란 나날이 어려워진다. 하지만 분명한 점은 사람에게는 기본적으로 자연을 마주하는 것에 대한 본능이 있다는 것이다. 인간은 이제 막 고도로 발달된 현대문명을 소비하고 경험하게 되었다. 이는 인간이라는 동물이 생겨난 역사로 보았을 때 아주 미미한 정도의 시간이다. 사람에게는 아직까지 동물적 본능이 있고, 그러한 본능은 자연 속에서 살아감과 연관되어 있다. 그렇기에 문명 속에서 살아가며 억누르고 있던 욕구를 해결하기 위한 '잠깐의 경험'에 대한 소비는 계속 이어질 것이다.

지극히 현실적 판타지의 충족

코로나19로 인해 과거에 비해 많은 제약을 겪는 코로나세대들은 그럼에도 온라인을 통해 참여하고 소통하고 구경하며 재미있게 놀면서 평소라면 어렵지 않게 할 수 있었던 것들을 하면서 현실적 판타지를 충족시키곤 했다. 이러한 방법으로 가장 대표적으로 나타났던 것은 바로 '챌린지'이다. 가장 대표적인 것이 가수 지코의 '아무 노래 챌린지'이다.

그의 신곡 아무노래에 맞춰 춤을 추는 영상을 SNS에 올리는 것인데 많은 연예인들 및 일반인들이 참여하면서 하나의 놀이가 되는 새로운 문화를 만들어 냈다. 이러한 챌린지 놀이는 계속 이어졌다. '방구석 여행챌린지', '집콕챌린지' 등 외부에 나가지 않고도 할 수 있는 것들을 서로 공유하고 자랑하며 이를 재미로 승화시키는 누리꾼들의 노력으로 코로나 상황에서도 스스로 개인의 판타지를 지속적으로 충족시켜 나갔고, 사람간의 상호작용의 끈을 놓치지 않았다. 코로나가 앞으로 오랜 시간 우리의 삶과 함께 하는 '위드with코로나'가 지속되는 이상 온라인에서 다함께 놀 수 있는 방법, 또는 언택트 행사 등은 앞으로도 지속적으로 흥행을 이어나갈 것이다.

이러한 현상을 지켜보고 있자면, 코로나19 이전의 삶, 그 모든 것들이 현실적 판타지처럼 다가오기까지 한다.

둘

너에게는 그냥 쓰레기지만
나에게는 '예쁜 쓰레기'야

예쁜 쓰레기

크게 쓸모는 없지만 그저 예뻐서 사는 물건들.

일반적으로 실용적이지는 않지만

감각적인 디자인이나 감성을 가지고 있으며,

가격은 약 1~2만 원 이내로 저렴한 것들이다.

보통's Life

5년차 직장인 보통 씨는 대형 쇼핑몰을 가면 무조건 들르는 곳이 있다. 다이소나 플라잉타이거 코펜하겐 등 무언가 잡다하지만 저렴한 물건들을 쌓아두고 파는 곳이다. 그곳에 가면 만만하게 살 것들이 많다. 그렇다고 딱히 꼭 필요한 것은 아니지만 '내가 당장 지를 수 있는 것들이 이렇게나 많다니!'라는 생각이 들면 마음이 풍요로워지고 스트레스가 풀리는 듯하다. 티끌 모아 티끌인 시대라 생각하며 사는 보통 씨는 한 달에 두어 번쯤 이러한 매장을 들러 마음껏 '지른다.' 그래봤자 채 2~3만 원을 넘지 않는다.

소확행 시대,
예쁜 쓰레기라는 신조어가 다시 인기를 끌다

실용성이 떨어져도 감성을 충족시키기 위해 지갑을 여는 사람들이 늘고 있다. '감성값(감성을 구매하는 데 쓰는 비용)'이라는 신조어 역시 이를 대변한다. 하지만 이러한 현상은 '팍팍한 현실 속의 가난한 사치'로 여겨진다.

코로나19로 인해 잊혀질 듯 보였던 '소확행'이라는 트렌드가 다시금 나타나고 있다. 물리적 제약으로 인해 원하는 행동을 충분해 해낼 수 없는, 그리고 어려운 경제 사정으로 인해 삶이 조금씩 더 팍팍해진 이유로서 작은 것에 만족해야만 하는 현실 때문일 것이다. 물론 세대에 따라, 개인의 생활 패턴에 따라, 경제력에 따라 소확행을 실현하려는 모습은 매우 다양하지만 그중 2~30대가 소확행을 실현하는 모습을 보면 매우 흥미롭다. 소위 말해 '예쁜 쓰레기'라 불리는 쓸모없는 물건을 사고 기뻐하는 모습이 바로 그것이다. SNS 에 예쁜 쓰레기라고 검색하면 엄청난 게시물이 검색된다. 하지만 생활에 불필요한 것들이 대다수이다. 말 그대로 거의 쓸모없어 쓰 레기처럼 여겨지는 것들도 있다. 이러한 모습은 우리가 그동안 배 워왔던 소비의 합리성과는 매우 거리가 멀다. 하지만 이러한 소비 행태는 날로 증가하고 있다. 왜 그럴까?

키덜트숍의 엄청난 성장

출처: toysrus.lottemart.com

키덜트족의 증가는 최근 '굿즈'의 형태로써 진화되고 있다. 각종 캐릭터를 기반으로 한 한정 판 굿즈들은 키덜트의 지갑을 새롭게 열고 있다.

키덜트란 어린이를 뜻하는 '키드kid'와 어른을 의미하는 '어덜트
adult'의 합성어로 '아이 같은 감성과 취향을 지닌 어른'을 지칭한다.
키덜트는 유년 시절에 즐기던 장난감이나 만화, 과자, 의복 등에 향
수를 느껴 이를 다시 찾는 20·30대 성인 계층을 말한다. 이러한 키
덜트의 소비에도 특징이 있다. 나이를 먹어 경제력이 생겨 비싸고
좋은 물건을 사는 것이 아니라 다소 유치하거나 단순한 재미를 주
는 것에 집착하면서 소비하는 경향이 바로 그것이다.[72]

전문가들은 이러한 키덜트의 증가를 현실과 삶의 압박에서 벗어
나고자 하는 욕구로부터 그 이유를 찾고 있다. 어릴 적 감성으로 돌
아가 현재의 스트레스를 해소하고 그로 인해 정서의 안정을 찾고자
한다.[73] 이러한 수요에 따라 시장에는 캐릭터 의류, 완구, 만화영화
등 키덜트를 겨냥한 다양한 제품들이 출시, 판매되고 있다. 물론 이
러한 키덜트 제품은 단순히 제품뿐만 아니라 백화점, 영화관 등 키
덜트들이 나타나는 다양한 산업과 컬레버레이션 되면서 여러 곳에
서 만날 수 있다.

특히 최근에는 이렇게 다양한 키덜트 제품들을 모아 전문적으로
판매하는 키덜트숍의 수가 늘고 있다. 키덜트 제품을 전문적으로
판매하는 등록된 키덜트숍은 서울에만 30여 곳에 달하며 전국적으
로는 100여 개의 매장이 있는 것으로 알려져 있다. 이러한 키덜트숍
에서 판매하는 제품은 대표적으로 각종 완구, 액세서리, 캐릭터 피
규어 등이다. 이와 같은 제품들은, 과거에는 어린이만을 위한 전유
물로 여겨졌다. 하지만 점점 더 많은 사람들이 키덜트족을 자칭하

며, 이러한 제품에 열광한다.[74]

불과 몇 년 전만 해도 키덜트족을 바라보는 시각이 곱지만은 않았다. 소위 오타쿠 등으로 불리며 돈과 시간이 많은 유치한 어른의 취미로 치부하거나 현실에서 도피하고자 하는 '피터팬 신드롬' 같은 퇴행현상으로 보는 시각이 팽배했다. 하지만 최근에는 이를 개인 취향으로 존중하는 분위기가 이미 충분히 형성되어 있다.[75]

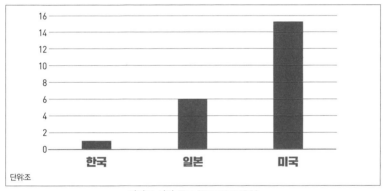

키덜트 시장 규모 (한국콘텐츠진흥원)

또한 워라밸, 소확행, 가심비 등과 같은 트렌드가 대한민국을 관통하며 불확실한 미래에 투자하기보다 확실한 현재를 즐기자는 사회 분위기가 조성되었기에 많은 사람들이 만족할 수 있는 콘텐츠에 돈을 아끼지 않는 것도 키덜트 산업이 성장하는 가장 핵심적인 이유이기도 하다.

천하제일 쓸모없는 선물하기 대회

한때 유행했던 '천하제일 쓸모없는 선물하기 대회'가 다시 인기를 끌고 있다. 사람들과 대면할 일이 적어지면서 자연스럽게 서로 선물을 주고받을 일이 없어졌다. 그럼에도 사람과의 관계를 유지하고 그 사이에서 재미를 찾기 위한 MZ세대들의 하나의 놀이문화인 천하제일 쓸모없는 선물하기 대회란, 가장 쓸모없고, 아무런 의미도 없는 물건을 골라 친구들에게 선물하는 것을 말한다. 말 그대로 생활에 아무런 도움이 되지 않고, 의미 없는 물건들이기에 사실상 이용가치가 0에 가깝다고 볼 수 있다. 하지만 선물을 주고받으며 친구들과 즐거운 감정을 공유하고, 추억을 만든다는 점에서 천하제일 쓸모없는 선물하기 대회의 의미를 찾을 수 있다. 이용가치가 없는 물건이지만 친구들과 함께 그 순간을 웃고 즐기며 선물을 주고받는 행위에서 행복을 느낄 수 있다면 그것에서 물건의 구매가치를 찾을 수 있다고 보는 것이다.[76]

ㅋㅋㅋㅋ아ㅏㅋㅋㅋ 신년 쓸모없는 선물 교환 했는데ㅋㅋㅋㅋㅋ 보도블럭받았다ㅋㅋㅋ

적은 비용으로 새로운 경험과 재미를 얻고자 하는 보통들은 '천하제일 쓸모없는 선물하기 대회'를 통해 현실적인 욕구를 충족하고자 한다. 제품은 쓸모없지만 재미의 가성비는 매우 높다.

이러한 인기에 힘입어 인기 유튜버나 페이스북 스타들도 천하제일 쓸모없는 선물하기 대회로 콘텐츠를 제작하여 높은 조회 수를 기록하기도 한다. 가치 없는 물건을 주고받는 이 행위 역시 경제학적으로는 온전히 설명하기 어렵다.

하지만 소확행, 가심비 등의 개념과 함께 사회학적 해석이 동반된다면 이러한 행위에 대한 설명은 가능해진다. 이제는 소비를 분석함에 있어 경제학적 관점보다 심리학적 관점이 더 설명 가능성이 높아짐을 반영하는 것이다.

그저 철없는 어른들의 소비라고 하기엔

예쁜 쓰레기를 구매하는 소비행위를 보고 사람들은 '철없는 어른들의 소비', 소위 말해 '배가 불렀다'라고도 표현한다. 하지만 소비에 대한 가치나 효용은 모두가 다를 것이다. 경제학적 분석보다 심리학적 분석으로 더 판단할 수 있는 최근의 소비 행태가 계속되는 한 앞으로의 소비 트렌드가 어떻게 변화할지는 아무도 예측하기 어렵다. 하지만 한 가지 분명한 것은 개인의 개성이 더욱 뚜렷해지고, 개인별로 판단하는 가치의 기준이 날로 다양해지고 있다는 것이다. 앞으로 예쁜 쓰레기를 넘어 또 어떠한 신조어가 나타날지 기대되는 대목이다.

아날로그의 화려한 부활, '턴테이블과 LP'

아날로그 감성

기술의 발전으로 인해 빠르고 편리하게 변화된 것들의

과거 모습인 느림과 불편함에 대해

향수를 느끼고 그리워하는 감정

보통's Life

보통 씨는 우편으로 편지를 주고받던 때를 기억한다. 편지 한 통을 부치면 그 편지가 수신인에게 배달되기까지 한참이 걸리던 때가 있었다. 편지를 쓰고, 봉투에 우표를 붙이고, 우체통으로 달려가 편지를 넣으면 우체부가 이를 수거한다. 조금 과장을 보태어 한 세월이 걸렸다. 물론 답장을 받으려면 또 그만큼의 시간이 필요했다. 기다림 끝에 편지봉투를 뜯는 손길은 조급했다. 기다림이 길어질수록 그만큼 더 큰 설렘이 찾아왔다. 보통 씨는 가끔 한 글자 한 글자 쓰고 지우기를 반복했던 그때의 감성이 그립다. 이제는 주고받을 사람이 없어 느끼기 어려운 아날로그의 느낌. 이런 감성을 가진 보통 씨는 최근 잊지 못할 경험을 했다. 우연히 찾은 LP 음악 감상실에서 LP의 매력을 알게 된 것이다. LP 음악이 주는 아날로그 감성, 그 속에서 느낀 편안함. 보통 씨는 휴식을 넘어 치유를 경험했다.

빠져나올 수 없는 LP의 치명적 매력

대한민국의 마지막 LP 공장 서라벌레코드가 2004년 폐업한 후, 한동안 국내에서는 LP 생산이 중단되었다. 이대로 음악 시장에서 LP가 사라지나 했더니 최근 아날로그 문화의 부활과 함께 LP판이 화려하게 돌아왔다. 아이돌 가수는 물론이고 윤종신, 십센치, 아이유 등이 LP판으로 앨범을 발매했다. 이와 함께 국내 LP 생산이 재개되고, 판매량 또한 급증했다. 과거 LP로 음악을 들었던 세대뿐만 아니라 젊은 세대에게까지도 LP 문화는 확장되고 있다. 이는 LP의 부활이 단순히 복고 차원에서 나타난 것이 아닌 새롭게 재탄생한 것으로 바라볼 수 있다.

음악 판매량을 집계하는 '닐슨 사운드스캔'이 발표한 2019년 시장 동향 조사서에 따르면 미국 내에서 지난 한 해 LP가 1,884만 장 팔렸다고 한다. 이는 집계를 시작한 1991년 이래 최대치이며. LP는 무려 14년 연속 성장세를 기록한 것으로 나타났다. 디지털 음원과 CD 등 여타 매체가 전년 대비 25%까지 하락세를 보인 것으로 나타난데 비하면 LP의 성장은 그 속도가 엄청난 것이다. 디지털 음원을 넘어 가상현실 음반이 나오고, 아예 유튜브로 음악을 듣는 이가 늘어나는 추세에서 LP 열풍은 폭풍 수준이다.[77]

LP판으로 음악을 듣는다는 것은 어찌 보면 불편하고 귀찮다. 크기가 큰 LP판과 이를 재생할 턴테이블이 필요하기 때문이다. 하지만 이러한 불편함에도 LP 문화가 젊은이들에게 인기를 얻고 있는

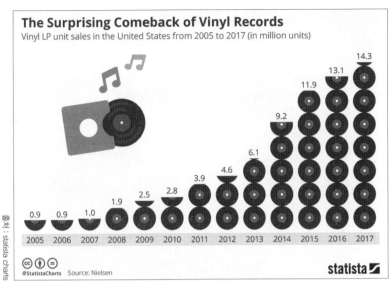

The Surprising Comeback of Vinyl Records
Vinyl LP unit sales in the United States from 2005 to 2017 (in million units)

2005	2006	2007	2008	2009	2010	2011	2012	2013	2014	2015	2016	2017
0.9	0.9	1.0	1.9	2.5	2.8	3.9	4.6	6.1	9.2	11.9	13.1	14.3

@StatistaCharts   Source: Nielsen

statista

미국시장에서의 LP판매액 (단위 : 백만달러)

이유는 뭘까? 이들에게 LP를 소유하는 것은 곧 힙스터의 상징처럼 여겨진다. 처음에는 LP 커버의 앨범 아트, 디자인 때문에 LP에 입문한 이들은 이를 턴테이블에 올려 음악을 듣기 시작하면서 LP만의 독특한 음질에 푹 빠지게 된다.

　LP는 턴테이블에 바늘이 닿아 마찰하는 형식으로 음악이 재생되어 CD나 음원에 비해 지지직 하는 잡음이 많이 담기지만 아이러니하게도 LP를 찾는 젊은 세대들은 이와 같은 잡음에서 편안함과 독특함을 느낀다. 즉 LP 음악에는 기존의 고음질 음원에서는 느낄 수 없는 인간적인 매력이 있는 것이다.

LP 애호가들을 위한 시장의 변화

출처: vinylandplastic.hyundaicard.com/about.do

대부분의 보통들은 스마트폰 터치 몇 번이면 어디에서나 다양한 음악을 즐길 수 있다. 하지만 동시에 음반이 들려주는 아날로그적 감동과 소유의 즐거움을 기억하고 갈망한다.

    LP의 매력을 느낄 수 있는 문화 공간들이 곳곳에 생겨나고 있다. 현대카드는 아날로그 감성을 느껴보고 싶은 이들을 위해 LP판을 마음껏 들을 수 있는 '바이닐앤플라스틱VINYL&PLASTIC'이라는 문화 공간을 보유하고 있다. 그리고 그 성장세 역시 대단하다. 매출 성장세가 18년에는 17%, 19년에는 무려 31%나 올랐기 때문이다. 이태

원 중심에 자리하고 있는 바이닐앤플라스틱의 1층에는 약 1만여 장의 LP판을 보유하고 있고, 직접 LP를 들어볼 수 있는 턴테이블들도 놓여 있어 턴테이블로 음악을 듣기 시작하는 입문자에게 좋은 체험 공간이다.

이곳의 모토는 '소비의 음악' 문화에서 잠깐이라도 벗어나 '소유의 음악'을 체험하게 해주자는 것이다. 요즘 우리는 스마트폰 터치 몇 번으로 음악을 들을 수 있지만 이러한 방식은 음악을 소유하고자 하는 욕망을 충족시키지는 못한다. 이곳은 바로 그 욕망을 충족시키고자 하는 것이다.

골목 음반가게의 부활

장기하와 얼굴들 4집
내 사랑에 노련한 사람이 어딨나요 LP 한정반

LP판의 아날로그적 감성을 경험해 보지 않은 세대들도 LP의 매력에 빠지고 있다. 대부분 500~1000장 규모의 한정판으로 발매되는 최근의 LP들은 대부분 완판이 되었다.

동교동 큰길 안쪽 골목에는 김밥레코즈라는 음반 가게가 있다. 이곳에서 요즘 아이돌 음악은 찾아보기 힘들다. 면적은 8평 정도로 좁지만 LP를 무려 2,000여 장이나 구비하고 있다. 작지만 내실 있는 동네 골목 음반 가게이다. 이처럼 LP의 인기가 늘어나면서 하나둘 씩 사라졌던 동네 음반 가게가 다시 살아나고 있다. 이곳의 주 고객은 2~30대 젊은 층이다. LP를 경험해보지 못한 세대이지만 한번 경험하게 되면 다시 찾게 되는 매력이 있다는 증거이다.

그리고 이런 동네 음반 가게는 예전 음반 가게와는 조금 다른 특성을 가지고 있다. 예전의 음반 가게가 소위 잘 팔리는 음악예를 들어, 아이돌이나 히트곡 모음 중심이었다면, 김밥레코즈 같은 부활하는 동네 음반 가게들은 추천곡이나 인기곡을 따로 전시하지 않는다. 그저 음반의 상태에 따라 등급을 달아놓을 뿐이다. 또한 아무데서나 찾을 수 없는 희소가치가 있는 음반을 중심으로 진열한다. 이러한 독립 음반점은 '주인장이 듣고 싶은 음악' 위주로 큐레이션한다. 다시 말해 대형 음반점과는 다른 고객층을 보유하고 있는 독자적인 생태계가 있다는 것이다. 어찌 보면 판매를 위한 단순한 가게라기보다 LP에 대한 마이크로트렌드들이 모여드는 커뮤니티 공간에 더 가깝기도 하다.

그렇다고 LP가 이렇게 과거의 경험이나 레트로함에만 머물러 있는 것은 아니다. 기존에 우리가 알고 있던 검은색 LP판이 최근에는 형형색색 새로운 옷을 입었고 케이스 역시 2020년의 감각을 입히면서 그저 소장하는 것만으로도 예술적 가치가 있는 형태로 바뀌고

출처: http://recordfair.kr/first-sales/

LP는 최근 일종의 '굿즈' 역할을 하기도 한다. 대부분 LP를 한정판으로 출시하기 때문에 꼭 듣지 않더라도 소유하고 싶은 굿즈가 되기 때문이다.

있기 때문이다.

무형의 시대에서 오는 결핍

디지털 시대를 살아가는 요즘, 아날로그 감성이 다시금 등장하는 경우를 많이 보고 있다. 과거에는 일부 마니아층만 향유했던 문화들이 대중화되고, 비록 마니아가 아니더라도 손쉽게 접하고 즐길 수 있다. 이러한 과거의 아날로그가 회귀하는 현상은 일시적이 아닐 것이다. LP에 대한 인기가 단순히 잠깐이 아니라 최근 몇 년간 꾸준히 증가하고 있고 새로운 형태의 산업이 나타나는 것을 보면 이를 증명할 수 있다.

디지털 시대는 무형이 대부분이다. 무형은 어디서나 접속해 사용하고 또한 공유하기 쉽다는 장점이 있지만 반대로 소유하지 못하고 직접 보고 느낄 수 없는, 즉 감성을 자극하지 못하는 단점도 가지고 있다. 이러한 단점과 필요에 따라 나타나는 것이 LP판과 같은 아날로그적 감성이다. 더 좋은 품질, 더 높은 수준의 기술을 요하는 사회에서 LP판이 들려주는 적당한 잡음과 불편함은 도리어 감성을 자극해 소비하게끔 만든다. 앞으로도 편리함과 무형에서 오는 다양한 결핍을 해소할 수 있는 아날로그의 귀환은 다양하게 나타날 것이다.[78]

기술이 취미를 기록하고 보관하다, '하비홀릭'

하비홀릭

특정 취미와 관심사에

열정적인 모습을 보이는 사람을 지칭하는 말로

취미를 뜻하는 'hobby'와 광적이라는 의미의

'holic'이 합성된 단어

보통's Life

40대 직장인 보통 씨는 등산이 취미이다. 어차피 코로나19 때문에 갈 만한 곳
이 마땅치 않은 요즘이다보니 휴일만 되면 날씨에 상관없이 산에 오르곤 한다.
그러기 위해서 고가의 등산 장비도 빠짐없이 구비하고, 각 지역 유명한 산들을
오르기 위해 아껴둔 연차를 쓰는 것도 불사한다. 물론 이를 위해서 용돈을 아
껴 써야 하지만, 아끼고 아껴 모은 돈을 취미 활동에 지출하는 데는 아깝지 않
다. 취미 활동이 그저 삶의 낙이기 때문이다. 오늘은 또 어떤 신상품이 나왔을
지, 새로운 기술이 나올지 매일이 기대된다.

4차 산업혁명의 시대, 취미를 즐기는 방법도 변한다

코로나19로 인해 많은 사람들이 힘들어 하는 것 중 하나가 본인의 취미를 제대로 즐기고 있지 못하다는 것이다. 그래서일까? 과거에 비해 취미를 즐기는 횟수는 어쩔 수 없이 줄어들었겠지만 한번 즐기는 취미를 제대로 즐겨보고자 하는 경향이 나타나고 있다. 쉬운 예로는 집에서 머무르는 시간에 취미를 제대로 즐겨보고자 하는 보통 사람들이 늘어나면서 베이킹이나 뜨개질, 요리 등과 관련된 고가의 재료나 장비와 관련된 소비가 증가하고 있고 셀프, DIY로 할 수 있는 다양한 키트들의 판매량이 역대 최대를 기록하고 있다. 이에 기업들은 판매뿐만 아니라 자신의 홈페이지나 채널을 다양하게 활용할 수 있도록 VR, AR등과 같은 첨단기술을 활용한 튜토리얼을 제공하기도 하기도 한다.

4차 산업혁명이 우리 생활 곳곳에 영향을 미치고 있다. 사람이 필요 없는 공장 시스템, 인공지능이 운전하는 자동차, 스마트폰 하나로 원격 조종되는 집 등 4차 산업혁명 기술이 사회 전체가 살아가는 모습, 그리고 개인들이 취미를 즐기는 모습까지도 바꿔나가고 있다. 가장 일반적인 취미활동이라 할 수 있는 스포츠에도 이러한 4차 산업혁명 바람이 불고 있다.

스포츠의 본질은 무엇일까? 잘하고 싶은 욕망, 이기고 싶은 욕망. 스포츠의 본질은 바로 인간의 욕망이다. 이러한 스포츠의 본질, 즉 인간의 욕망에 기술이 결합된다면? 이는 환상적인 융합이 될 것이다. 왜냐하면 이기고 싶은 마음과 같이 인간의 가장 근원적이고 본능적인 동기를 자극하는 일은 다른 분야에서라면 결코 쉽지 않기 때문이다. 만약 기술이 이러한 욕망을 해결해줄 수 있는 매개체가 된다면 지갑은 반드시 열릴 것이다. 실제로 이러한 모습은 드론과 데이터를 취미 스포츠에 활용하는 방식에서 드러나고 있다.[79]

취미지만 가끔은 전문가처럼 보이고 싶다

취미의 사전적 의미는 '즐기기 위해 하는 일'이다. 하지만 하비홀릭족에게는 이러한 의미가 적용되지 않는다. 이들은 좋아하는 취미에 대해 전문가 수준의 공부를 하기도 하고 이를 위해 지출하는 거액의 비용도 아까워하지 않는다. 그저 즐기면서 구경하기만 하는 것이 아니라 보다 주체적으로, 그리고 공격적으로 즐기고자 한다.

출처: www.youtube.com/channel/UCI0Fx D02827RxDk 193_RUcJg

취미 활동에서 내가 주인공이 되는 경험을 가지는 것은 삶의 또다른 즐거움이 될 수 있다. 세세한 소비자의 니즈를 정확하게 꿰뚫어보는 것이 중요한 포인트이다.

이러한 하비홀릭들은 안정적인 수입을 바탕으로 강력한 제품 구매력을 가지고 있기 때문에 관련 시장에 있어 아주 매력적인 존재가 된다.

'고알레'는 아마추어 축구선수들을 대상으로 그들의 플레이를 촬영 및 편집하여 제공하는 서비스이다. '합리적인 가격으로 추억을 선물하라'가 사명이다. 해당 서비스는 경기 전체 영상과 5분짜리 하이라이트 영상을 편집해 일주일 내로 전달한다. 이러한 서비스는 아마추어들의 니즈를 정확히 파악했기에 성공할 수 있었다. 아마추어 축구선수들이 자신의 경기력을 높이기 위해 할 수 있는 노력은 프로 선수들의 영상을 보며 분석하거나 그들의 장비를 따라 구매하는 것이 거의 전부였다.

자신의 플레이를 분석하거나 팀을 분석하는 것도 아주 제한적으로만 가능했다. 하지만 고알레는 아무리 허접한 축구팀일지라도 영상만은 프로선수의 것과 견주어 손색없는 수준으로 남길 수 있게 해준다. 자신만의 하이라이트 영상을 가질 수도 있다. 이렇게 만들어진 영상은 때때로 개인 소장을 넘어 다양한 채널을 통해 공유된다. 이를 매개로 또 하나의 유명 인사가 탄생하기도 하고, 커뮤니티가 조성되기도 한다.

특히 하이라이트 영상을 제작할 때 '노원구 베론', '과기대 파브레가스', '도곡동 반 페르시'와 같은 별명을 더해 특색 있는 재미와 만족을 제공한다. 고알레는 아마추어 경기의 명장면을 예로 들며 경기력 향상을 위한 꿀팁 동영상을 업로드하는 등 자문가 역할까지도

톡톡히 해내고 있다.

한편, 데이터도 스포츠에 있어 빼놓을 수 없는 중요한 요소 중 하나이다. 이미 오래 전부터 머니볼 이론이 세상에 알려진 이후, 스포츠에서 데이터는 빠질 수 없는 존재가 되었다.[80] 축구 중계방송은 슈팅, 코너킥, 볼 점유율, 패스 성공률 등 다양한 정보를 더해 시청자에게 재미를 준다. 선수들에게 있어 이러한 데이터는 곧 가치를

비프로일레븐은 취미에 돈을 아끼지 않는 현대인들의 생활 모습과 이기고 싶은 본능 두가지를 잘 활용한 비즈니스 모델이다.

입증하는 자료가 된다.

그간에는 개인 하이라이트 영상과 마찬가지로 선수들의 개인 기록 또한 프로만의 전유물로 여겨져 왔다. 하지만 '비프로일레븐' 서비스를 이용하면 아마추어도 자신만의 기록을 가질 수 있다. 비프로일레븐은 이름 그대로 모두가 프로처럼 커리어를 관리할 수 있도록 해준다. 이 프로그램을 쓰면 축구 경기 진행 내용을 실시간으로 입력하고 관리할 수 있다.

또한 동호인 대회에 출전하게 되면 전체 팀 순위, 선수 순위와 실시간 리그 기록 등도 한눈에 정리된다. 팀/개인 기록 및 랭킹 제공을 처음 경험해본 아마추어들은 마치 프로 선수가 된 것 같은 기분으로 축구를 즐길 수 있게 되며 자신의 취미에 더 큰 재미를 느낀다.[81] 이에 더해 '이기고 싶다'라는 본능까지 작용하면서 이러한 서비스에 지출하는 것에 전혀 아까움을 느끼지 않게 된다.

비즈니스와 기술의 진화는 어디까지일까?

이러한 데이터 제공 서비스는 전국 단위의 축구대회도 만들었다. 비프로일레븐이 주최한 'bepro U 챔피언스리그'가 대표적이다. 경기 기록을 제공하는 것을 넘어 방송국 해설위원과 캐스터가 중계하기도 하고 KFA 1급 프로 심판이 경기를 직접 진행해준다. 이 모든 것은 다양한 후원을 통해 가능하다. 대회 유치 이외에도 축구 분석

아카데미를 열어 축구 분석가 인재 양성에 앞장서기도 한다.[82]

비프로일레븐은 여기서 그치지 않았다. 정보 수집 장치를 위성항법장치GPS와 함께 선수 몸에 부착해 선수들이 경기에서 뛰는 상황을 생생하게 기록하는 기술을 이미 구현 중이다. 레알 마드리드와 협약하여 유소년 축구 코칭 프로그램에 해당 기술을 실제로 활용할 예정이라고 한다. 이제 아마추어도 등 뒤에 GPS를 달고 축구 경기를 뛰는 것이 일상이 되는 날이 머지않은 듯 보인다.[83]

개인 하이라이트 영상 제공과 함께 더 나은 기량 향상을 자문해주는 고알레, 아마추어 대회 간 팀/개인 기록을 제공하며 색다른 재미를 선사하는 비프로일레븐. 이들의 공통점은 바로 새로운 기술 등장과 함께 이전에 존재하지 않았던 새로운 시장을 개척했다는 것이다. 그리고 새로운 시장 안에서 아예 발견할 수도 없었던 기회와 니즈를 정확히 짚어 만족을 극대화했다.

또 다른 공통점은 하드웨어를 활용하되 결과는 소프트웨어콘텐츠에 더 중점을 두었다는 점이다. 고알레는 드론을 활용해 영상을 촬영하고, 이를 축구 경기 영상, 꿀팁 동영상 등 다양한 콘텐츠 확장에 활용했다. 비프로일레븐은 GPS 장치와 같은 하드웨어를 통해 데이터를 수집하고 이를 기반으로 아마추어 선수들의 전문성을 높이기 위한 방법에 집중하여 비즈니스를 확장했다.

코로나19로 인해 가장 피해를 받는 취미는 바로 대규모로 함께 하는 스포츠이다. 그리고 대표적인 것이 바로 '마라톤'이다. 국내의 마라톤 시장 규모는 생각보다 엄청나다. 러닝 크루라는 신조어가 생길 정도로 수백여 개의 마라톤 동호회가 존재하며 뉴발란스, 나이키, 아디다스 등의 글로벌 스포츠웨어 업체에서도 이에 대한 투자로서 앞다퉈 마라톤 행사를 주최하고, 후원하고 있다. 하지만 모두가 함께 달려야 하는 마라톤은 코로나19이후 더 이상은 불가능한 취미로 치부되고 있었다. 하지만 고통과 대안은 함께 발전하는 법이다.

최근에는 버추어런Virture Run이라는 새로운 마라톤 방법이 나타났다. 버추어런이란 행사 기간 동안 참가자들이 스마트폰의 GPS를 활용해 동일한 시간, 지정된 장소가 아닌 원하는 장소에서 주최 측에서 제공한 코스 길이를 뛰는 방법이다. 물론 여러 가지 가이드는 존재한다. 준비운동하기, 안전한 코스만 달리기, 철저한 개인위생 지키기, 내가 달린 길은 깨끗하게 정리하기 등 말이다. 어쩔 수 없는 상황에서 혼자 달리기는 하지만 마라톤의 백미라 할 수 있는 타인과 함께 달린다는 느낌, 대회에 참여한다는 소속감, 기록 경쟁을 한다는 경쟁심 등 마라톤으로서 얻을 수 있는 긍정적 감정들을 기술을 이용해 대신하는 것이다. 물론 사전 신청자에 한해 주최 측에서는 이러한 감정을 극대화 할 수 있도록 기념품, 번호표, 완주메달도 택배로 발송해 준다.

이러한 아이디어들과 함께 지금 이 순간에도 시장에는 계속해서 코로나19 상황에서도 마음껏 취미를 즐기는 것을 가능케 해주는 다양한 신기술이 쏟아져 나오고 있다. 머지않아 스크린 골프처럼 VR을 활용한 스크린 축구에 열광하는 사람들이 생기거나 AI, 딥 러닝 기술을 결합하여 무인으로 심판을 봐주는 프로그램이 등장할 지도 모를 일이다. 그리고 이러한 기술을 바탕으로 쌓여진 데이터는 시간이 지날수록 더욱 다양하고 새로운 비즈니스 모델을 지속적으로 만들어낼 것이다.

출처: https://www.garmin.co.kr/

온라인으로 하는 가상마라톤. 코로나19 시대의 스포츠 이벤트 생존법의 진수를 보여주고 있다.

다섯

취미가 기업에 관여하다,
'브랜드 크루'

브랜드

사전적 의미로
'특정한 기업의 제품이나 서비스를 구분하는 데 쓰이는
명칭 또는 기호'라는 뜻을 가진다.
최근에는 기업 이미지, 이념, 경영 전반 등
외부로 드러나는 기업의 전반적인 모습이나
형태를 아울러 브랜드라 칭하기도 한다.

보통's Life

나이키 신발을 신고 집을 나서는 사람이 있다. 손에는 아이폰이 들려 있고, 뉴발란스 로고가 크게 박힌 맨투맨을 입고 걷는다. 이내 스타벅스에 들어가 사이렌 오더로 주문을 하고 자리에 앉아 맥북을 켜고 일을 시작한다.

이 사람이 누군지는 모른다. 알 수 없다. 하지만 대략 어떤 사람일지 느낌은 온다. 왜냐하면 그의 옷과 소지품의 브랜드가 보이기 때문이다. 우리는 은연중에 브랜드로 자신을 표현하고 있다. 이미지 기반 SNS의 영향으로, 나를 표현하는 말과 문구보다 브랜드의 로고가 담긴 옷이나 제품으로 나를 표현하는 게 익숙하다. 모든 것이 브랜드인 시대라 해도 과언이 아니다. 그렇기 때문에 많은 기업과 조직들은 기업의 가치를 브랜드에 담아 고객에게 전달하려 노력한다.

'브랜드 크루'의 탄생

코로나19는 소비자들의 브랜드에 대한 인식과 충성도에도 변화를 주고 있다. 한 번도 경험해 보지 못한 위기상황에 처해진 소비자들은 각자의 생존방식을 찾아가고 있지만 또한 좀 더 안정적인 것에 더 의지하고 있는 듯하다. 미국 투자자문기업 에버코어Evercore의 조사결과에 따르면 최근 소비자들은 진실되고 익숙한 것tried and true을 새롭고 트렌디novel and trendy한 것보다 더 선호하는 것으로 나타났다. 즉 소비나 브랜드를 선택함에 있어 위기인 지금의 상황에서는 기존의 사고방식을 유지하는 것이 새로운 것을 받아들이는 것보다 더 나은 선택지로 판단한다는 것이다. 그렇기 때문에 많은 기업과 브랜드들은 새로운 런칭보다는 오랜시간 고객과의 유대감과 경험이 쌓여진 기존 브랜드들을 더 향상시키려는 노력이 계속되고 있는 상황이다. 이는 브랜드에 대한 코로나19 이전의 인식변화와도 일맥상통한다.

과거에는 브랜드 제품을 소비하는 것만으로도 소비자 개인의 개성이 드러났다. 하지만 시간이 흘러 누구나 브랜드를 접하는 오늘날에는 브랜드가 더 이상 개인의 고유성을 드러내지 않는다. SNS는 엄청난 속도로 기존의 유행을 소멸시킨다. 새로운 유행이 전파된 지 얼마 지나지 않아 또 다른 새 유행이 발생한다. 점점 브랜드로 자신을 대변하는 데에서 더 이상 매력을 느끼지 못하는 사람들이 나타나기 시작했고, 새로운 방식으로 개성을 드러내기 시작했다. 적극적으로 브랜드와 소통하기 시작한 것이다.

마치 아이돌을 좋아하는 이들 사이에서 '팬덤 문화'*가 형성된 것처럼 기업 또는 브랜드에게도 팬클럽 같은 존재가 생겨났다. 브랜드 취향이 맞는 사람끼리 함께 모여 크루crew를 형성한 것이다. 이들은 함께 브랜드를 소비하고, 이에 대한 각자의 생각과 느낌을 적극적으로 공유한다. 브랜드로 자신을 표현하는 것은 물론이며, 온오프라인으로 기업 내부의 관계자, 제품의 다른 사용자와 소통하고 생각을 공유하며 자신들만의 집단을 형성한 것이다. 이것이 바로 '브랜드 크루'이다.

나이키 러닝 크루 'NRC'

NRCNIKE RUN CLUB는 나이키와 나이키 제품을 사랑하는 사람들이 모여 함께 달리기를 하는 모임이다. 전 세계 러너들이 매일 함께 달릴 수 있는 글로벌 러너 커뮤니티라 할 수 있다. NRC 멤버가 되면 전 세계 40개 이상의 도시에서 진행되는 오프라인 그룹 러닝에 참여할 수 있는 것은 물론, 앱을 통해 온라인 커뮤니티에도 참여할 수 있다.

국내 그룹 러닝 시에는 신발부터 헤어밴드까지 나이키로 무장하

---

* 어떤 대상의 팬들이 모인 집단을 일컫는 말이다. 대중문화의 보편화와 소셜 네트워크의 발달로 인해 이러한 집단인 팬덤이 사회적, 문화적 영향력을 갖게 되면서 '팬덤 문화'라는 말이 탄생하였다. 이러한 팬덤 문화는 연예인 등에 국한되었으나 지금은 다양한 대상과 부문에서 나타나고 있다.

고 서울 일대를 7km 가량 함께 뛴다. 나이키가 소비자에게 주고 싶은 가치 'Just do it'을 이들 크루는 스스로 실현하고 있다. 동시에 함께 거리를 달리는 이들의 모습은 보는 이로 하여금 다시 한 번 나이키의 가치를 생각하게 한다.[84]

출처: www.nike.com/us

나이키 NRC는 단순히 러닝 클럽만 운영하는 것 뿐만 아니라, 러닝을 위한 패션 스타일링을 도와주는 '나이키우먼 스타일링 서비스' 도 운영한다.

NRC가 매주 모여서 뛰는 과정은 다음과 같다. 매주 NRC 앱에 이벤트오프라인 러닝 장소 및 시간가 공지된다. 보통 어플을 통해 미리 신청하고, 사전 신청에 실패한 사람들은 러닝 당일 집결 장소에서 선착순으로 도착한 사람에 한해 참가할 수 있다. 집결 장소는 실제 NIKE 매장. NRC 크루들은 이곳에서 새로 나온 러닝화나 레깅스 등을 무료로 빌릴 수 있다. 할인된 가격으로 구매도 가능하다.

NRC들은 정해진 코스를 달리는데 코스는 매번 다르다. 잠실 석촌호수 일대부터 청와대 앞길까지 서울 한복판이 트랙이 된다. 달리는 과정은 나이키 건강 어플을 통해 자동으로 기록되며, 자신의 속도와 뛴 거리를 바탕으로 건강에 대한 정보가 제공된다. 이 정보들은 다른 크루들에게 공유가 가능하며 크루들 사이에서 랭킹을 만들어준다. 더 나아가 해시태그를 통해 SNS에서도 뜻이 맞는 사람들과 정보를 나눈다. 또한 전문 사진사가 모든 러닝 과정을 촬영하여 이들에게 나눠주는데 누가 시키지 않아도 SNS에 자신의 사진을 올려서 제2차 바이럴 마케팅이 될 수 있도록 나이키를 홍보한다.

고객과의 소통과 경험을 중요시 하는 러닝 클럽은 나이키를 넘어 아디다스, 아식스 등 많은 업체들이 활용하고 있는 전략이다.

일시적인 러닝 붐도, 단발성 러닝 이벤트도 아니다. 러너들은 일상생활에서 매일 전문적인 러닝 프로그램을 함께 경험하며 대한민국의 러닝 문화에 새로운 바람을 불러일으켰다. 나이키가 본래 추구하는 운동에 대한 열정이라는 가치에 동참하고, 운동이라는 일상을 함께하며 NRC 문화는 더욱 견고하게 퍼져나간다. 함께 운동하고 싶어 하는 사람들을 크루로 묶어 그들 자체가 하나의 브랜드이자 영업 사원이 되도록 만든 대표적인 사례이다.

배달의민족 팬 크루 '배짱이'

나이키의 NRC처럼 매주 오프라인에서 만나고 교류해야만 크루 문화가 형성되는 건 아니다. 전혀 구심점이 없을 것만 같은 사업 아이템 중심으로 생겨난 크루가 있다.

배달 주문 어플인 배달의민족의 크루, 바로 '배짱이'다. 누군가에 게는 그저 배달 대행 어플로 인식되지만 배짱이에게 배달의민족은 그 이상의 의미를 지닌다. 배달의민족은 배달을 민족의 문화로 인식하는 B급 감성 마케팅을 활용해 많은 팬을 보유하게 되었다. B배 민폰트, 배민굿즈 등을 통해 다양한 유저들을 사로잡았기도 했다. 배달의민족에 매료된 이용자들은 크루 문화의 트렌드에 힘입어 실제 팬클럽을 만들었다.

출처: 배달의민족 페이스북

배짱이는 우아한형제들이 운영하는 배달 애플리케이션 '배달의민족을 짱 좋아하는 이들의 모임'으로 일종의 팬클럽이다. 정식 배짱이가 되기 위해서는 약 500대 1의 경쟁률을 뚫어야 한다고 한다.

배달의민족을 사랑하고 스스로 팬을 자처한 전국의 이용자들에게 하나의 구심점이 생긴 것이다.[85]

배짱이들은 성별도, 직업도, 성향도 다르다. 그저 배달의민족을 열정적으로 사랑하면 가입할 수 있다. 이들에겐 약간의 혜택이 주어지는데 배달의민족에서 새로 만든 굿즈 사용이나 행사 참여에서 우선권을 얻는다. 배짱이들은 일상 속에 스며든 배달의민족 제품을 찾아 스스로 공유하고, 각자만의 배달 팁을 전수하며, 굿즈 제작을 위한 아이디어를 제시한다. 그야말로 배달의민족 브랜딩에 참여하고 있는 것이다.

이들 크루의 역할은 실제로 해당 기업에 큰 영향을 미치고 있다. 제품 후기를 공유하고 지인에게 추천해주는 역할 이상이다. 이들은 스스로 기꺼이 제3의 영업사원이 되어 제품 구매 이후 활동에 참여한다. 이들로부터 얻는 피드백들이 축적되어 브랜드는 계속 수정, 보완, 생성되며 변화한다. 나아가 팬이 아닌 사람들마저 고객과 팬으로 만드는 기틀을 함께 만들어 간다.

기업이 시켜서, 부탁해서 크루를 자처하는 것이 아니다. 이들 스스로 크루 문화를 즐기며 더욱 견고하게 성장하고 있다. 심지어 주변인들을 배민 유저로 끌어들인다. 이 과정에서 어떠한 강제성도 없다. 다양한 이벤트를 즐기고 기획에도 참여하며 말 그대로 하나의 브랜드를 만들어 나가고 있다.

브랜드 소유권의 이동, 브랜드 네트워크의 탄생

NRC와 배짱이는 열정적인 소수의 크루가 만든, 새로운 라이프스타일이다. 특정 브랜드의 이름 아래 함께 가치관을 공유하며 소통하는 사람들이 모인 것이다. 이들은 단순히 제품을 홍보하고 사용후기를 작성하는 등 기존 커뮤니티의 역할을 넘어서 새로운 브랜드 이미지와 개성을 구축해 나가고 있다.

나이키 러닝 크루가 나이키의 본래 가치인 열정을 바탕으로 '함께 운동하는 열정'으로 진화했고, 배짱이는 재미있는 배달 문화를 바탕으로 '일상의 재미있는 B급 문화'로 진화했다. 기업과 함께 성장한 크루 문화가 기업을 나타내는 새로운 브랜드가 되고, 개개인의 크루는 기업 입장에서 가장 효과적인 마케팅 수단이자 가장 열렬한 영업 수단이 된다.

서로의 행동양식을 공유하며 커뮤니티 내에서 소통하는 브랜드 크루의 등장은 브랜드의 소유권을 기업에서 고객으로 전이시켰다. 이전의 브랜딩은 기업이 먼저 전달하고자 하는 가치를 설정하고, 고객으로 하여금 브랜드의 가치를 소비하게 하는 구조였다. 기업이 소유한 브랜드와 페르소나persona*를 고객에게 전이하는 과정이라 할 수 있었다.

---

* 페르소나란 심리학 용어로 겉으로 드러난 외적 성격을 말한다. 브랜드 페르소나란 이를 브랜드에 적용시킨 개념으로, 소비자들은 브랜드의 진정한 성격을 알 수 없으므로 겉으로 드러난 브랜드의 페르소나를 통해 성격을 판단하고 평가한다.

하지만 이제는 브랜드를 소비하고 사용하는 고객의 경험이 곧 브랜드가 되어 다른 소비자들에게 퍼지고 새로운 개성과 가치관으로 자리 잡는다. 이처럼 크루의 중요성이 커지자 기업은 별도의 부서를 편성해 이들을 유지하기에 나섰다.[86] 커뮤니티를 관리하고 신제품 반응을 테스트하기도 한다. 크루에게만 적용되는 프레스티지prestige를 부여해 각종 행사와 모임을 주선하기도 한다.

기업이 소비자를 대하는 태도와 행동양식은 모두 소비자의 반응으로 고스란히 축적된다. 자신을 브랜드 그 자체로 인식하며 행동하는 브랜드 크루와 소통하는 것이 곧 마케팅이자 브랜딩이며, 또 하나의 영업으로 자리 잡게 되었다. 이러한 브랜드 네트워킹은 앞으로 마케팅에서의 핵심이 될 것이다.

PART 06

미래,

보통의 감성과
기술이 만나다

하나

TV 속 콘텐츠들의 해방, '코드커팅(cord cutting)'의 시대

코드커팅(Cord cutting)

말 그대로 코드를 자른다는 것을 의미.
기존의 TV, 케이블 등을 제거하고
온라인 영상 플랫폼으로 이동하는 현상을 말함.

보통's Life

3년차 직장인 보통 씨는 출퇴근길 지하철 안에서 이어폰을 낀 수많은 사람들을 본다. 주변에는 관심을 갖지 않은 채 이어폰으로 귀를 막고 영상을 보는 이 모습을 혹자는 사회적 문제라며 비판할 수도 있겠다. 하지만 보통 씨의 생각은 다르다. 이어폰을 끼고 주변과의 단절을 선언하는 것이 개인적인 문제가 될 수 있을지는 몰라도 사회적인 문제는 결코 아니다. 보통 씨 역시도 이동 간에는 늘 스마트폰과 함께한다. 그저 시간을 때우기 위해서 보는 경우도 있지만 많은 것을 보고 배울 수도 있다. 퇴근 후 방에 누워 영상을 보는 시간은 최고의 휴식이다. 보통 씨는 이러한 작지만 확실한 행복을 위해 한 달에 1~2만 원쯤 쓰는 건 전혀 부담스럽지 않다고 생각한다. 최근에는 TV를 켜본 적도 거의 없다. 비싼 IPTV도 오래 전에 해지해버렸다.

세상에서 TV가 사라진다면?

미국 내 프라임타임 인터넷 트래픽의 3분의 1을 넷플릭스가 사용하고 있다는 CNN의 보도가 있을 정도로 넷플릭스는 엄청난 인기를 끌고 있다.

미디어 콘텐츠는 이미 여가의 절대적인 분야였다. 하지만 코로나19와 같은 초유의 집콕 환경에서는 절대적이면서도 유일한 여가의 한 부분이 되어버렸다. 그렇기에 소비자들은 미디어를 활용해서 시간을 보내고 소비를 하고 새로운 문화를 만들어내고 있다. 실시간 TV 시청 시간뿐만 아니라, 미디어 콘텐츠를 소비하는 방법 역시 다양화, 또는 양극화 되고 있는 상황이다. 그 중심에 바로 TV가 있다.

보통의 삶이라고 해서 그저 평범하거나 과거에만 묶여 있는 것은 아니다. 이 시대의 보통은 단지 여유가 없을 뿐 새로운 것이나 신기술을 받아들일 능력은 충분하다. 그렇기 때문에 기존과 비교해 조금 더 편리한 것을 제공하는 무언가가 있다면 보통의 누군가는 이를 환영하며 받아들일 것이다. 문화체육관광부에서 매년 조사하는 '국민여가활동조사' 결과에 따르면 1999년에도 1위는 단연 TV 시청 62%이었고, 2019년의 1위도 여전히 TV 시청71.4%이었다. 예전에도 그랬고 지금도 마찬가지로 TV는 모든 삶 속 가장 깊숙한 일상에 뿌리내리고 있다.

하지만 분명 달라진 것도 있다. 과거 우리는 TV를 방영하는 그 시간에 TV 앞에 모여 앉아 정기적으로 TV를 시청했다면 지금은 TV를 보는 방식과 시간이 매우 다양하다. 심지어 다양한 스마트 디바이스를 통해 동영상을 보는 젊은 세대에게는 TV라는 단어가 낯설기까지 하다. 왜 이러한 변화가 생기게 된 것일까? 이유는 다양하다. 우선 생계를 위해 각 세대가 모두 치열하게 살다보니 TV 앞에 앉아 있을 시간적 여유가 점점 부족해지고 있다. 더욱이 굳이 TV를 이용하지 않더라도 컴퓨터나 스마트폰으로 원하는 프로그램의 시청이 가능해진 시대에 살고 있기 때문이기도 하다.

기술의 발전으로 TV를 대체할 미디어 플랫폼이 이미 상용화되었다. 앞으로는 더 많은 미디어 플랫폼이 등장할 것이다. 그렇다고 해서 TV라는 디바이스가 사라질 것이라는 말은 아니지만 영상 분야의 절대 강자로 군림하던 TV의 입지가 점점 더 좁아질 것임에는 분명하다. 시장 경제를 이끌어갈 주력 고객, '밀레니얼 세대1980년대 초부터 2000년대 초에 출생한 세대'들은 이를 증명할 만한 미디어 이용 행태를 보여준다. 어릴 적부터 SNS를 비롯한 IT기술을 익숙하게 사용해온 이들 세대는 IT 기반의 새로운 문물에 대한 관심이 지대하고 적응력 또한 뛰어나다. 스마트폰을 활용한 유비쿼터스Ubiquitous 세상에도 자연스럽게 적응하며 성장했다. TV 시장은 이러한 밀레니얼 세대의 특징을 이해하여 IPTV라는 인터넷 기반 TV 플랫폼을 개발하였다.[87] 하지만 이러한 IPTV도 인터넷을 TV로 끌어오는 데는 성공했을지 모르지만 유비쿼터스 세상 실현에서는 여전히 한계점을 갖는다. TV는 집 안에 고정되어 있는 것이기 때문이다.

코드커팅Cord cutting
– 미래의 미디어 시장으로 가는 출발점

코로나19 이후, '코드 커팅'이라는 단어가 확산되고 있다. 코드 커팅이란 말 그대로 코드를 자른다는 것을 의미하며, 이때의 코드는 TV의 코드 선과 유료 케이블 선을 의미한다. 이는 기존의 TV와 유료 케이블을 이용하던 고객들이 가입을 해지하는 현상을 비유적으로 표현한 것이다. 이를 해지한 고객들은 TV에서부터 더 이상 코드가 필요 없는 온라인 영상 플랫폼으로 이동한다.[88]

실제로 작년까지 3,300여만 명의 미국인이 코드커팅을 한 것으로 나타났고, 2022년에는 그 규모가 6,000만 명에 달할 것으로 전망되고 있다. 코드 커팅을 하는 이유는 다양하다. 첫째, IPTV를 이용하는 이용료보다 온라인 미디어 플랫폼들의 이용료가 훨씬 저렴하기 때문이다. 한 조사에 따르면 2016년 기준 미국의 유료 케이블 이용료는 평균 103달러인데 반해 온라인 미디어 플랫폼 이용료는 평균 10달러로 유료 케이블 이용료의 1/10 수준이었다. 그리고 그 격차는 시간이 지날수록 점점 커지고 있는 추세이다.

출처 : the state of online video 2017 (limelight networks) 2017

나라	가격이 계속해서 오르면	가격이 계속해서 오르면	스포츠나 각종 이벤트등을 온라인을 통해 실시간으로 볼 수 있을 때	기타	케이블을 종료하거나 다른 비용을 지불하지 않겠다
프랑스	52.3%	21.7%	8.0%	1.5%	18.0%
독일	44.4%	10.5%	10.8%	2.0%	34.2%
인도	30.0%	33.0%	12.8%	2.4%	24.2%
필리핀	57.6%	19.4%	6.2%	2.8%	16.9%
싱가폴	59.2%	20.7%	10.5%	2.1%	9.7%
한국	46.5%	18.2%	11.2%	3.0%	24.1%
영국	70.8%	11.4%	5.6%	1.8%	12.3%
미국	55.5%	23.0%	10.8%	1.5%	10.8%
전세계 평균	51.2%	20.4%	9.7%	2.2%	18.7%

어떤 상황에서 유료 케이블 TV를 종료하시겠습니까?

둘째, 콘텐츠의 전달 방식과 타깃팅의 다양화이다. 기존 TV는 나름대로 시간대 분류와 다양한 채널 편성 등을 통해 시청자에게 다양한 콘텐츠들을 제공하고자 했다. 그러나 TV 시장의 이러한 노력에도 불구하고 여전히 TV 속 콘텐츠들은 개선 불가능한 한계점을 갖는다. 시청자는 그저 수동적으로 TV에서 방영해주는 것들을 볼수밖에 없다는 것이다. TV를 시청하려고 앉았다가도 자신이 찾는 콘텐츠가 모든 채널에서 방영되고 있지 않다면 시청자는 이내 TV를 끌 것이다.

이렇게 TV를 끈 시청자들은 인터넷이나 스마트폰으로 자신이 원하는 콘텐츠를 시청하게 된다. 다시 말해, TV 속 콘텐츠에 대해서 시청자는 수동적인 성격을 지니지만 온라인 미디어 플랫폼 속 콘텐츠는 시청자가 직접 원하는 콘텐츠를 선택하여 시청하는 능동적인 성격을 지닌다.[89] 이를 해결하기 위한 TV 시장은 단 10여 년 만에 4~5개의 채널을 4~500개로 만들기는 했지만 그 역시도 시청자에게 채널을 일일이 돌려야 한다는 피로감을 주면서 외면 받고 있는 실정이다. 온라인 플랫폼에게 채널의 개수나 시간 등은 전혀 문젯거리가 아니다. 연령대별로 분류하고 소비 행태를 분석해 맞춤별 영상을 상위에 노출시키는 알고리즘만 구현해두면 고객은 알아서 각자의 시간에 이를 선택하여 시청할 수 있기 때문이다.

코로나19 팬데믹은 코드커팅을 폭발적으로 확산시키고 있다. 코로나19 여파로 스포츠 경기가 연달아 취소되며 TV 생중계를 보던 이들도 TV 앞을 떠났다. 실제로 미국 이동통신사 AT&T는 올해 2분기 실적 발표에서 자사 유료방송 전체 가입자 중 95만4,000명의 가입자를 잃었다고 밝혔다.[90] 우리나라에서도 케이블TV 업체 현대 HCN이 매물로 나오는 등 지각변동이 예상된다. 유료방송 시장은 모바일 기기 이용의 전면화와 코로나19 확산 여파 등으로 IPTV와 OTT 중심으로 빠르게 재편되고 있다.

넷플릭스^{NETFLIX} – 코드커팅의 원동력

넷플릭스의 강점이자 기본은 언제 어디서나, 그리고 어떠한 기기로도 접속이 가능하다는 것이다.

보통들이 만들어내는 유행이나 트렌드는 전파 속도가 메가트렌드에 비해서는 다소 느릴지는 몰라도 매우 단단한 마니아층을 만들어낸다. 또한 지인 간 실제 경험기 공유를 통해 어느 순간 급속도로 전파되는 경향을 보인다. 코드 커팅 분야에서 이러한 양상을 가장 잘 보여주는 것이 바로 넷플릭스_{Netflix}이다.

넷플릭스는 인터넷_{net}과 영화_{flix}의 합성어로 네이밍을 한 미국의 온라인 동영상 서비스 제공 기업이다.[91] 1997년에 설립된 이 기업은 초창기에는 비디오와 DVD를 배달하는 서비스를 제공하다가 2007년 본격적으로 온라인 동영상 스트리밍 서비스를 제공하기 시작했다. 넷플릭스는 현재 OTT 시장의 부동의 1위 자리에 있다. (OTT는 'Over The Top'의 약자로 Top은 TV의 셋톱박스를 의미) 그리고 그 위상은 코로나19로 인해 엄청나게 높아지고 있다. 전문가들은 코로나19 이전에 비해 현재 넷플릭스의 월간 사용자수MAU는 약 50% 이상 증가 했을 거라 추정한다. 그리고 더욱 상징적인 변화는 코로나19로 인해 넷플릭스를 사용하는 50~60대의 비중이 엄청나게 높아졌다는 것이다. 이러한 현상은 셋톱박스에서 제공하던 수많은 유료 케이블 채널을 뛰어넘는다는 의미를 갖는다. 기존의 TV에서 제공하는 콘텐츠들을 인터넷과 모바일 기기들을 통해 TV보다 더 저렴하게, 화질은 높게, 언제 어디서나 제공할 수 있는 능력을 지닌 온라인 동영상 서비스 시장을 뜻하는 것이다.[92]

넷플릭스가 OTT 시장에서 1위를 할 수 있었던 가장 큰 이유는 먼저 저렴한 가격 때문이다. 한 달에 7.99달러만 내면 무제한으로 넷플릭스의 콘텐츠들을 시청할 수 있다. 다음으로 인터넷이 가능한 기기라면 어떤 기기이든지 콘텐츠를 시청할 수 있다는 호환성에 있다. 빅데이터를 활용한 넷플릭스만의 알고리즘은 고객 맞춤형 콘텐츠를 추천해준다. 이는 타 OTT기업에 비해 1/10 정도인 약 1만 개의 콘텐츠만 보유하고 있음에도 고객 수가 가장 많은 이유를 설명해준다.[93]

마지막으로 넷플릭스를 OTT 시장에서의 1위 자리에 올린 한 가지 가장 큰 이유는 바로 넷플릭스의 자체 제작 콘텐츠의 성공이다. 넷플릭스는 2013년 '하우스 오브 카드House of Card'라는 자체 드라마를 크게 성공시킨 이래로 지속적으로 자체 제작 드라마나 영화를 제작하고 또한 시청자들에게 엄청난 인기를 끌게 되면서 과거 소수 대기업이나 방송사들이 장악하고 있던 방송 유통시장을 뒤흔들어

버린 것이다. 소위 말해 웰메이드 영화임에도 상영관을 찾지 못해 아쉽게 사장되어버리는 영화들에 대한 이야기를 들어보았을 것이다. 유통 구조를 장악하고 있는 일부 기업에 휘둘리던 시장의 지형이 넷플릭스로 인해 바뀌어버린 것이다. 이러한 넷플릭스의 도전과 성공, 그리고 코드 커팅이라는 신조어의 확산은 미국 내 넷플릭스 가입자가 2017년 유료 케이블TV 가입자를 넘어서는 결과를 만들어냈다.[94]

궁극적으로 넷플릭스는 코로나19로 인해 넷플릭스 본인들의 예상보다도 빠르게 전 연령층이 그리고 대부분의 미디어콘텐츠 소비자가 이용하는 보편적인 미디어가 되어버렸다.

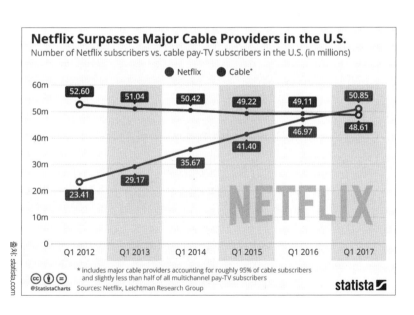

대한민국에서의 코드커팅?

대한민국에 코드 커팅이라는 단어가 알려지고, 넷플릭스 대중화의 첫 시작은 역시 보통들의 힘 때문이었다. 넷플릭스가 한국에 진출한 것은 불과 얼마 전인 2016년이었다. 마케팅이나 홍보를 거의 하지 않은 상황이었기 때문에 국내의 넷플릭스에 대한 관심은 거의 제로에 가까웠다.

하지만 넷플릭스가 갑자기 사람들의 입에 오르내리고 여론의 관심을 갖게 된 것은 봉준호 감독의 〈옥자〉라는 영화 때문이었다. 2017년 6월에 개봉한 〈옥자〉는 넷플릭스에게 투자를 받았다. 자체 콘텐츠를 제작하는 넷플릭스는 오직 자신의 플랫폼 내에서만 시청이 가능하도록 하는 것이 원칙이었지만 봉준호 감독의 요청으로 〈옥자〉는 한국에서만 극장 상영을 가능하도록 허락했다. 하지만 한국의 영화관들은 넷플릭스의 새로운 사업 모델을 보이콧이라도 하듯 하나같이 〈옥자〉의 영화관 상영을 거부했다. 이 논란은 국내에 넷플릭스를 알리는 좋은 계기가 되었다. 바로 이 지점에서 보통들의 힘이 발현되었기 때문이다. 자신의 잇속을 챙기기 위하여 좋은 영화를 볼 수 없게 만드는 대기업의 횡포에 보통의 대중들이 재보이콧하면서 결국 국내 가입자 수가 급격하게 증가하는 예상치 못한 결과로 나타났다. 그 일이 있은 후 불과 몇 년 뒤인 지금, 넷플릭스에서는 2019년에 한국 창작자들과의 협업을 통해 넷플릭스 오리지널 신작 10편 이상을 제작하였고, 2020년 현재 한국 오리지널 넷플릭스 신작을 그 어느 때보다 활발하게 발표 중이다. 봉준호 감독이 넷플릭스와 함께 '옥자'를 발표하던 시기에 한국인이 넷플릭스에 가졌던 인식과, 2020년 코로나19 이후 넷플릭스에 대해 한국인이 갖고 있는 인식은 완전히 다른 것처럼 보인다.

최근 넷플릭스는 한국 시장에 무사히 안착한 것으로 보이고, 특히 코드커팅이 심화된 코로나19 이후 넷플릭스를 중심으로 한국의 OTT 시장이 계속 성장할 것을 예측할 수 있다. 전 세계 190개국에 선보일 넷플릭스의 한국 오리지널 신작 라인업은 이미 공개되어 배우들의 연기력으로 호평을 받은 '인간수업', 정세랑 소설가 원작, 정유미 주연의 '보건교사 안은영', '킹덤 시즌2' 등이 있다.

한국에서의 OTT 시장 전망은 아직 열린 결말이다. 하지만 성장

넷플릭스의 다음 목표는 극장에서의 경험을 따라잡는 것이라고 한다. 이를 위해 넷플릭스는 콘텐츠는 물론 사운드와 화질의 업그레이드를 위해 엄청난 투자를 하고 있다.

가능성이 확실한 이유는 TV에 비해 OTT가 갖는 장점이 더 많으며, 보통 사람의 라이프스타일에 OTT가 훨씬 적합하기 때문이다. 보통 사람들이 원하는 비즈니스 모델, 또는 콘텐츠들은 복잡한 듯 보이지만 사실 어떤 면에서는 더 단순하고 확실하다. 그들의 라이프스타일에 맞아 떨어지기만 한다면 절반의 성공이 가능하기 때문이다.

세상은 지금 이 순간에도 변하고 있다. 변화는 피할 수 없는 것이며, 변화를 받아들이고 변화에 적응하는 자가 살아남는 것은 자연의 제1법칙이다.

둘

내 감정을 대신 전해줘,
'이모티콘'의 성장

이모티콘

컴퓨터 프로그램의 기능을 표시하는

여러 가지 기호를 총체적으로 가리키는 용어인

감정(emotion)과 아이콘(icon)을 합해 만들어진 단어.

사진 캡처를 통해 활용하는

짤방과도 다소 유사해지고 있다.

보통's Life

대학생 보통 씨는 10개가 넘는 카카오톡 단체방에 속해 있다. 너무 과하다고? 그렇지 않다. 모든 대화를 이모티콘 위주로 하기 때문에 딱히 시간을 많이 뺏기지도 않는다. 그저 감정을 교류하는 것일 뿐 단톡방에서 대단한 정보가 오가거나 하는 일은 거의 없다. 중요한 일은 개인톡으로 하니까. 이모티콘이 없는 세상은 아찔하기까지 하다. 뭔가 말로는 표현하기 어려운 말도 이모티콘 하나면 아주 완벽하고도 깔끔하게 의사 전달이 가능하다. 하도 이모티콘을 많이 활용하다보니 이제는 가끔 친구들과 대화할 때도 머릿속에 이모티콘이 맴돈다.

이모티콘? 혁명적 의사소통의 시작!

출처: pixabay.com/photo-2979107

카카오톡, 라인 등 메신저가 대중화되지 않았던 시절에도 우리는 문자를 활용한 몇가지 이모티콘을 만들어 냈고, 이를 통해 자신의 감정을 전달했다.

2007년 1월은 전 세계 IT 시장에 혁명의 달이라 불러도 과언이 아니다. 애플은 기존 휴대폰 시장에 완전히 새로운 개념의 스마트폰인 아이폰을 출시했다.[95] 그 이후 시장의 판도를 완전히 뒤집어 버렸다. 스마트폰의 등장으로 바뀐 것은 기계 자체뿐만이 아니었다. 통신 방법 또한 크게 달라졌다. 가장 크게 바뀐 것은 문자 메시지 전달 방법이다. 스마트폰 이전에는 80byte, 40자로 한정된 문자 메시지를 통해 소식을 전했다. 그러나 스마트폰 등장 이후에는 카카오톡, 라인, 비트윈 등 다양한 모바일 메신저가 개발되었다. 즉 80byte의 제한을 벗어나게 된 것이다.

이모티콘은 감정과 아이콘이 합쳐져 만들어진 단어이다. 아이콘은 컴퓨터 프로그램 기능을 표시하는 여러 가지 기호를 총체적으로 가리키는 용어다. 즉 이모티콘은 컴퓨터 자판의 문자, 기호, 숫자 등을 조합하여 감정 등을 전달하는 인터넷상의 특수한 언어로 정의되었다. 문자 메시지를 사용하여 감정을 전달할 때 초기에는 '^_^', 'ㅠ_ㅠ', ':D', 'O_O' 등을 사용했다. 이는 기존 문자 요소를 활용하여 그저 결합하는 방식이었다. 그러나 스마트폰의 등장 이후, 기존의 감정 텍스트보다 손쉽게 감정을 전달할 수 있는 다양한 이모티콘이 생겨났다.

최근에는 모바일 메신저 서비스 개발자들이나 다양한 디자인 작가들이 참여하여 독자적인 그림 문자를 만들어 이용자들에게 제공한다. 감정을 포함하여 다양한 표현을 직관적으로 전달할 수 있다는 장점 덕에 이모티콘의 사용이 크게 확산되고 있는 추세이다.

이모티콘은 새로운 캐릭터를 만들어내기도 한다. 대표적인 예로, 카카오의 카카오프렌즈와 라인의 라인프렌즈가 있다. 스마트폰 시장에서 대표적인 모바일 메신저로 자리매김한 이들은 자체 캐릭터 개발을 통해 이모티콘에 대한 대중의 거부감을 줄이고자 노력했다. 이처럼 이모티콘은 사람들의 삶 속에 점점 더 녹아들고, 이모티콘의 주체인 캐릭터가 새로운 사업 요소로 성장했다. 이제 이모티콘은 스마트폰 환경에 완전히 안착함은 물론이고, 캐릭터 그 자체가 하나의 새로운 브랜드가 되었다.

감정 표현이 억제된 나라에서 더 강세인 이모티콘

이모티콘 시장이 국내/외에서 크게 성장한 이유는 무엇일까? 한 연구에 따르면 이모티콘은 유독 아시아에서 크게 인기를 끈다. 서양 메신저왓츠앱, 페이스북 메신저, 스카이프는 내용을 전달하는 데에 충실한 데 반해 아시아 메신저카카오톡, 라인는 감정 표현이 활발하다.

아시아 문화권은 유교 영향으로 감정을 절제하고 숨기는 것을 미덕이라 생각하는데 다양한 이모티콘이 억제된 감정과 욕구를 표출하는 손쉬운 수단으로 사용되기 때문이다.[96] 네이버 라인은 일본, 대만, 태국, 홍콩, 인도네시아 등 감정 표현이 자유롭지 않은 국가에서 강세를 보인다. 그 이유는 이모티콘으로 자신의 감정 상태를 잘 표현할 수 있다는 장점을 지녔기 때문이다.

일본의 경우 1일 모바일 메시지 송수신 70억 건 중 이모티콘 송수신이 18억 건으로 대화 4건당 1번꼴로 이모티콘이 활용되는 것으로 나타났다. 이는 매우 높은 사용빈도이다.

카카오톡, 라인 그리고 카카오뱅크

出처: www.kakaocorp.com/kakao/introduce/vision

많은 사람들의 입과 귀를 대신해 주는 카카오톡은 물이나 공기, 전기처럼 없이는 살 수 없는 필수재이자 공공재가 되었다.

· 카카오톡

카카오가 카카오톡에 이모티콘 스토어를 개설할 때만 해도 국내 이모티콘 시장은 불모지에 가까웠다. 그러나 카카오톡 이후 이모티콘은 모바일 시대에 가장 알맞은 소통 수단으로 거듭났다. 이는 엄청난 성장으로 이어졌고, 현재 업계가 추산하는 국내 이모티콘 시장 규모는 3,500억대에 달한다.

2011년 11월 서비스를 시작한 카카오 이모티콘은 처음 6개 상품으로 시작했었지만 현재는 약 7,500개가 넘는 상품이 올라와 있고, 누적 구매자는 2,100만 명을 훌쩍 넘어섰다. 이뿐만 아니라 약 3,000만 명이 이를 사용할 정도로 보편화 되었으면 실제로 이모티콘의 월 평균 발송량은 무려 23억 건에 달한다.

모바일 메신저 안에서만 사용하던 이모티콘은 이제 카카오톡에서만 아니라 멜론, 카카오TV, 카카오페이지, 다음앱 등 카카오의 다른 서비스에도 확대 적용되었다. 모바일 메신저 속 캐릭터 이모티콘은 현실 세계에서 다양한 생활용품으로 재탄생하며 새로운 사업 영역을 구축했다.

카카오프렌즈의 대표 캐릭터인 라이온은 '라상무' 라는 존칭어로도 불린다. 그들의 매출액이 연간 1000억을 돌파했고 성장율 역시 30%를 훌쩍 넘기고 있기 때문이다.

· 라인

네이버의 라인 이모티콘 캐릭터 11종도 큰 수익을 창출하고 있다. 물론 결제 서비스 라인페이 등의 전략사업 개발과 다양한 마케팅 비용 등으로 인해 많은 적자를 내고 있다고는 하지만 네이버 역시 다양한 이모티콘과 캐릭터를 활용한 비즈니스를 지속적으로 발전시키려 노력하고 있다. 이미 국내는 물론 해외에서의 인기 또한 높아 인형, 액세서리, 의류, 문구, 침구류, 생활용품 등 상품 5,000여 가지가 출시된 상태이다.

라인프렌즈는 브랜드 정규 매장인 라인프렌즈 스토어를 2017년 5월까지 서울, 뉴욕, 베이징, 도쿄 등 전 세계 주요 도시에 78곳에 오픈했고 2017년 1,010억의 매출을 달성한 이래 지난해 중국판 블랙프라이데이라고 할 수 있는 '광군제' 기간에만 자사 캐릭터 상품을 약 100억 원 가까이 판매하는 등 연 20배가 넘는 매출 성장을 보이고 있으며 법인 매출의 4분의 1이 이모티콘에서 창출될 정도로 큰 비중을 차지하고 있다고 한다.

라인은 일본 외에도 대만·태국·베트남 등 해외 진출국에서 모바일 메신저 시장 점유율 1위를 굳건히 유지하고 있으며 특히, 지난해 일본 내 이용자는 전년 대비 10%가량 증가하는 등 지속적인 성장세를 보이고 있다.

·카카오뱅크

카카오는 기존의 금융시장과 완전히 다른 인터넷 전문 은행, 카카오뱅크를 설립하였다. 카카오뱅크를 대중에게 알리기 위해 사용된 것이 바로 카카오프렌즈의 힘이다. 카카오뱅크의 다양한 광고에는 대중에게 익숙한 카카오프렌즈 캐릭터가 등장하였다. 체크카드의 디자인 역시 다양한 종류의 카카오프렌즈를 활용하여 심플하게 만들었다. 카카오뱅크의 경쟁 상대인 케이뱅크의 경우 그 존재조차 모르는 사람들도 많지만, 카카오뱅크는 기존 카카오의 브랜드 파워와 카카오프렌즈의 인기에 힘입어 엄청난 인지도를 쌓았다.

심지어 카카오뱅크를 사용할 마음은 없었지만 본인이 좋아하는 캐릭터가 들어간 카드를 가지고 싶어 계좌를 개설하고 카드를 수령하는 경우도 비일비재하다. 실제로 카카오뱅크는 계좌를 개설하면 카카오프렌즈 인기 캐릭터인 라이언 이모티콘을 무료로 제공하는데 이모티콘을 받기 위해 계좌를 만들었다는 20~30대 이용자들이 적지 않았다.

카카오뱅크 성공에 카카오 캐릭터가 새겨진 체크카드가 가장 크게 공헌했다는 평가가 있을 정도로 캐릭터 마케팅은 효과가 엄청나다. 특히 20~30대 젊은 층을 주거래 고객으로 유치하는 효과가 있어 앞으로 캐릭터 마케팅을 둘러싼 금융권 경쟁이 한층 치열해지고 있다.[97]

친숙함으로 어필하는 마케팅 효자

감정을 표현하는 수단으로 키보드 상의 다양한 기호들을 조합하여 만들었던 이모티콘. 스마트폰의 등장으로 간단한 사람 표정을 보여주는 이미지에서 점점 발전되어 다양한 캐릭터로까지 변화하였다. 이러한 다양한 변화가 어느새 대중에게 친숙해졌고, 이 친숙함이 기업들이 노리는 사업 요소이며 수단이 되었다.

소비자 행동 이론 중 친숙성 효과라는 것이 있다. 대중이 이모티콘에 자주 노출되어 친숙도가 높아지면 해당 이모티콘을 활용한 브랜드를 판단하는 데 자신감이 생기고 제품 또한 더 좋게 판단할 수 있는 근거가 된다. 무의식중에 사용한 이모티콘의 캐릭터가 다양한 사업의 요소로 쓰이고 있다는 사실은 이제 이모티콘이 정말 일상의 필수 의사소통 수단이 되었음을 보여준다.

가성비 높은 '패스트 힐링'과 슬리포노믹스

슬리포노믹스

수면(sleep)과 경제학(economics)의 합성어.

숙면을 도와주는 수면 관련 사업을 지칭한다.

보통's Life

현대 한국인은 밤이 깊도록 실내 불을 끄지 못한다. 젊은 세대는 취업 걱정에 잠을 못 이루고, 직장인은 책상 한 자리 겨우 지켜내느라 잠을 못 이룬다. 잠을 자려 실내등을 끄고 누워도 24시간 밝은 빛이 창문을 타고 들어온다. 늦은 밤이면 어김없이 찾아오는 불면과 싸우기 위해 '슬리핑 사운드' 어플을 이용하는 이들이 늘어나고 있다.

과거에 대한 치유의 갈망과 '패스트 힐링'의 등장

코로나19 시대가 잠자고 있던 '슬리포노믹스' 시장을 다시금 흔들어 깨웠다. 코로나19로 인한 '반강제 집콕' 트렌드로 인해 실내 생활에 지친 소비자들 사이에서 잘 자기 위한 '질 좋은 수면'의 소비 욕구가 전보다 훨씬 더 강해지고 있다.

2000년대 초반까지만 해도 '웰빙well—being' 열풍이 불었다. 그러나 이제는 '힐링'이 그 자리를 대신한다. '잘 먹고 잘 살자'던 사람들이 이제는 '상처 입은 존재를 원 상태로 되돌리자'고 말한다. 즉 다소 비슷한 목적의 웰빙과 힐링의 주된 차이는 웰빙은 과거를 돌이키는 것보다 앞으로 내 삶과 행복에 주안점을 두고 있는 미래 지향적인 시선이고, 힐링은 과거를 돌아봄으로써 문제점을 발견하고 이 문제점을 치유하며 지금의 삶을 균형 잡힌 상태로 만들어내는 현재 지향적인 시선이다.

웰빙에서 힐링으로 변화되고 있는 것은 사회적 문제 및 현상과 연관이 깊다. 코로나19로 인해 더욱 심화되고 있는 청년실업, 계급론 등 미래에 대한 희망을 가지는 것이 거의 불가능해진 사회에서 앞으로의 삶과 행복보다 지금 당장 해결 가능한 것에 대해 접근한다는 것은 어찌 보면 당연하기 때문이다. 그리고 지금의 세상에서 살아남기 위해 힐링은 모든 보통들에게 꼭 필요한 단어이기도 하다. 하지만 이러한 힐링도 누구나 쉽게 즐길 수 있는 것은 아니다. 힐링을 하기 위한 장소나 방법을 찾는 것 역시 일이 되기 때문이다.

그래서 지금은 힐링에도 가성비를 따지는 시대가 되어버렸다. 불과 몇 년 전의 힐링은 일상에서 벗어나 새로운 환경이나 자연에서 시간을 보내며 천천히 힐링을 겪는 이른바 '슬로우 힐링slow-healing'이 주를 이루었으나 최근에는 '패스트 힐링fast-healing'이라는 새로운 개념이 등장했다. 시간에 쫓기거나 금전적 여유가 부족할 때 간편하게 먹는 패스트푸드처럼 여유롭지 않은 시간을 쪼개서 스트레스와 피로를 빠르게 해소하고자 하는 것이다.

휴식과 잠에 대한 소비자들의 인식과 중요도가 높아지면서 효과적인 휴식에 대한 요구와 발전은 함께 성장하고 있다.

가장 쉬운 힐링, 쇼핑 테마파크

먼 곳으로 떠나 새로운 경험을 하는 힐링 여행, 생각만 해도 좋다. 하지만 그 여행을 위한 경비, 여행지의 높은 물가, 사전 준비 과정을 생각하면 쉽게 시도하기가 망설여진다. 물론 특별히 여행을 떠나고 소비를 해야만 힐링을 할 수 있는 것은 아니다. 그럼에도 우리는 지친 삶에서 벗어나 주의를 환기시킬 수 있는 무언가가 필요하다. 최근 유통업계에서는 시간과 노력을 절약하면서도 색다른 경험이 가능한 새로운 힐링 트렌드가 떠오르고 있다. 가장 대표적인 곳은 신세계의 복합 쇼핑몰 스타필드이다. 이곳은 기존 쇼핑몰과 달리 엔터테인먼트와 체험적 요소를 강화했다. 쇼핑 테마파크를 내세운 스타필드가 다른 쇼핑몰과 차별화되는 지점이다.

출처: www.ssgblog.com

스타필드의 주요 슬로건은 '대한민국 첫 번째 쇼핑 테마파크'이다

영업 면적의 30%를 엔터테인먼트 시설로 채우고, 찜질방, 수영장 등 테마파크 시설을 갖추었다. 세대별 타깃을 고려한 카테고리 숍 등을 확대하여 단순 쇼핑객이 아닌 여행과 힐링을 목적으로 하는 고객층까지 흡수하고 있다. 이러한 전략의 효과는 빅데이터 분석에도 입증되었는데 카카오내비의 분석 결과 최근 몇 년간 계속해서 명절 연휴기간에 '스타필드'를 검색한 이용자가 김포공항이나 인

천공항을 검색한 이용자보다 많았다고 한다. 코로나19를 겪으며 일상에서의 불확실성이 당연해진 시대. 간편히 가까운 곳으로 떠나고자 하는 사람들의 욕구에 그 나마의 작은 안전을 보장해 줄 수 있는 적절한 대안으로서 쇼핑 테마파크는 또한 어떠한 방식으로 변화할지 귀추가 주목된다.

새로운 수면 트렌드, 슬리포노믹스

수면과 경제학의 합성어, 슬리포노믹스Sleeponomics라는 단어가 등장했다. 결핍이 일상화 되어 있는 보통 사람들에게 무엇보다 가장 부족한 것은 휴식과 수면일 것이다.[98] 사람은 매일 잠을 잔다. 사람만 잠을 자는 것이 아니라 동물도 잠을 잔다. 이는 오랫동안 환경에 적응하면서 만들어 온 생존 방식이다. 제아무리 세상이 변해도 잠을 자야 한다는 것은 절대 변하지 않는다. 인간이 잠을 자는 이유는 가설로만 짐작될 뿐 아직 정확하게 증명되지 않았다. 하지만 가장 큰 수면의 이유는 휴식이다. 사람은 수면을 통해 휴식하며 생활에 필요한 에너지를 회복한다.

최근 휴식의 가치는 점점 더 중요하게 인정받고 있다. 워라밸 등의 단어는 휴식이 인간의 삶에서 일만큼이나 중요한 요소임을 드러낸다. 하지만 대한민국의 밤은 잠들지 못하는 이들로 가득하다. 한국인의 하루 수면 시간은 평균 6.8시간으로 OECD 국가 중 가장 잠

을 적게 잔다. 동시에 많은 사람들이 수면 질환으로 고통 받기도 한다.[99]

수면 부족은 비만과 같은 신체적 질환과도 연결된다. 나아가 정신적 질환과도 밀접하게 연관되기에 사회 전반에 문제를 일으키기도 한다. 상황이 이렇다보니 사람들은 점점 수면에 큰 관심을 두고, 질 좋은 수면을 제공할 서비스를 애타게 찾는 것이다. 그렇기에 수면과 가장 밀접하고 직접적인 영향을 주는 불면증 치료제를 만드는 시장은 지속 성장해 2025년에는 독자적으로 34.5억 달러 규모를 달성할 것으로 예측된다. 또한 현재 한국 내 수면 시장도 약 2조 원 규모로 추정된다. 이처럼 수면 힐링 산업은 어쩌면 마이크로트렌드를 지나 거시적이고 장기적인 트렌드로 움직이고 있는 모습으로도 볼 수 있다.[100]

잠도 기술의 힘을 빌려봅시다

미국국립보건원에 따르면 불면증이나 일시적 수면 장애로 5,000~7,000만 명의 미국인이 고통 받는다고 한다. 국내도 마찬가지, 국민건강보험공단의 조사에 따르면 2018년 한 해 동안 국내에서 수면장애로 진료 받은 환자는 약 57만 명으로 이 숫자는 전 국민 1.1%에 달한다. 코로나19 이후 숙면이 더욱 어려워지고, 수면장애를 겪는 사람들이 늘어나고 있다. '코로나 불면증'이 탄생한 것이다.

수면 테크는 사용자의 수면 관련 데이터를 수집하고 분석하여 수면을 돕는 기술이다. 나날이 확대되고 있는 광범위한 수면 산업의 한 분야로, 제품에 ICT를 접목하여 수면장애의 원인을 파악하고 수면의 질을 높이는 기술이다.

집에 머무는 시간이 길어지며 수면 시간이 늘어났다는 연구 결과가 있으나, 더욱 심각한 문제는 수면 시간이 늘어도 수면의 질은 오히려 줄어들었다는 것이다.[101] 또한 캐나다인을 대상으로 코로나19 사태 전후 수면 패턴 및 정신건강에 대한 설문조사를 진행한 결과, 2명 중 1명은 코로나19 대유행 기간에 심각한 수면장애를 겪었다고 답했으며 이는 코로나19 사태 전 수면장애가 있었다고 답한 비율보다 증가한 수치다.[102] 그리고 더 안타까운 것은 이러한 수면 장애는 나이가 들수록 더 큰 피해를 낳는다는 것이다. 미국에서는 이미 20조 원 규모의 수면 산업 시장이 형성되어 있다. 그리고 수면 산업 시장은 수면과 기술을 접목하는 '수면 테크 산업'으로 모여가고 있는 모습이다.

헬로Hello사가 만든 '센스Sense'라는 수면 추적 장치가 있다. 이는

대부분의 침구 관련 용품업체들은 개인의 수면 자세를 분석하여 맞춤화 된 침구류를 제시하는 등 수면 테크 기반의 서비스를 제공하고 있다.

다양한 센서 장치를 사용하여 수면 주기를 분석하고 스마트폰 어플에 업로드한다. 베개에 부착하는 기계를 통해 면적 당 가속도를 측정해 뒤척이는 정도를 분석, 수면 주기를 파악하고 공 모양의 기계를 통해 방 안의 소리, 빛, 온도를 측정해 최적의 수면 상태를 알려준다.[103]

수면 테크 산업은 최첨단 기술력을 통해 탄생한 제품뿐만 아니라 다양한 서비스 산업 형태로도 나타나고 있다. 대부분의 백화점은 수면 전문숍을 갖추고 있다. 베개부터 매트리스까지 전문 직원들이 개인별 수면 유형을 분석하고 이를 통해 맞춤화된 제품을 추천해주는 수면 컨설팅을 제공하는 것이다.[104]

서울의 잠 못 이루는 밤

밤에 운동하는 나포츠족night+sport, 호모나이트쿠스homo nightcus 같은 신조어의 등장은 현대인에게 밤은 더 이상 수면만을 위한 시간이 아닌, 힐링의 시간이 될 수 있음을 말해준다. 밤을 이용해 나만의 취미 활동을 즐기거나 무언가를 배우는 직장인들이 등장한 것이다. 이는 운동이나 취미 생활, 자기계발을 위해 수면 시간을 빼앗기는 슬픈 현실을 보여주기도 하지만 그만큼 시간을 쪼개어 하고 싶은 일을 하는 힐링의 일환으로도 볼 수 있다.[105] 코로나19 이후, 하나금융경영연구소가 지난 5월 발표한 '코로나19가 가져온 소비 형태의 변화' 보고서에 따르면 올해 1분기 전국 자전거 판매점 매출은 전년 동기 대비 45% 증가했다. 코로나 시국에 언택트 가능한 운동인 '자전거'의 매출이 증가함과 동시에, 사람들이 붐비지 않는 야간 시간을 활용해 자전거를 타는 '야라야간 라이딩'족도 자연스레 증가하고 있다.[106] 이러한 나포츠족이나 호모나이트쿠스가 늘어난다는 것은 절대적인 수면의 양은 줄어도 질은 높일 수 있는, 잠에 대한 과학적 연구가 더욱 증가할 수 있는 여건을 만들어줄 것이다. 힐링을 원하지만 또한 숙면을 원하는 현대인들, 그들을 위한 패스트힐링과 슬리포노믹스 관련 시장은 지속 성장할 것이다.[107]

넷

자급자족 합니다, '도시농업'

도시농업

바쁜 일상생활을 하면서도
집안 내 텃밭, 근교 주말농장 등을 활용해
간단한 농작물을 재배하는 것.
단순히 재배의 목적뿐만 아니라
삶과 생활의 가치와 활력소를 높이기 위한 목적도 있다.

보통's Life

경기도 김포시에 거주하는 보통 씨는 평일 오전 8시부터 오후 6시까지 평범한 회사원으로 살아간다. 하지만 퇴근 후, 그는 농부가 된다. 집 근처 텃밭에서 꾸준히 농사를 지어온 지 올해로 10년차. 이제는 베테랑 도시농부가 되었다. 그는 도시농업이라는 말이 생소하던 시절부터 지금까지 쉬지 않고 밭일에 매달렸다. 그 이유는 수입산 농식품에 대한 불신과 건강에 대한 관심 때문이었다. 그는 함께 주말농장에서 농사를 짓는 많은 사람들이 자신과 비슷한 이유로 도시농부를 자처하고 있다고 말한다. 어떤 이는 자녀의 아토피를 고치기 위해 친환경 채소를 재배하고, 또 어떤 이는 non-GMO 식품이 구하기 어렵고 비싼 탓에 차라리 직접 재배하는 것이 낫다고 판단했다고 한다. 한 해 정성들인 결실을 수확할 때 보통 씨는 빛나는 성취감을 느낀다.

삼시세끼의 흥행, 자급자족

tvN의 리얼리티 예능 〈삼시세끼〉는 동시간 공중파 프로그램에 맞먹는, 가끔은 그 이상의 시청률을 자랑하며 시즌9까지 이어가고 있다. 인기의 요인이자 키워드는 바로 '자급자족'이다. 오늘날 건강과 잘 사는 것에 대한 보통들의 열망은 삶의 기본 방향으로 자리 잡아 기존에 없던 큰 시장을 만들어내고 있다. 코로나19는 사회적 거리두기라는 신조어와 함께 로컬리즘Localism 혹은 다른 말로 '동네소비'라는 새로운 소비 형태를 만들어 내고 있다. 대형마트나 백화점으로 멀리 나가기보다는 집 근처에 있는 동네슈퍼나 편의점에서 그때그때 필요한 소비만 하는 변화된 모습이 나타났는데 이러한 로컬리즘, 최소한의 이동과 구매를 넘어서 이제는 '자급자족'에 대한 모습까지 나타나고 있다.

삼시세끼의 열풍은 자급자족을 위한 텃밭, 유기농 채소, 전원 라이프 등 지속적으로 사람들의 관심을 받았던 요소들이 모두 모였기 때문이다.

예를 들어 이제는 흔히 주변에서 찾아볼 수 있는 건강보조식품 사업, 피트니스 센터 사업, 유기농 식품 사업 등이 이러한 삶의 기본 방향을 따르는 사업이다. 그리고 〈삼시세끼〉는 이러한 건강과 힐링에 대한 욕구를 아주 적절하게 담아냈다.[108] 그 중에서도 건강한 먹거리의 자급자족과 슬로우 라이프스타일을 통해 힐링에 대한 소비자 니즈를 집중 공략했다.

그 결과 소비자들의 결핍을 간접적으로 해소시켜주며 시청자로부터 많은 공감을 얻었다. 기존에 없던 방식의 콘텐츠와 촬영 방식을 보였음에도 엄청난 성공을 거둔 〈삼시세끼〉는 우리 사회가 자급자족 또는 농업, 수확에 매우 긍정적인 시선을 보낸다는 것을 단편적으로 보여준다. 그 속에서 우리는 도시농업이라는 키워드를 찾아낼 수 있다.

도시농업이란 도심 생활을 하면서도 다양한 방법으로 먹거리를 재배하고 이를 소비하는 걸 말한다. 믿을 수 있는 건강한 식재료를 향한 꾸준한 수요는 도시농업에 대한 관심과 실천으로 이어지고 있다. 한 빅데이터 회사에서 제시한 도시농업을 키워드로 한 검색량을 보면 2009월 말경 해당 키워드가 갑작스럽게 이슈가 되었던 기록이 있다. 이는 SBS에서 도시농업을 스페셜로 다룬 방송이 있었기 때문이다.[109]

하지만 그 이후를 보면 엄청난 성장세를 나타내지는 않지만 지금까지도 꾸준하게 수요가 과거에 비해 높은 수준으로 유지되고 있는 것을 알 수 있다. 즉 도시농업에 대한 대중의 관심은 오랫동안 그것도 아주 꾸준하게 존재한다는 것이다. 자급자족하는 수고로움을 기꺼이 감내하겠다는 소비자, 이들이 하나 둘씩 생겨나면서 자급자족 라이프스타일은 꾸준한 마니아층을 보유하고 있는 것이다.

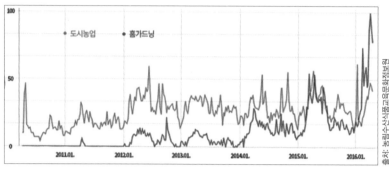

출처: 농림수산식품교육문화정보원

도시농업과 홈가드닝 등 삶 가까이에서 자연을 느끼고자 하는 사람들의 요구가 꾸준하게 증가하고 있다.

기술의 힘으로 이룬 도시농업

농림축산식품부의 '도시농업 현황' 자료에 따르면 도시농업 참여자 수는 15만 3,000명2010년에서 212만 1,000명2018년으로 약 14배가냥 늘었다. 도시 텃밭의 면적도 104ha2010년에서 1,300ha2018년로 12배 증가하였다. 실제 주변을 보더라도 먹거리에 대한 안전 불감증을 해소하기 위해 먹을 것을 직접 재배하는 사람들이 많이 늘고 있다. 그리고 이들은 주로 도시 근교의 주말농장이나 텃밭을 이용해 농업을 하고 있다. 서울시도 이미 8년 전부터 도시농업을 도입했고 도심 내 옥상, 학교, 주말농장 등 도시 곳곳에 텃밭을 만들어 수확의 즐거움과 공동체 가치를 키워가는 도시농부를 약 60만 명 넘게 만들어내고 있다. 그리고 도시농업으로 인해 다양한 긍정적 효과도 보이고 있다. 농촌진흥청 연구에 따르면 도시농업에 참여한 사람들의 우울감과 스트레스 호르몬은 도시농업 참여 전에 비해 50% 이상 감소한 것으로 나타났으며 더욱이 지금과 같은 코로나19 상황에서는 도시농업이 코로나로 인한 우울증을 해결해 줄 수 있는 좋은 해결책으로서 각광받기도 한다.

하지만 이런 형태는 집과의 거리 문제, 작물 선택 폭의 제한 문제, 비용과 노력, 각종 필요한 지식 등 보통 사람이 꾸준히 해내기에는 여러 어려움이 여전히 산적해 있는 것이 사실이다. 이러한 걸림돌을 제거하기 위해 각 지자체나 마을에서 옥상 텃밭이라든지, 아파트 내 공동 공간 등의 변화를 만들어냈지만 그럼에도 도시 생활과 농업을 접목한다는 것은 여간 어려운 일이 아니다. 하지만 최근 기술의 힘을 빌려 이러한 사람들의 니즈를 해결해주기 위한 방안이 나타나고 있다. 그리고 이러한 방안은 도시농업이 마니아층만을 위한 것이 아닌 대중 모두가 할 수 있는 유행으로 번지고 있다.

도시농업에 대한 마이크로트렌드를 현재 가장 잘 보여주는 사례는 바로 식물 재배기이다. 식물 재배기는 아주 손쉽고 간편하게 사계절 내내 무농약 채소를 먹을 수 있도록 해주는 제품으로 LED 기술을 이용해 자동으로 수분, 영양분, 빛 등이 조절되어 농업에 대한 별다른 지식이 없어도 누구든지 충분히 채소를 기를 수 있다.

대부분 대여로 사용하기 때문에 비용 부담도 덜한 편이다. 그리고 이러한 제품에 맞춤화된 모종 제공 등의 서비스가 있기 때문에 소비자는 매우 만족하며 식물 재배기를 사용하고 있다.

우리집 식탁농장, 웰스팜 (세상편한 편)

교원 웰스팜은 고객의 니즈에 따라 맞춤화 된 채소 모종을 매월 제공한다.

건축업계에서도 소비자들의 이러한 라이프스타일에 맞춰 적극 반영하고 있다. 2011년 국내 최초로 단지 내 전용텃밭을 갖춘 아파트가 등장하면서 친환경 웰빙 아파트에 대한 관심은 지금까지도 계속되고 있다. 특히 재작년 공개된 GS건설의 자이 브랜드가 친환경을 키워드로 한 자이 2차 조성도를 공개했을 때 대중은 엄청난 관심을 보였다.

친환경 조경 분야의 세계적인 거장으로 꼽히는 하버드대학교 니얼 커크우드Niall Kirkwood 교수의 감독 하에 생태 연못, 입주민 텃밭 자이 팜 등을 조성할 것이라 발표했기 때문이다. 이처럼 과거 집 내부와 평면도에 관심이 치우쳐 있던 소비자는 이제 주거 공간 내 농

340

업 시스템에도 관심을 보이며 아파트를 선택함에 있어 중요한 평가 요소로 삼고 있다.[110]

출처: GS건설 제이

도시농업에 대한 관심이 높아지면서 단지 내 텃밭을 제공하는 아파트가 인기를 얻고 있다.

미래형 도시농업

소수만이 시작했던 도시농업이 드디어 마이크로트렌드를 이루자 기업들은 이를 기회로 삼아 시장을 더 크게 형성하고 있다. 자급자족이라는 라이프스타일을 유행을 넘어 더 큰 트렌드로 만들기 위해 도시농업이 생활 전반에 녹아들게 만들기 위한 비즈니스 모델을 만들어 내고 있는 것이다. 이를 미래형 자급자족이라 할 수 있는데 미래형 자급자족이란 자급자족하는 삶에 대한 수요에 첨단 기술을 융합한 형태라 할 수 있다. 가장 대표적인 예가 스마트팜이다. 정부의 스마트팜 관련 정책과 IoTInternet of Things 기술을 보유한 이동통신사 3사SKT, LG U+, KT는 이를 정부의 핵심 과제 중 하나로 삼고 관련 산업에 대한 연구와 확장을 지속적으로 발전시키고 있다.[111] 코로나19 이후, 온도나 조도, 가습이나 제습 등의 생육환경을 스마트폰으로 원격 조절할 수 있는 스마트팜은 수확 등 직접적인 일손이 필요한 때를 제외하고는 비대면으로 일할 수 있는 환경을 조성하여, 포스트코로나 시대에 가장 적합한 농업 형태로 주목받고 있다.[112]

그리고 이러한 스마트팜에 대한 노력은 비단 농가나 대형농장을 타깃으로 두는 것만은 아니다. 일반 소비자의 삶에 스마트팜을 연결시키려는 노력도 활발하다. 가장 대표적인 기업이 바로 '엔씽 nthing'이다. 엔씽의 '플랜티'라는 제품은 센서를 통해 집 밖에서도 얼마든지 식물에 물을 줄 수 있는 화분이다. 플랜티는 처음 출시되어 크라우드펀딩을 실시했을 때 모든 제품이 완판되며 약 1억 2,000만 원을 모으기도 했다.

2016

Strawberry Farm with IoT sensors

Smart farm using IoT sensor Successful cultivation of summer berries. Launched 'Stellar Star' brand

2017

PLANTY SQUARE & CUBE

Hydroponic cultivation kit 'PLANTY SQUARE' and Modular smart farm based on scalability Production of 'CUBE'. Begin in one, expand to a large scale

2018

PLANTY CUBE expansion

100 CUBEs scale expansion. Functional vegetables, herbs, leaves and strawberries high quality vegetables uniformly throughout the year On-demand cultivation.

출처: nthing.net

IoT 기술 기반의 첨단 스마트팜은 데이터를 활용하여 언제 어디서든 농작물을 재배할 수 있게 되어 신선하고 깨끗한 작물을 더욱 더 다양하게 제공할 수 있도록 해준다.

즉 도시농업과 관련된 니즈와 비즈니스는 전 세계적인 추세임을 보여주는 것이다. 엔씽은 화분을 넘어 이를 텃밭, 농장 등에 적용할 수 있는 방안을 만들어내고 있다. 이러한 노력은 궁극적으로 누구나 편하고 간단하게 도시농업이 가능한 여건을 만들어줄 것이다.

자급자족한 삶을 원하는 사람들과 이를 가능하게 하는 도시농업에 대한 기술적 발전은 곧 마이크로트렌드를 넘어 트렌드로 진출할 수 있는 분야로 보인다. 실제로 도시농업에 대한 토지의 면적과 기술이 날로 증가하는 것을 눈으로 볼 수 있기 때문이다. 그리고 '6차 산업' 또는 '그린뉴딜'이라는 농업에 대한 새로운 방향 제시는 머지않아 도시에 살건, 시골에 살건 관계없이 누구나 농부가 될 수 있는 세상을 만들어줄 것이다. 즉 도시에 살지만 농부이기도 한 삶이 가능하다는 것이다.[113]

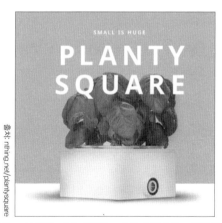

출처: nthing.net/plantysquare

도시농업을 도와주는 기술들은 이제 개인들도 손쉽게 구매하고 활용할 수 있도록 대중화가 되고 있다.

다섯

'디지털 디톡스'가 필요한
자발적 외로움족

디지털 디톡스

디지털(digital)과 해독(detox)의 결합어로,

각종 전자기기와 인터넷, SNS 등에 대한

중독으로부터 벗어나 심신을 치유하는 것을 뜻한다.

디지털 단식이라고도 불린다.

보통's Life

40대 후반 직장인 보통 씨는 드라마에서 냉장고에 전화기를 넣어두고 젊은 딸에게 타박 받는 엄마를 보면 마음이 불편하다. 본인도 종종 그렇기 때문이다. 보통 씨 회사의 김 대리는 이게 디지털 치매란다. 정말 그런 것 같다. 외우는 전화번호도 거의 없고, 네비게이션 없이는 절대 운전할 엄두가 나지 않고, 주머니 속 스마트폰은 늘 진동이 울리는 것 같고…. 뭔가 대책은 필요한데, 어디서부터 어떻게 해야 할지 모르겠다. 스마트폰, 정말 계륵 같은 존재이다.

스트레스의 해방을 외로움에서 찾다

출처: pxhere.com/en/photo/1443891

바로 옆에서도 메신저로 대화하고, 직접 만나 이야기를 나누다가도 중요한 이야기는 메신저로 하자고 하는 것은 이제 일반적인 상황이다.

코로나19로 인한 팬데믹은 '사회적 거리두기' 라는 새로운 삶의 형태를 만들었고, 이는 결국 디지털을 활용한 소통이라는 커뮤니케이션 방식을 키워내고 있다. 특히 카카오에 따르면 카카오톡 사용량이 1차 사회적 거리두기 이후 연초 대비 30% 이상 증가하기도 했다고 한다. 이러한 변화는 일상적 커뮤니케이션뿐만 아니라 zoom을 활용하는 등의 비즈니스형 멀티미디어 커뮤니케이션에서 기하급수적으로 증가하며 나타나는 등 세상은 점점 빨라지고 사람들은 눈에 보이지 않는 온라인 속으로 더욱 더 복잡하게 얽혀 가고 있다. 다양한 기술과 플랫폼이 삶속에 점점 다가오고 일상에 녹아들면서 현대인들은 스마트 디바이스와 소프트웨어 없이는 업무 처리가 어려워졌다. 디지털 문명이 현대인의 삶에 아주 친숙하게 반영된 지도 벌써 10여 년의 시간이 지났다. 요즘의 어린 세대는 태어나면서부터 디지털을 체득하며 살고 있기에 그들에게 디지털은 당연하고도 자연스러운 것이다. 하지만 이로 인해 발생되는 디지털 치매나 중독 같은 부작용은 물론, 사회가 개인에게 요구하는 강제적인 혁신성 추구로 인해 일상에서 받는 스트레스도 만만치 않다.

인간의 삶에 편리함을 주기 위한 목적으로 개발된 기술임에도 불구하고 결국 스트레스를 유발하는 주된 원인이 되어버리면서 디지털은 현대인의 중대한 문제로 대두되고 있다. 시장조사 전문기관인 엠브레인트렌드모니터에 따르면, 현대인은 디지털 기기에 대한 의존 성향이 거의 모든 항목에서 60% 이상으로 나타나고 디지털 디톡스의 필요성에 대해 약 70%가 공감하고 있는 것으로 나타났다.[114] 특히 코로나 19로 인해 더욱 높아진 디지털 중독과 포르노 중독 현상은 언택트 시대의 우울한 초상이다. 외부와의 고립 생활로 인한 우울과 불안 증상이 심해질수록, 디지털 기기가 주는 즉각적인 쾌락과 보상에 의존하기 쉬워지기 때문이다.

이러한 스트레스에서 해방되고 싶어 외로움을 자청하는 사람들이 등장하고 있다. 디지털 디톡스, 즉 몸에 있는 독소를 제거하듯 잠시라도 디지털 기기의 사용을 중단하고 나를 돌아보고 싶어 하는 모습이 등장하고 있다. 이는 디지털 홍수 속에서 나를 찾고 주체적인 삶을 되찾기 위한 하나의 새로운 유행이라 할 수 있다.

디지털 디톡스를 위해 디지털 기술을 활용하다

중독이란 본래 스스로 빠져나오기 어렵다. 스마트폰 중독 또한 마찬가지이다. 본인이 아무리 노력하더라도 자신도 모르게 스마트폰을 쳐다보게 되고, 억지로 이를 보지 않자니 불안감이 찾아온다. 이러한 중독에서 벗어나고 싶지만 이 또한 쉽지 않은 사람들은 역설적이게도 다시 스마트폰을 찾는다.

'타임스프레드'라는 어플은 구글 플레이스토어에서 다운로드 횟수가 500만을 넘어섰다. 이 어플은 스마트폰의 스크린이 꺼져 있는 시간 또는 전원을 꺼둔 시간을 계산해서 즉 사용자가 스마트폰을 얼마나 방치했는지를 계산해 그 시간만큼 포인트를 적립해준다. 특히 스마트폰을 주로 자주 보는 낮 시간대에는 두 배 또는 세 배로 적

디지털 디톡스를 위한 사회적 인식이나 개선의 노력은 사실 오랜 시간 논의되고 있으나 효과적인 방법은 나타나지 못한 듯 하다

립해준다. 이렇게 쌓인 포인트는 일정 금액이 되면 온라인으로 상품 구매가 가능한 일종의 캐시로 교환할 수 있으니 사용자들에게 가시적이고도 직접적인 리워드가 가능하다.

또한 스마트폰을 방치했던 시간을 타인과 비교할 수 있어 어플을 사용하는 유저들 중에서 자신의 순위도 확인할 수 있다. 스마트폰을 사용하지 않기 위해 어플을 활용한다는 발상 자체가 아이러니이기도 하다. 단절을 위한 어플일지라도, 스마트폰을 통해 타인과 연결되고 싶은 심리를 역으로 교묘하게 이용하고 또한 보상 심리를 자극하는 것이다. 사람들은 사실 연결 속에서 벗어나 쉬고 싶어 하지만, 동시에 연결 속에서 타인과 나를 공유하고 승부를 통해 우위를 점하고자 하는 경쟁 심리가 있다. 단절하면서도 연결되고, 그 연결에서 경쟁하는 사람의 기본적인 감정을 잘 활용하는 이러한 아이러니는 계속 이어질 것이다.

스몸비Smombie를 위한 여행

스몸비란 스마트폰과 좀비의 합성어로, 스마트폰을 보며 걷는 사람들을 지칭하는 신조어이다. 이러한 스몸비는 우리 주변에 많다. 그리고 교통사고라든지, 낙상사고 등 각종 사회적 문제로 되돌아온다.[115] 사회적인 문제에 대한 인식 확산에 따라 최근에는 모든 스마트 디바이스를 반납하고 여행하는 '자아성찰여행Sacred Introvert

Retreat Tours'도 새롭게 생겨났다.

이 여행은 스몸비족과 같이 과도한 디지털 기술과의 연결에 힘들어하는 사람들을 위해 자기성찰의 시간을 가질 수 있도록 아주 조용하면서도 한가한 곳을 추천해준다. 또한 아주 소수의 사람들과 어울리도록 여건을 마련해주면서 사람과의 실제적인 관계 및 대화에 집중할 수 있도록 돕는다. 이를 통해 디지털 디톡스는 물론 평소에 잘 경험해보지 못하는 사람과 사람과의 관계, 또한 나만을 위한 시간을 제공해주는 것이다.

출처: play.google.com/store/apps/details?id=com.ssg.bang

자아성찰 여행은 기존의 템플스테이 등의 형태와 유사하지만 템플스테이는 자아성찰이 목적이고 이를 위한 수단이 디지털의 단절이라면 반대로 자아성찰 여행은 디지털의 단절을 통해 나를 찾는 것이 목적이다.

하지만 이러한 여건이 조성되더라도 전자기기를 쓸 수밖에 없는 사람이라면 이보다 더 독한 여행을 추천한다. 바로 '언플러그드 여행Disconnect to Reconnect'이다. 이는 아예 디지털 환경을 활용할 수 없는 오지로 떠나는 것이다. 즉 물리적 차단을 통해 아예 디지털을 경험할 수 없도록 하는 것인데 전 세계 어디든 이제는 통신망이 워낙 잘 발달되었기에 오지를 찾아 떠난다는 것은 이제 매우 어려운 일일 수 있지만 최근에는 이러한 수요에 맞춰 유무선 통신망을 단절시킨 장소를 일부러 만들기도 한다. 그리고 강력한 물리적 차단 없이는 디지털 디톡스를 시도할 수 없는 많은 현대인들의 이러한 언플러그드 여행에 대한 수요는 꾸준하게 증가하고 있다.

히말라야의 에베레스트와 안나푸르나 지역에서의 트래킹 여행이 언플러그드 여행에 가장 적합하며 널리 알려진 지역이라 한다.

버진그룹Virgin Group의 '2시간 디지털 디톡스'

현대사회에서 디지털화가 가장 집중되어 있는 곳은 단연코 회사이다. 하지만 코로나19로 인해 재택근무가 늘어나면서 아이러니하게도 사무실에 출근할 때 보다 더 많은 디지털기기를 가정에서 활용해야 하는 상황이 되기도 한다. 바로 홈오피스를 꾸며야 하기 때문이다. 좀 더 효과적인 업무 공간을 위해 웹캠이나 듀얼 모니터, 더 빠른 와이파이 시스템 등을 구축해야 하고 이를 위해 별도의 공간을 집안 내 만들어야 한다. 어쨌든 업무의 공간이 회사건 아니면 집이건 간에 대부분의 업무는 전자 시스템으로 운영되고, 다양한 데이터가 모여, 이를 활용해야 하기 때문이다. 그렇기에 많은 직장인들은 디지털 또는 테크노 스트레스를 극심하게 느낀다. 그리고 이러한 스트레스는 결국 업무에 대한 만족도나 효율 등을 떨어뜨리는 요인이 될 수 있다. 이제는 회사에서 디지털 디톡스를 권장하는 모습도 나타나기 시작했다.

영국의 대표적 기업인 버진 그룹Virgin Group은 몇 년 전부터 디지털 디톡스라는 정책을 시행하고 일주일에 하루는 오전 시간 동안 전자기기 업무를 멈추고 대화를 통해 업무를 수행하고 있다.[116] 이러한 정책은 많은 논란과 초기 부작용이 있었음에도 불구하고 시간이 지날수록 회사의 팀워크와 업무 만족도 등은 지속 상승하고 있고, 개인이 느끼는 업무 동기부여 역시 올랐다고 한다. 이제 디지털

Digital detox: Why businesses are logging off
14 March 2016
Sarah Farrer

In 2013, six years after the first iPhone launched, the term 'digital detox' was added to the Oxford dictionary.

버진그룹의 디지털 디톡스는 대면 커뮤니케이션이 가져다 주는 다양한 효과에 대한 실질적인 실험이었다.

디톡스는 개인의 문제로서 개인이 해결해야 하는 과제가 아닌, 조직의 건강과 발전을 위해 함께 고민해야 하는 이슈가 된 것이다.[117]

남을 위한 인증샷 따위는 필요 없어요

자아성찰여행이나 언플러그드 여행 같은 다소 과한 노력을 투입해야 하는 모습은 우리가 평소에 흔히 볼 수 있는 힐링에 탈 디지털을 접목시킨 새로운 아이디어이다. 주로 자연을 찾고 사람들에게서 떠나려는 힐링은 다양한 비즈니스를 만들곤 한다. 이에 최근에는 패스트 힐링이라는 유행이 생기면서 멀리 떠나지 않고도 힐링을 얻고자 하는 사람들로 인해 도시 속 숲이나 도심 속 골목길 등이 많이 생겨나고 있다. 즉 힐링이라는 요소는 향후에도 사람들의 삶에 깊숙이 관여하고 새로운 비즈니스 모델을 만드는 키워드가 될 것이 확실해 보인다. 그리고 이 키워드와 탈 디지털은 매우 적합해 보인다.

이러한 맥락에서 코로나19로 인해 엄청난 타격을 받은 여행업계에서 그나마 새로운 여행 카테고리로 나타난 것이 있다. 바로 '캠핑카' 또는 '차박'이다. 누군가에게 보이기 위한, 남이 가니까 따라가는 여행이 아니라 익숙한 것에서 또는 집콕을 하면서 24시간 디지털문명 속에 가둬져 있는 것을 벗어나기 위해 간단한 비일상의 경험과 언플러그드를 위해 자연으로 혹은 조용한 곳으로 캠핑 또는 차박을 떠나는 것이다. 단절되면서도 연결되는 그 일상에서의 자유로움을

출처: http://program.tving.com/tvN/houseonwheels

언플러그드 된 사회에서 차박을 하며 소소한 개인 간의
작은 모임을 갖는 형태의 버라이어티는 지속해서 각광받을 수 있는 포맷이다.

찾기 위한 인간의 기본 욕망은 코로나19가 지속되더라도 바뀌지 않을 불변의 진리이다.

지금까지 우리는 빠르게, 그리고 정확하게를 무척 중요하게 여겼다. 이를 위해 더 다양하고 복잡한 디지털 기기가 생겨나고, 이들이 현대인의 욕구를 만족시켜주고 윤택하게 만들어줄 것이라 믿었다. 그리고 이로 인해 삶은 언제나 온라인을 유지할 수밖에 없게 되었다. 하지만 이러한 온라인 상태를 가끔씩은 오프라인으로 바꾸고 싶은 현대인들의 디지털 디톡스에 대한 욕구는 끊임없이 증가할 것이다. 그리고 이러한 수요를 활용한 비즈니스는 다양한 모습으로 나타날 것이다.

일반적으로 여행을 할 때 셀카봉을 들고 연신 사진을 찍으며 추억을 인증한다. 그렇다면 이제 셀카봉과 디지털 기기를 과감히 버린 여행을 떠나보는 건 어떨까? 비록 추억을 인증할 수는 없지만 많은 경험과 추억을 온 몸으로 기억할 수 있을 것이다.

outro

포스트코로나,

위기가 있다면
반드시
기회도 있다

포스트코로나 시대
마이크로트렌드가
새로운 기회가 되려면?

세상에는 하루에도 수만 개씩 새로운 것이 생기고,

이슈가 되고 사라짐을 반복한다.

그 중에서 무언가는 살아남기도 하고, 형체가 사라질지라도

또 다른 무언가를 탄생시키면서 사회를 변화시키곤 한다.

아니면 지금과 같은 그 누구도 예측하지 못한 바이러스로 인해

삶의 근간이 송두리째 흔들리고

상상하지 못했던 방향으로 흘러가기도 한다.

그럼에도 우리 사회에는 작지만 확실하고,

이러한 변화로 삶의 모습을 바꿔내는 트렌드가 만들어진다.

트렌드가 안 먹히는 비주류들의 전성시대

> **유행** 일시적으로 대중문화나 정치의 변화, 기업의 마케팅 등의 선도에 의해 비교적 짧은 기간에 폭발적으로 성장했다가 사그라지는 사회적 현상.

트렌드건 유행이건 지금 우리 사회에서 사람들이 궁금해 하고 따라하는 것이 있다면 일단 나도 관심을 가져 보아야 한다. 그러한 현상은 결국 우리가 살아가고 있는 사회의 현재성을 정확하게 짚어주는 것이기 때문이다. 이보다 더 우리 사회의 현재를 잘 말해줄 수 있는 지표는 거의 없다. 그렇다면 우리가 쉽게 말하는 트렌드와 유행은 도대체 무엇인가?

일반적으로 유행과 트렌드의 큰 차이는 원인과 영향력, 그리고 시간적 지속성에 따라 구분할 수 있다. 트렌드는 시장이 원하는 '일반적인 방향'을 말한다. 즉 개인이나 소규모 집단이 원하는 것이 아닌, 사회의 전반적 대세가 가리키는 방향이다. 이는 사회 전반에 광범위한 방향 전환을 가져오고 생활양식, 태도, 마인드 등 개인의 삶에도 직접적인 변화를 가져온다.

하지만 유행은 '일시적인 변화'를 일으키는 요소이다. 매체 혹은 특정 브랜드가 주도한다거나 특정 계절 혹은 이벤트에 국한되는 등 오랜 시간 유지되지는 않는다. 결과적으로 유행은 그 다음의 행동에 특별한 영향을 미치지 못하는 경우도 있고, 그 다음의 유행은 이전 유행과 크게 관련이 없는 형태로 나타나기도 한다.

하지만 유행의 중요한 포인트는 이러한 유행은 소멸되기도 하지만 우리 사회를 변화시키는 하나의 기폭제가 되기도 한다는 점이다. 모든 트렌드에는 반드시 시작점이 존재하기 마련이다. 가치관의 변화라든지 새로운 기술의 발전이라든지 분명한 어떤 시점에서부터 시작된다. 그 시작점이 기술이나 가치관처럼 대단한 것이 아니더라도 우리 주변 어딘가에서는 예측할 수 없는 유행들이 아주 미세하게 움직이고 있다.

특정 커뮤니티, SNS 등을 통해 시작된 유행이 폭발적으로 확산되기도 하는 것이 그 예이다. 과거에는 이러한 유행들을 사회적으로나 개인적으로나 부정적인 요소로만 여기기도 했다. 유행을 언젠가는 사그라지는 불필요한 것으로 인식하였기 때문에 유행을 따르는 것을 좋지 않은 눈초리로 바라보았다. 개인 혹은 기업이 유행을 좇으면 전략적이지 않다거나 임기응변일 뿐 깊이가 없다는 식의 평가가 따랐다.

하지만 이제는 다르다. 유행을 놓쳐 시장 선도에 실패하는 기업이 있는가 하면 유행을 따라가 새로운 비즈니스 모델을 만들어내기도 한다. 특히 지금과 같이 경쟁이 심화되고 불황이 장기화되는 시대에서는 트렌드가 아닌 유행을 잘 활용해 단기간에 성공을 만드는 사례가 훨씬 많다.

트렌드의 구분과 특징

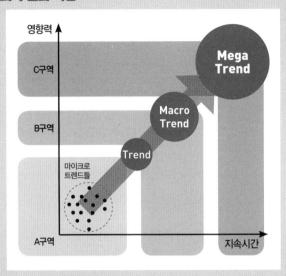

트렌드는 지속시간과 영향력에 따라 마이크로트렌드 ⇨ 트렌드 ⇨ 매크로트렌드 ⇨ 메가트렌드로 구분 가능하다. 이러한 성장 단계별 구역을 3단계로 나누어 보면, 각 트렌드에 대한 특징을 쉽게 알 수 있다.

마이크로트렌드는 지속시간이나 영향력이 아직은 미미한 상태이기 때문에 어떠한 방향으로든 변화와 조합이 가능하다. 어떠한 상태로 바뀌게 될지 아무도 예상하지 못하는 상황인 것이다. 그렇기 때문에 이러한 변화를 먼저 예측하거나 선도하여 이끌어 나갈 특정 기업이나 개인 또는 모멘텀이 생긴다면 언제라도 이는 변화와 혁신의 기회인 '싹'이 될 수 있는 것이다.

하지만 이러한 마이크로트렌드가 성장을 통해 트렌드가 된다면, 이는 더 이상 특정 개인이나 조직에 의해 변화되거나 성장하기에는 어려운 보편적인 상황이 되어버린다. 그렇기 때문에 다양한 분야에서 발견되고 활용될 수는 있겠지만 이를 통한 혁신이나 사회적 변화는 기대하기 어렵게 된다.

이러한 트렌드가 3~5년 이상 지속되면 이는 매크로트렌드가 되면서 사회 전반에 영향을 미치게 된다. 그리고 매크로트렌드 또한 5년 이상 지속되면 메가트렌드가 되면서 모든 사람들이 인지하고, 자신의 삶에 직접적인 영향을 주는 상황이 되는 것이다.

쉽게 예를 들면, 최근 대한민국에 가장 큰 문제이자 해결 과제라 할 수 있는 저출산 역시 이러한 시각으로 해석할 수 있다.

1990년~2000년 즈음	맞벌이 가정의 증가 주거, 교육 관련 비용 증가	마이크로 트렌드
2000년~	1~2인 자녀 가족 증가 출산율 감소폭 확대	트렌드
2007년~	저출산 문제 인식 정부, 정치권 이에 대한 정책제시	매크로 트렌드
현재~	저출산 문제 심각 각종 비용,세금 등으로 인한 내 삶에 직접적 영향	메가 트렌드

결국 목적에 따라 트렌드를 다르게 접하고 활용할 수 있지만, 일반 개인이나 기업들이 트렌드를 중요하게 생각하고 이를 찾아내 활용하고자 한다면, 트렌드나 매크로트렌드, 메가트렌드는 결코 도움이 될 수 없다는 것을 뜻한다. 결국 트렌드도 마이크로트렌드를 거쳐 탄생한다. 기회를 잡으려는 사람들에게는 '마이크로트렌드'가 답이 될 것이다.

같은 사회적 현상을 바라보더라도 누군가는 마이크로트렌드로 발전할 가능성을 발견하는 반면, 누군가는 그저 버려지고 지나갈 유행이라 판단하기도 할 것이다. 특정 현상에 대해 판단하기 위해 약간의 시간이 필요한 것이 물론이지만 이 판단의 기간은 코로나19 이후 점차 더 빨라지고 있다. 이 때문에 마이크로트렌드를 비즈니스에 활용하는 것은 태세 전환에도 용이하고, 매몰 비용도 줄일 수 있다는 점에서 긍정적이다.

362

소셜 미디어가 걷잡을 수 없을 정도로 빠르게 확산되면서 우리는 소비자들을 조금 더 세밀하게 알 수 있게 되었다. 이제는 소비자의 표면적인 행동뿐만 아니라 내밀한 감정까지도 파악할 수 있다. 실제로 TV가 시청자수를 5억 명 돌파하는 데는 10년이 넘는 기간이 걸렸고, 인터넷은 4년이 걸렸지만, 페이스북이나 트위터Twitter, 인스타그램의 사용자가 5억 명을 넘는 데는 불과 1년도 걸리지 않았다.

기술적 발전만 있다면 새로운 방식으로 고객에게 접근하여 계속해서 정보를 캐내는 것이 수개월 안에 가능해진다. 수집된 데이터를 분석하면 마이크로트렌드를 좀 더 구체적으로 파악할 수 있고, 더 나아가 지금 당장 성과로 이어질 전술까지도 수립할 수 있다. 하지만 그럼에도 이러한 데이터들은 분명한 한계를 가지고 있다. 아무리 많은 정보를 광범위하게 수집하더라도, 원하는 대상 전부를 수집했다고 보기는 어렵기 때문이다. 즉 'n=all인가?'라는 문제가 발생하는 것이다.

심지어 젊은이들의 전유물이라고 했던 유튜브Youtube의 'n'은 어느 순간부터 급격하게 5~60대의 증가로 이어졌다. 그동안의 데이터로는 이제 젊은 유튜버들의 움직임을 관찰하기가 불가능해진 것이다. 물론 앞으로 기술은 이러한 약점을 보완하기 위해 더 많은 기능을 탑재할 것이다. 'n'이 'all'이 되지 못한다는 궁극적 한계가 존재하는 한 이를 극복하기 위한 기술과 기업의 노력은 계속될 것이다.

사람은 본능적으로 새로운 것에 대해 거부감을 느낀다. 새로운 것을 받아들인다는 것 자체는 결국 에너지를 소비해야 하기 때문이다. 그렇기에 새로운 것을 접할 때는 갖고 싶은 마음과 의심하는 마음을 동시에 느낀다. 요즘 트렌드는 이러한 면에서는 약점을 가지고 있다. 트렌드가 너무 빠르게 변화하는 듯하고, 각종 매체에서 말하는 거시적인 트렌드는 아직 피부에 직접적으로 와 닿기엔 조금 먼 이야기로 느껴지기 때문이다.

과거의 사람들은 트렌드를 궁금해 하고 신기하게 여겼을지 모르지만 지금은 트렌드라는 단어에 피로감을 느낀다. 이제 사람들은 트렌드라는 단어보다 '유행'이라는 단어에 더 친숙해지려 한다. 소소하게 변화하는 듯하면서 기존과는 다른 것에, 또는 과거에 있던 것에서 약간만 변화해 익숙함을 주는 것에 관심을 기울이는 것이다.

이제 트렌드의 시대는 지났다. 사람들은 나만을 위한, 또는 내가 관심을 가지고 있는 것에 대한 정보와 상품을 원한다. 그리고 그러한 것에는 얼마든지 지갑을 열 준비가 되어 있다. 이제는 '마이크로 트렌드'의 시대이다.

그리고 이러한 마이크로트렌드들이 지속해서 사회에 더 많은 영향력을 끼치고 이를 통해 새로운 변화를 만들어줄 계기가 되기 위해서 다음과 같은 5가지 조건들이 만족되어야 할 것이다.

① 사람의 본능과 욕구의 충족

사람은 기본적으로 본능을 가진 동물적 존재이다. 비록 우리가 문명과 산업혁명을 겪으면서 현재와 같은 모습으로 생활하고 있지만 이는 불과 2~300여 년 정도밖에 되지 않은 아주 짧은 변화에 적응했을 뿐이다. 사실 사람은 최근 2~300여 년을 제외한 수만 년간 자연에서 수렵 생활을 했던, 여타 동물들과 크게 다르지 않은 여건에서 살아왔다.

그렇기에 우리가 지금 아무리 많은 문명과 기술적 혜택을 받고 살지라도 과거 그 오랜 시간동안 DNA에 박혀 있는 본능과 욕구는 지우고 싶어도 지울 수 없는 화석과도 같다. 그렇기 때문에 사람들은 기본적으로 본능과 욕구를 충족시킬 수 있는 무언가에 끌리게 되어 있다. 그것은 비단 생리적 또는 성적 욕구 같은 1차적 욕구뿐 아니라 고차원적인 욕구 또는 현실을 살아가면서 느끼는 결핍 등에 대한 욕구에도 적용된다.

하지만 최근의 욕구 충족은 과거와는 약간 다른 양상을 보인다. 과거의 욕구 충족은 거시적인 꿈이나 비전의 실현이었다면 지금은 그렇지 않다. 다소 허접하기도 한 단순한 것에 대한 충족을 통해 작은 기쁨을 얻고자 한다. 물론 여러 이유가 있겠으나 꿈을 실현하기에는 너무 각박하고 가능성이 점점 낮아지는 현실에 타협한 것이 가장 큰 이유일 것이다. 어찌 되었건 본능과 욕구는 인간의 본성이기에 지속적으로 특정한 사이클에 따라 나타나기도 한다.

예를 들어 문학이나 예술 등 대중문화의 경우를 살펴보면 주제나 방식 등이 새로운 듯하지만 사실 지속직으로 반복되기도 한다. 그것은 바로 시간과 공간을 초월하면서까지 인간이 원하는 무언가 내

재된 욕구가 있기 때문이다.

② 현 상태의 전환과 변화

변화 없이 유행이나 트렌드가 나타나지는 않는다. 무언가 새로운 것이 나타나고 새로운 이슈가 발생해야 사회는 그에 시선을 돌리고 소비이건 대중문화의 발현이건 어떠한 형태로든 나타나게 된다. 그렇기에 소위 말해 트렌드세터나 유행에 민감한 사람들은 새로운 것을 (기술이나 사회적 변화 등) 민감하게 바라보고 찾아내려 하는 것이다.

하지만 중요한 것은 이러한 변화가 반드시 엄청나게 새로운 것이거나 기존에 볼 수 없었던 기술이 아니어도 된다는 점이다. 과거로 회귀하는 변화일지라도 지금 상황과 다른 모습이라면 변화로 받아들일 수 있다는 것이다. 예를 들어 〈응답하라 시리즈〉의 경우 시즌이 진행 될수록 더 옛날로 회귀한다. 그럼에도 인기는 더 높아진다. 왜일까? 그저 지금 현실에서의 도피를 위한 변화가 필요했던 대중에게 덜 복잡하고 덜 삭막했던 과거에 대한 로망이 있고, 과거로 돌아가는 것이 지금 상황에서 가장 적절하고도 필요한 변화라 생각했기 때문이다.

이를 바탕으로 변화는 두 가지 관점으로 바라볼 수 있다. 한 가지는 위에 언급한 것처럼 갑작스럽게 발생하는 촉발triggers이다. 특정한 사회적 환경이나 대중문화적인 이벤트, 정치경제적인 이슈 등에

따라 나타나는 것으로 이러한 촉발은 예측이 어렵고, 특정 개인이
나 집단에 의해 발생된다는 특징을 가진다.

하지만 이와는 다르게 시간이 지날수록 수 년 또는 수십 년 동안
사회가 변화하면서 자연스럽게 나타나는 변화가 있다. 이를 전환
shift이라고 한다. 예를 들면 기후 변화, 인구 고령화, 도시화, 글로
벌화 등이 바로 전환이다. 이러한 전환은 사회의 방향을 만들어내
고 사람들은 이에 맞춰 적절한 행동과 대비를 한다. 즉 전환 자체
가 트렌드가 되지는 않지만 전환은 수많은 트렌드와 유행을 만들
어낸다.

③ 창의적인 조합을 통한 재탄생

세상은 수많은 기술과 서비스로 조합되고 있다. 독점적인 기술력
도 서비스도 존재하지 않는다. 그저 아이디어와 창의력을 통해 기
존의 것들을 새롭게 조합하고 전혀 어울리지 않을 것들의 하모니를
통해 새로운 비즈니스 모델을 만들어내고, 새로운 트렌드를 창출한
다. 이를 혁신innovation이라 부른다.

이를 위해서는 앞에서 말한 사람의 본능과 욕구의 충족과 현재
상황에서의 전환과 변화 이 두 가지를 먼저 분석하고 만족시킬 수
있어야 한다. 다양한 정량적 데이터에 대한 분석은 물론 다양한 고
객과 시장을 바라보면서 통찰력을 통해 새로운 조합, 그리고 혁신

을 창출할 수 있다. 최근의 트렌드와 유행이 그러하다. 완전히 새로운 것이 나와서 사람들을 열광시키기보다 기존의 것을 재배치하거나 결합하고 확장하여 새로운 것을 만들어낸다.

요즘 배달 음식의 주문은 통화하지 않고도 다양한 어플을 통해 얼마든지 가능하다. 많은 비교와 대안을 제공해주는 편리한 기능은 물론 결제 기능까지 포함되어 있어 매우 유용하고 편리하다. 하지만 불과 3~4년 전만 하더라도 지금과 크게 다르지 않았던 이 배달 음식 어플에 대한 사람들의 평가는 냉혹했다.

'왜 굳이, 지금도 불편하지 않은데?', '어플 설치하고 화면을 누르는 게 더 불편하겠다' 같은 반응이 대다수였기 때문이다. 하지만 지금은 어떠한가? 배달 음식 어플 없이는 소비자도 자영업자도 어려움을 겪어야 하는 상황이 되었다. 이처럼 혁신은 순식간에 일어나지는 않는다. 새로운 조합으로 완성된 비즈니스 모델이 시장에서 받아들여줄 지는 다소 시간이 필요하다. 그렇기에 리스크도 존재하는 것이지만 그럼에도 한 가지 확실한 것은 초기 혁신을 만들어내는 기업의 경우 가늠할 수 없을 정도로 성장할 수 있다는 것이다.

④ 적절한 인지도

트렌드에 있어 인지도는 매우 중요한 요소이다. 아무리 새롭고 혁신적인 기술일지라도 대중이 외면하면 그것은 쓸데없는 기술에 불과하다. 하지만 대단히 절대적이며 결론적인 인지도는 별로 중요하지 않다. 트렌드와 유행은 결과를 모르는 미지의 세계이기 때문이다. 굳이 결과까지 알 수 있는 트렌드와 유행에 대해 알고 싶다면 이러한 책이 아니라, 성공과 실패 사례집을 보는 것이 더 적절할 것이다.

예를 들어 인지도가 높은 유행이나 트렌드의 경우 이미 성숙기 또는 쇠퇴기로 갈 확률이 높다. 혹여 성장을 하더라도 드라마틱한 성장 그래프가 아닌 완만한 우상향 그래프를 보일 확률이 높다. 하지만 아주 낮은 인지도이지만 이에 대한 데이터 분석을 해보았을 때 지난 달 1%였던 인지도가 이번 달에 2%가 되었다는 것은 절대적인 양은 적을 수 있지만 매우 유의미한 결과가 될 수 있다. 즉 마이크로트렌드에 대해 찾기 위해서는 다소 인지도가 낮은 것 중심으로 접근하는 것이 용이하다.

⑤ 새로운 분야로의 전이

지금은 비록 작은 유행일지라도 이것이 트렌드가 된다면 분명히 다양한 방법과 분야로 전이가 될 것이다. 지금의 시장과 소비자는 너무나도 복잡하면서 다양한 사고와 생활 방식이 따로 존재하지만 다양한 네트워크로 인헤 연결되어 있는 사회이기도 하다. 그렇기 때문에 트렌드와 유행이 가지고 있는 고유한 기능 외에도 얼마든지 새로운 형태로 전환이 가능해진 것이다.

최근에는 뉴노멀이라는 개념으로 기존에 당연시 여겼던 표준들이 새롭게 바뀌고 있으며, 소비에 대한 방식과 관념도 새롭게 정의되고 있다. 이에 따라 기업이나 개인이 가지고 있는 제품이나 서비스 또는 사고방식이 전혀 새로운 방식으로 발현될 수 있다는 가능성을 늘 열어두어야 한다. 이러한 전이 가능성은 세계적인 석학일지라도 쉽게 평가하기는 어렵겠으나 평가를 위한 핵심 요소 정도는 도출할 수 있다.

예를 들면 '기본적 욕구를 충족하는 것인가?', '전환 또는 촉발이 가능할 것인가?', '소비자의 기대감이 증폭되고 있는가?' 정도의 항목으로 특정한 트렌드나 유행을 바라본다면 손쉽게 전이 가능성을 평가할 수 있다. 하지만 트렌드는 분석을 통해 정확하게 전망할 수 있는 것이 아니다. 그러므로 트렌드의 가부를 구분하는 것이 목적이 아니라 이를 활용한 또 다른 무언가를 하기 위한 것이 궁극적인 목적이기에 면밀한 분석에 대한 고민은 이 정도까지만 하더라도 충분할 것이다.

어쨌든 정답은 없다

누군가 유행을 감지하고 트렌드가 될 것으로 판단해 크게 투자를 진행한다면 이는 매우 부담으로 다가올 것이다. 하지만 반대로 트렌드가 될 수 있는 상황임에도 유행으로 인식해 투자를 하지 않는다면 기회를 상실하게 되는 것이다. 즉 정답은 없다. 하지만 한 가지 분명한 것은 조금 더 안정적인 투자를 위해 누구나 알고 있는 트렌드만 찾아다닌다면 리스크는 낮출 수 있겠지만 성공 확률은 더 낮을 수 있다.

최근의 유행과 트렌드에 대한 분석은 날로 어려워지고 있다. 이와 관련해 이 책에서 언급한 마이크로트렌드들의 대부분을 표현할 수 있는 두 단어가 있다. 바로 트렌드 패러독스trend paradox와 조각보형 소비patch-work consumption이다. 트렌드 패러독스는 어떠한 트렌드가 발생했을 때 이에 대한 반작용으로 지금과 상반된 현상이 동시에 일어나는 것을 뜻한다. 예를 들면 하이엔드 기술을 통해 빠르고 편리함을 추구하고 누릴 수 있는 세상임에도 사람들은 아날로그 감성과 슬로우 라이프를 꿈꾸는 것처럼 말이다.

조각보형 소비는 말 그대로 다양한 색과 소재의 천을 모아 만든 조각보처럼 소비자의 행태와 사고가 너무나도 다양한 것을 말한다. 그저 자신에게 적합하고 신념에 부합한다면 금액이나 형태, 사용성 등에 상관없이 구매하는 지금의 개인 소비 형태를 의미한다. 이처럼 다변화되고 예측이 어려우며 방향이 일정하지 않은 지금의 시장에서는 넓은 숲을 보아야 할까? 아니면 나무를 보면서 한 발짝 앞을 예측해야 할까?

그리고, 단번에 이루어지는 혁신도 없다

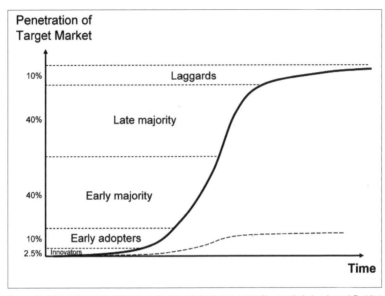

Roger의 혁신수용모델은 혁신의 수용자를 여러 범주로 분류하는 모델이다. 이 모델은 일부 개인들은 다른 사람에 비해 더 개방되어 있다는 사고에 기초를 두고 있다.

경제학에서 가장 기초적으로 배우는 혁신 수용 누적 그래프를 보면 제아무리 혁신적인 기술이나 제품일지라도 이러한 제품이나 서비스가 시장에 전파되는 속도를 누적된 시간의 흐름에 따라 그래프로 나타내보면 완만한 S자 형태가 나타나는 것을 알 수 있다. 초기 수용자로 인해 완만한 속도로 대중에게 전파된 뒤 보편화의 시기를 겪으며 급격한 증가세를 나타내고 이후 보편화가 끝나갈 무렵 다시 완만한 모습을 보인다.

앞에서 말한 대부분의 마이크로트렌드들은 아마 초기 수용자를 지나 대중화로 진화하는 단계 어딘가 즈음에 있는 것들이다. 하지만 성장기에서 트렌드가 되지 못하고 멈추는 것들이 있다. 이를 캐즘chasm*이라는 경제학 용어로 설명할 수 있는데, 과연 앞에서 말한 마이크로트렌드들은 캐즘에 걸려 더 이상 앞으로 나아가지 못하는 상황일까? 아니면 캐즘을 넘어선, 혹은 캐즘을 극복하는 단계인 걸까? 누구도 정답을 말할 수는 없겠지만, 한 가지 확실한 것은 있다. 바로 어떤 혁신이나 트렌드라도 단번에 이루어지는 경우는 없다는 것이다.

최근 가장 혁신적이고 인간의 삶에 가장 큰 변화를 준 제품을 꼽으라고 하면 아마 많은 사람들이 아이폰을 지목할 것이다. 하지만 아이폰도 시장에 출시되고 널리 퍼지면서 혁신이 되기까지 3년 이상의 시간이 걸렸다. 물론 개발의 시간 상용화 기간까지 더하면 거의 10년 가까운 노력의 결실이라 볼 수도 있다. 하지만 아직도 많은 기업들은 트렌드와 유행을 좇으면서 단시간에 성과를 내기 위한 노력을 하고 있다.

이제는 시장의 주체가 기업에서 소비자로 바뀌었다. 어떠한 혁신적인 제품과 서비스일지라도 성공 열쇠는 소비자들이 어떻게 인식하고 받아들이고 평가하는지에 달려 있다는 것이다. 그리고 그 평가는 구체적이고 계량화된 것이 아닌, 모호하고도 너무나도 다양한

---

* 지질학 용어로 지각 변동으로 인해 골이 깊고 넓어지면서 지각이 단절된 것을 의미한다. 하지만 이 단어가 대중에게 본격적으로 사용된 것은 경제학 분야이다. 골이 생겨 단절된 것처럼 비즈니스에서 신상품 혹은 신기술이 시장 진입 초기 상황에서 대중화가 되려는 가운데 더 성장하지 못하고 일시적으로 수요가 정체되거나 후퇴하는 현상(단절 현상)을 지칭한다.

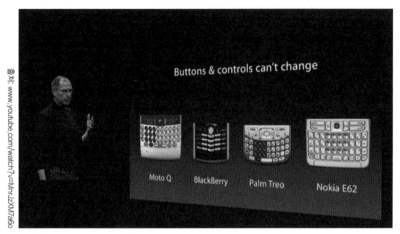

아이폰은 기존의 스마트폰에 달려 있던 고정된 플라스틱 쿼티 키보드를 없애고 최초로 멀티터치 스크린을 도입했다. 그 이후 거의 모든 스마트폰은 이 전례를 따르게 된다. 혁신적 스크린은 두 손가락으로 벌려서 줌인하는(pinch to zoom) 테크놀로지를 대중화시켰고 손가락으로 멀티미디어와 어플리케이션을 사용하게 했다.

보통들이 생각하는 가치 판단에 달려 있다. 앞으로 사회를 뒤흔들 혁신과 거대한 트렌드는 어디서부터 어떠한 모양으로 나타날까? 이 문제를 풀기 위한 실마리, 이제는 보통들의 삶의 모습에서 찾아보자.

　불확실함이 어쩌면 당연한 것이 되어버린 코로나19시대. 이제부터 '숲'이 아닌 '나무'를 보자. 숲은 평온해 보일 수 있지만, 숲을 구성하는 나무 그늘 아래는 오늘도 여전히 전쟁터이다.

[미주]

1. 데이트하기 좋은 서울 골목길 TOP10, 〈야놀자캐스트〉
2. [소비 주체로 떠오르는 1인 가구], 세 집 건너 한 집 '솔로', '나' 위한 지출엔 화끈, 〈중앙시사매거진〉
3. 혼자라서… 푸대접 받는다고요? '싱글족'은 큰손, 대접 받아요, 〈중앙일보〉
4. [큰손 된 혼족], 新소비 키워드 '솔로(S·O·L·O)', 〈이투데이〉
5. 1인 가구 증가가 소비시장에 미치는 영향 조사, 대한상공회의소
6. 과자·샐러드·김치찌개 1인분도 배달…이젠 '혼송' 전쟁, 〈매일경제〉
7. 다방·직방·한방… '부동산 앱' 뭘 쓰지?, 〈한국경제매거진〉
8. [You Only Live Once], '혼행'도 '즉행'도 마음만 먹으면 OK 욜로라이프 경향 뚜렷, 〈중앙일보〉
9. 욜로족 뜨니 혼행족·혼텔족 뜬다, 〈부산일보〉
10. 나 혼자 산다… 관계를 끊는 사람들, 〈이데일리〉
11. 은근슬쩍 교훈 주는 〈삼시세끼〉와 무심한 듯 치밀한 이서진의 저력, 〈조선탑클래스〉
12. 네이버-라인, 게이트박스 윈클 인수로 캐릭터 기반 AI 서비스 본격화, 〈IT조선〉
13. 기혼자 65% 부모 모시고 싶지만 생활공간 구분해서!, 〈뉴스원〉
14. 가족의 기본은 남과 여?… 여자 둘이서 잘 살고 있습니다, 〈한국일보〉
15. 에어비앤비 공유 아파트 나온다… 내년 플로리다서 첫선, 〈매일경제〉
16. 도돌이표, 복고 문화, 국립민속박물관
17. 일상의 활력소; 이야기가 담긴 특별한 선물, 〈트렌드 인사이트〉
18. '먹방'에 열광하는 당신, '심리적 허기'를 의심하라, 김경훈, 〈넥스트데일리
19. 책과 술, 그리고 낭만… 트렌디 서점 '북바이북', 신동혁, 〈싱글리스트〉
20. 책과 알코올과 밤의 시간, 책바, 이지현, 〈아는동네〉
21. 우울증 급증, 37만명이 상담 받았다, 〈조선일보〉
22. "책장에 놓고, 빌려서 걸고, 테이블로 쓰고… 그림 한 점, 집이 달라진다", 〈조

선일보〉

23. 일본에서는 '친구 대행' 서비스가 인기다, 〈허핑턴포스트〉

24. '저녁 함께 먹어줄 사람'… 일본, 친구 대행 성업, 〈한겨레〉

25. [아재슈머] "내 인생은 내가 살아" 심형탁… 아재들의 덕밍아웃이 만들어낸 新소비 트렌드, 〈스포츠경향〉

26. "그냥 아재? 아니죠" 트렌디한 '아재파탈'의 필수조건은, 〈세계일보〉

27. 백화점 한 켠서 멍 때리던 아재, 그들이 움직인다, 〈헤럴드경제〉

28. 新트렌드 중심에 '아재'가 왔다, 〈이코노믹리뷰〉

29. 달라진 40대… '아재파탈' 전성시대, 〈한국일보〉

30. 71세 크리에이터 박막례 할머니, 독일에도 소개되다, 한국콘텐츠진흥원,

31. 박막례 할머니, "내 인생 부침개 같더라고, 확 뒤집어져 뿌렸당께, 〈동아일보〉

32. 뉴발란스, 시니어 유튜버 '밀라논나' 화보 공개, 〈조선비즈〉

33. 밀라논나 현상–'우리의 내일'을 기대하게 하는 '52년생 장명숙', 〈SBS뉴스〉

34. 'YouTube' 너, 딱 우리 스타일이야… 5060·7080세대, 유튜브에 푹 빠지다, 〈경향신문〉

35. '성소수자' 위한 보험 상품 출시됐다, 〈경향비즈〉

36. Tokyo Issues Japan's First Same–Sex Marriage Certificate, 〈HUFFPOST〉

37. Tokyo Issues Japan's First Same-Sex Marriage Certificate, 〈HUFFPOST〉

38. 美, LGBT 마케팅 늘어나며 새로운 소비계층으로 떠올라, KOTRA

39. 무시 못할 'LGBT', 〈한국무역신문〉

40. 성소수자 '1006조원 핑크머니' 잡아라, 〈한국경제매거진〉

41. "Learning how to change with UK shoppers", 〈Bain〉

42. 서울 거주 청년세대, 비청소년보다 월세 최고 2.7배 더 낸다. 〈조선비즈〉

43. 청년들은 왜 '예쁜 카페'에 집착하게 됐나, 〈오마이뉴스〉

44. 불황이 계속되자 인형 뽑기방이 늘어났다, 〈허핑턴포스트〉

45. '된장녀' 지고 알뜰살뜰 '프라브족' 뜰까?, 〈숙대신보〉

46. "힙스터가 재해석하는 '놈코어'의 새로운 변주", 〈패션채널〉

47. 아이유의 트레이닝복 '너디' 완판행진, 〈한국경제〉

48. 간판이 없어서 인기를 끄는 그곳, 간판 없는 가게, 제일기획 블로그

49. 나만 알고 싶은 '간판 없는 가게'의 은밀한 매력, 〈매일경제〉

50. '간판이 뭐가 중요해?', 〈중앙일보〉

51. 더 작게, 더 안 보이게… 간판 없는 가게 늘고 있다, 〈스토리오브서울〉

52. 미샤 '인플루언서 마케팅' 공 들인다… '입소문이 대세', 〈문화저널21〉

53. 바쁜 현대인을 위한 한 끼 건강식, 간편 대용식, 서울시직업인재센터

54. 직장인 54.4% '아침 안 먹고 출근', 아침을 거르는 이유?, 〈통플러스〉

55. 직장인 한 달 점심 식비 10만원 미만·식사시간 15분이면 충분, 〈헤럴드경제〉

56. 동원F&B·인테이크, 액상 간편 대용식 '밀스 드링크' 선보여, 〈한겨레〉

57. 먹는 시간도 줄이자… HMR 넘어 CMR 겨냥하는 식품업계, 〈중앙일보〉

58. 한국야쿠르트 간편식 '잇츠온' 1주년, 밀키트 매출 36% 인기, 〈전자신문〉

59. 코로나 장기화에… 불 붙은 '밀키트' 전쟁, 〈조선비즈〉

60. 한국야쿠르트 간편식 '잇츠온', 정기배송고객 1만명 확보, 〈전자신문〉

61. "먹기 겁나요"… 그럼 혹시 '다이어트 강박증', 〈주간동아〉

62. '거식증 위험성' 해외에선 '마른 모델 퇴출' 바람… 국내는?, 〈더팩트〉

63. 생리 끊기고 골다공증까지… 삶 빼앗는 '살 빼는 약', 〈서울신문〉

64. 'L사이즈' 여성은 마라톤도 달리면 안 되나요, 〈한국일보〉

65. 플러스 사이즈 모델 "우리는 몸매는 다르지만 둘 다 여성이다", 〈국민일보〉

66. 나이키가 드디어 플러스 사이즈 모델을 광고에 등장시켰다, 〈허핑턴포스트〉

67. 디자이너 크리스천 시리아노가 플러스 사이즈 모델 5명을 쇼에 세웠다, 〈허핑턴포스트〉

68. '127kg 넘는 분만 모십니다' 플러스 사이즈 고객 전용 리조트, 〈동아일보〉

69. 삶을 여유있게… '킨포크 라이프'가 뜬다, 〈동아일보〉

70. 킨포크 의미, 포틀랜드식 잡지 영향… 여유 있어야 가능? '비판', 〈중앙일보〉

71. #랜선집들이, #홈스타그램…2030에게 '집 꾸미기'는 무엇일까요, 〈한겨레〉

72. 네이버 지식백과: 키덜트[kidult], NEW 경제용어사전

73. '키덜트'란, 아이가 되고픈 어른… 어린 시절 환상 통해 스트레스 해소, 〈중앙일보〉

74. 서울 키덜트숍 TOP7군데 모음, 네이버포스트 IN 서울맛집투어

75. 혼자서는 못하는 '어른 아이'… 의존형 소년기로 U턴, 〈한국경제〉

76. 보도블록·2년 전 달력… 쓸모없는 선물 교환하는 젊은 세대, 〈매일경제〉

77. 33년만에 CD 넘었다. 디지털 시대에 부는 LP열풍, 〈동아일보〉

107. 불면의 현대인을 위한 '슬리포노믹스'가 뜬다, 〈서울경제〉

108. 삼시세끼 도시농부 어렵지 않아요, 〈농업경제신문〉

109. 도시농업, 사람과 지구를 치유한다, 〈SBS 뉴스〉

110. 가정용 식물재배기 '웰스팜' 내놓은 교원웰스 식물공장, 〈파이낸셜뉴스〉

111. GS건설, 미사강변 센트럴자이에 생태조경 도입, 〈메트로신문〉

112. 농식품부 '스마트팜 확산 가속화 대책' 관련 이동통신 3사 지원 방안, 〈넷마니아스〉

113. 모든 가정에 스마트 농장을… 농업에 IT 입힌 '엔씽', 〈뉴스핌〉

114. 스마트폰의 활용도, 의존도도 함께 높아져, 〈트렌드모니터〉

115. 혹시 나도 '스몸비'?… 20대 80%가 보행 중 '딴짓', 〈국민일보〉

116. Virgin announces 'Digital Detox': Will it help distracted employees?, 〈HRDIVE〉

117. 훌륭한 리더가 공유하는 7가지 습관, 〈허핑턴포스트〉

포스트
코로나시대
마이크로
트렌드

초판 1쇄 인쇄 2020년 10월 19일
초판 1쇄 발행 2020년 10월 23일

지은이 안성민
펴낸이 천정한
펴낸곳 도서출판 정한책방

출판등록 2019년 4월 10일 제2019-000036호
주소 서울 은평구 은평터널로로66, 115-511
전화 070-7724-4005 **팩스** 02-6971-8784
블로그 http://blog.naver.com/junghanbooks **이메일** junghanbooks@naver.com

ISBN 979-11-87685-48-7 03320